SUFIS, LA GENTE DEL CAMINO

El camino del corazón

Sufis, la gente del camino

Colección: Osho Classics

Título original:
Sufis The People of the Path Vo.1

© 1977. Osho International Foundation www.osho.com/copyrights

© De la traducción, Osho International Foundation

© 2026. De esta edición, **Ordinal LLC**

El material de este libro es una transcripción de una serie de
conferencias llamadas *Sufis: The People of the Path (Vol.1)*,
que dio Osho en público. Todos los textos de Osho han sido
publicados íntegramente en inglés y también están disponibles
las grabaciones originales en audio. Ambas se pueden encontrar
on-line en la biblioteca de la www.osho.com.

D.R. © 2026, derechos de edición en español | **Ordinal LLC**

Ordinal LLC – USA
www.ordinalbooks.com

Diseño de portada: Manuel Hernández
Diseño de interiores: Janduy Barreto
Cuidado de la edición: Yeana González
Daniella Gama | Karla Hernández

D.R. © Ordinal LLC

ISBN: 978-1-972050-08-8

OSHO CLASSICS 6

SUFIS,
LA GENTE DEL CAMINO

El camino del corazón

CONTENIDO

Capítulo 1

Una extraña clase de magia

A Uwais le preguntaron: «¿Cómo te sientes?».

Él contestó: «Como alguien que se ha levantado por la mañana y no sabe si por la tarde estará muerto».

El interlocutor dijo: «Pero ésa es la situación de todos los hombres».

Uwais contestó: «Sí, ¿pero cuántos de ellos lo sienten...?».

Una vez un musulmán erudito vino a verme y me preguntó: «Tú no eres musulmán, ¿entonces por qué hablas de sufismo?». Yo le contesté: Yo no soy musulmán, obviamente, pero no obstante soy sufí».

Un sufí no tiene por qué ser musulmán. Un sufí puede existir en cualquier lugar, de cualquier forma; porque el sufismo es el núcleo esencial de todas las religiones. No sólo tiene que ver con el islam en particular. El sufismo puede existir sin el islam; el islam no puede existir sin el sufismo. Sin el sufismo, el islam es un cadáver. Sólo con el sufismo adquiere vida.

Si una religión está viva, es por el sufismo. Sufismo simplemente significa una relación amorosa con Dios, con lo esencial, una relación amorosa con el todo. Significa que uno está preparado para disolverse con el todo, que uno está dispuesto a invitar al todo a entrar en su corazón. No sabe de formalidades. No está limitado por ningún dogma, doctrina o credo o iglesia. Cristo es un sufí, como lo es Mahoma, Krishna es un sufí, como lo es Buda. Lo primero que me gustaría recordaros es que el sufismo es el núcleo —como lo es el zen o el Hassidismo—. Éstos sólo son diferentes nombres de la misma relación suprema con Dios.

La relación es peligrosa. Es peligrosa porque cuanto más te vas acercando a Dios, más te vas evaporando. Y cuando realmente tú estás muy cerca ya no eres. Es peligrosa porque es suicida... pero el suicidio es bello. Morir en Dios es la única forma real de vivir. A no ser que mueras, a no ser que voluntariamente mueras en el amor, vivirás una existencia simplemente mediocre; tú vegetas, tú careces de sentido. En tu corazón no brota la poesía, la danza, la celebración; tú vas a tientas en la oscuridad. Vives en el mínimo, no rebosas éxtasis.

Ese éxtasis sólo ocurre cuando tú no eres. Tú eres la traba. el sufismo es el arte de quitar la traba entre tú y tú, entre el ser y el ser, entre la parte y el todo.

Algunos comentarios acerca de esta palabra «sufí». Un antiguo diccionario persa da la definición en rima y dice así: *sufí chist − sufí, sufist*. ¿Qué es un sufí? Un sufí es un sufí. Ésta es la bella definición. El fenómeno es indefinible. «Un sufí es un sufí». No dice nada y, sin embargo, lo dice bien. Dice que el sufí no puede ser definido; no existe otra palabra para definirlo, no hay otro sinónimo, no hay ninguna posibilidad de definirlo lingüísticamente, no existe ningún otro fenómeno indefinible. Puedes vivirlo y puedes conocerlo, pero a través de la mente, el intelecto, no es posible. Te puedes convertir en un sufí; ésa es la única manera de saber lo que es. Tú mismo puedes probar la realidad, está disponible. No tienes que ir al diccionario, puedes ir a la existencia.

Una vez me contaron...

Un niño estaba jugando en el jardín. Era un niño muy pequeño y le tenía mucho miedo a un bulldog muy grande que había en el patio contiguo al suyo.

Un día, sintiéndose aventurero, el niño saltó la verja, el bulldog vino corriendo y le lamió la cara. El niño empezó a gritar y la madre apareció casi inmediatamente.

«¿Te ha mordido, cariño?».

«No —dijo el niño sollozando—, pero me ha probado».

Si no estás preparado para darle un mordisco al sufismo, por lo menos puedes probarlo.

Y eso es lo que voy a hacer posible para ti: una pequeña cata. Y una vez que hayas probado aunque sólo sea una gota del néctar llamado sufismo querrás más. Por primera vez empezarás a sentir un gran apetito de Dios.

Estas charlas no te pueden explicar qué es el sufismo, porque yo no soy un filósofo. Tampoco soy un teólogo. Y en realidad no estoy hablando acerca del sufismo, hablaré sufismo. Si estás listo, si estás dispuesto a entrar en esta aventura, entonces llegarás a catarlo. Es algo que empezará a ocurrir en tu corazón. Es algo así como un capullo abriéndose. Empezarás a sentir cierta sensación en el corazón —como si algo en él se volviera alerta, despierto; como si el corazón hubiera estado durmiendo mucho tiempo y ahora aparecieran los primeros rayos de sol— y entonces tendrás la cata.

El sufismo es una clase especial de magia, una extraña clase de magia. Sólo puede ser transferido de persona a persona, no desde un libro. No puede ser transferido por medio de escrituras. Es, al igual que el zen, una transmisión más allá de las palabras. Los sufíes tienen una palabra especial para esto: lo llaman *silsila*. Los sufíes llama *silsila* a lo que los hindúes llaman *parampara*. *Silsila* significa transferencia de un corazón a otro corazón, de una persona a otra persona, es una religión muy, muy personal.

No puedes tenerlo si no te relacionas con un maestro iluminado; es la única forma. Puedes leer toda la literatura que exista acerca del sufismo y perderte en la jungla de palabras. A no ser que encuentres un guía, a no ser que te enamores de un guía, no lo catarás.

Yo estoy dispuesto a llevarte en este viaje a tierras lejanas, si eres valiente, aventurero. Espero que lo seas, porque sólo la gente valiente se siente atraída hacia mí. Este lugar no es para cobardes; este lugar no es para los mal llamados religiosos; éste no es un lugar para los mal llamados temerosos de Dios; éste es un lugar para los que yo llamo amantes de Dios. Y éstos poseen una cualidad completamente diferente. Una persona temerosa de Dios nunca entra en los profundos dominios de la religión, no puede —por su temor.

La expresión «temor de Dios» es tan absurda. ¿Si temes a Dios, entonces dónde vas a amar? ¿A quién vas a amar? Si ni siquiera puedes amar a Dios, no podrás amar en absoluto. Si incluso con Dios te relacionas por medio del miedo, entonces eso no puede ser una relación amorosa.

Pero nos han enseñado a temer a Dios. De hecho, lo único que nos han enseñado ha sido a tener miedo de todo. Nuestra vida es un temblor, un miedo, una cobardía: miedo al infierno, miedo a Dios, miedo al castigo. Si somos buenos, virtuosos, es porque tenemos miedo. ¿Qué clase de virtud es aquella que está basada en el miedo?

¿Y cómo puedes amar a Dios si tu enfoque básico es a través del miedo? El amor nunca surge del miedo; eso es imposible. Y del amor nunca surge el miedo. Cuando amas a una persona, todos los miedos desaparecen. Y cuando tienes miedo, todo amor desaparece. Si le tienes miedo a una persona, puedes odiarla, pero no puedes amarla. Al hombre se le ha enseñado durante siglos a temer a Dios, y el resultado final ha sido que Nietzsche declaró que Dios había muerto. Ése es el resultado final de la mente orientada al miedo. ¿Cuánto tiempo puedes tolerar a este Dios? ¿Cuánto tiempo puedes seguir temiendo? Un día u otro tendrás que matarlo. Eso es lo que hizo Nietzsche. Cuando él dice: «Dios ha muerto y ahora el hombre es libre».

¿Cómo puedes ser libre con Dios si Dios sólo es una fuente de miedo? El miedo no puede darte libertad.

La gente que viene a mí es gente amante de Dios. Cuando yo digo «amante de Dios» quiero decir que está en la búsqueda. Quiere saber. Y quiere saber automáticamente, no quiere tener un conocimiento prestado. Quiere catarlo. Quiere encontrar, quiere ver a Dios, quiere mirarlo a los ojos.

Pero antes de que seas capaz de mirar a los ojos a Dios, tendrás que ser capaz de mirar a los ojos a un maestro. Desde ahí puedes despegar. Empieza el viaje.

Yo me pondré a tu disposición. El sufismo sólo es una excusa. No voy a hablar acerca del sufismo, voy a hablar el propio sufismo. La palabra «sufismo» también es hermosa. Tiene muchos significados, y todos son hermosos. Y no me gustaría enfatizar en un significado u otro, como se ha hecho muchas veces. Algunas personas eligen un significado, otras elige otro, pero yo entiendo que todos esos significados son hermosos tengo algo especial que decir. Yo los acepto todos.

Un viejo maestro sufí, Abul Hassan, dijo: «El sufismo fue una vez una realidad sin nombre y ahora es un nombre sin una realidad».

Durante muchos siglos el sufismo existió sin un nombre. Existió como una realidad. Por eso yo digo que Jesús fue un sufí, al igual que Mahoma, Mahavira o Krishna. Cualquiera que haya llegado a conocer a Dios es un sufí. ¿Por qué digo esto? Intenta entender la palabra «sufí» y lo verás claro.

La palabra «sufí» es un nuevo cuño, un cuño germánico, de la escuela germánica. No tiene más de ciento cincuenta años. En árabe la palabra es *tasawwuf*. Pero ambas vienen de la raíz *suf* que significa lana.

Parece muy extraño. ¿Cómo es que la lana se convirtió en el símbolo del sufismo? Los eruditos dicen que es porque los sufíes llevaban ropa de lana. Eso es verdad. Pero ¿por qué? Nadie ha respondido a esto. ¿Por qué iban a vestir ropa de lana? Mahoma dice en el Corán que incluso Moisés llevaba ropa de lana cuando se encontró con Dios. Cuando Dios habló con él toda la ropa que llevaba era de lana. Pero ¿por qué?

Hay un gran simbolismo en ello. El simbolismo radica en que la lana es el ropaje de los animales y un sufí es aquel que se ha vuelto tan inocente como un animal. El sufí tiene que alcanzar la inocencia original. Tiene que abandonar toda clase de civilización, tiene que abandonar toda clase de cultura, tiene que abandonar todos los condicionamientos, tiene que volver a convertirse en un animal. Entonces el símbolo adquiere un enorme significado.

Cuando el hombre se convierte en animal no está retrocediendo, se está elevando. Cuando el hombre se convierte en animal no es sólo un animal. Eso no es posible. No puedes retroceder. Cuando un hombre se convierte en un animal se convierte en un santo. Sigue siendo consciente, pero la consciencia ya no lleva la carga de ningún condicionamiento. Ya no es hindú, ni musulmán, ni cristiano. Su afinidad con la existencia es tan profunda como la de cualquier animal. Ha abandonado toda clase de filosofías, su mente no está cargada de conceptualizaciones, su mente no contiene nada. Él es, pero ya no es la mente. Ser sin mente: ése es el significado de la ropa de lana. Ser inocente como los animales, no saber qué está bien y qué está mal... y entonces surge el bien más elevado, el *summum bonum*.

Cuando sabes lo que está bien y lo que está mal, y eliges el bien en vez del mal, te mantienes dividido. Cuando eliges, entra la represión. Cuando dices «haré esto, esto tiene que hacerse, esto debe hacerse», esto se convierte en un «deber». Entonces, naturalmente, tienes que reprimir: tienes que reprimir lo que has condenado como malo. Y la parte reprimida permanece dentro de ti y va envenenando tu sistema. Y tarde o temprano saldrá, tarde o temprano se vengará. Cuando explote, te volverás loco.

De ahí que toda la gente civilizada esté siempre al borde de la locura. Esta Tierra es un gran manicomio. Unos cuantos ya se han vuelto locos, y otros cuantos están potencialmente preparados. La diferencia entre tú y la gente loca no es cualitativa, sólo es cuantitativa, sólo de grado. Puede que ellos hayan sobrepasado los cien grados y tú estés un poco por debajo —noventa y ocho o noventa y nueve—, pero en cualquier momento, cualquier situación puede empujarte por encima del límite. ¿No lo ves? ¿No puedes observar tu mente? ¿No puedes ver la locura que va por dentro? Está constantemente ahí. tú no quieres darte cuenta; te mantienes ocupado con mil y una cosas para no darte cuenta. No quieres verlo, quieres olvidarlo. Es tan espeluznante, tan aterrador. Pero está ahí; y está creciendo quieras darte cuenta o no. Está acumulando impulso constantemente. Puedes llegar al clímax en cualquier momento. Cualquier pequeño evento puede provocarlo. Cuando eliges, tienes que reprimir.

El animal no elige. Es lo que es. El animal simplemente lo acepta; su aceptación es total. No conoce elección.

Lo mismo le pasa al sufí. El sufí no conoce la elección. Él es consciente de una forma en que las elecciones no tienen cabida. Lo que sea que ocurra él lo acepta como un regalo, como algo que viene de Dios. ¿Quién es él para elegir? Él no confía en su mente, él confía en la mente universal, por eso cuando te encuentres con un sufí, en sus ojos, en su ser, verás una inocencia animal; una libertad tal, una alegría tal, que sólo los animales conocen; o los árboles, las rocas, las estrellas.

Idries Shah criticó la definición «sufí» de *suf* —lana— exactamente por los mismos motivos por los que yo la defiendo. Él dice que siendo los sufíes tan cuidadosos con los símbolos, ¿cómo pudieron elegir la lana como símbolo? La lana representa al animal e Idries Shah dice que los sufíes no pudieron elegir al animal como símbolo. Son gentes de Dios, ¿por qué iban a elegir al animal? Parece muy lógico, y puede que para mucha gente tenga sentido.

Pero yo entiendo la definición exactamente por los mismos motivos. Para mí, ser un animal significa ser inocente, no conocer la moralidad, no conocer la inmoralidad. Ser un animal no es una crítica. Un santo es más como un animal que como tú, que como los mal llamados seres humanos. Los seres humanos no son seres naturales, son muy innaturales, artificiales, de plástico. Toda su vida es una vida de engaño. Si intentas tocar la cara de alguien, nunca lograrás tocar su cara, sólo tocarás su máscara. Y recuerda, tu mano tampoco es real. Lleva puesto un guante. Ni siquiera los amantes se tocan entre sí; ni siquiera en el amor eres inocente; incluso en el amor llevas máscara. Pero cuando quieres amar a Dios no tienes que llevar máscara. Tienes que dejar todos los engaños. Tienes que ser lo que eres auténticamente, sea lo que sea, tienes que ser sin elegir lo que quiera que seas. Dios desciende en esa inocencia primal.

Así que las razones por las que Idries Shah critica la definición de que «sufí» viene de suf son exactamente las mismas por las que yo la defiendo.

Una vez me contaron...

Un sacerdote católico estaba intentando convertir a su fe a un judío.

Le dijo: «Lo único que tienes que hacer es decir tres veces «yo era judío, ahora soy católico. Yo era judío, ahora soy católico. Yo era judío, ahora soy católico».

Él lo dijo, pero el sacerdote pensó que sería mejor pasarse por su casa un viernes para controlar.

El judío estaba friendo pollo. «Bien, ya sabes que no puedes comer pollo en viernes».

«Sí que puedo», le replicó. «Lo he metido en la sartén tres veces diciendo 'antes era un pollo, ahora es un pescado'».

Así es como vivimos.

Toda nuestra religión es exactamente así: sólo verbal. No penetra en tu ser. Y tú sabes que harás exactamente lo opuesto a lo que digas. Piensas una cosa, dices otra, y haces otra diferente. Tú no eres uno, eres una trinidad. Y esas tres personas van en direcciones diferentes. Eres una multitud; de ahí el sufrimiento.

El animal es uno, de ahí la bienaventuranza del animal. El animal no tiene nada en absoluto por lo que estar feliz. No tiene un gran palacio en el que vivir ni tiene televisión ni radio ni nada de eso. No tiene nada y, sin embargo, en él encontrarás una gran paz, silencio, alegría, celebración. ¿Por qué? Hay una cosa: el animal no elige.

El sufí no elige. Si eliges, engañas; si eliges, empiezas a ser falso; si eliges, te empiezas a volver de plástico.

Un hombre iba a una fiesta de disfraces vestido de diablo. En el camino empezó a llover, así que se metió en una iglesia en la que había gente congregada. Al ver su disfraz de diablo, la gente empezó a escapar por la puerta y las ventanas.

A una señorita se le enganchó la manga de su abrigo en uno de los bandos y cuando el hombre se acercaba a ella, se defendió diciendo: «Satán, he sido miembro de esta iglesia durante veinte años, pero en realidad siempre he estado de tu lado».

Y ésa es la situación de todas las señoritas y de todos los caballeros: de palabra están al servicio de Dios, pero básicamente están rendidos al diablo. El diablo está más profundo porque ha sido reprimido. Cuando reprimes algo, se mete más profundamente en tu ser; te vuelves un hipócrita.

Instaurado el símbolo del animal, los sufíes están declarando: «Somos gente sencilla. No sabemos qué es el bien y qué es el mal. Sólo conocemos a Dios, y lo que sea que ocurra es regalo suyo. Lo aceptamos. Nosotros no somos hacedores a nuestra voluntad». Éste es el primer significado de la palabra «sufí».

Hay otra posibilidad: la palabra «sufí» puede derivar de *sufa*: pureza, limpieza, purificación. También ésa es buena. Si vives una vida sin elegir, surge una pureza natural. Pero recuerda, esta pureza no contiene nada de moralidad. No significa puro en el sentido de ser bueno; significa puro en el sentido de ser divino, no en el sentido de ser bueno. Puro simplemente significa puro de toda idea, buenas y malas ambas. Pureza significa trascendencia. Uno no tiene ideas en absoluto, no tiene prejuicios. Uno confía en la vida tan plenamente que no necesita tener ninguna idea, uno puede vivir sin ideas. Cuando hay ideas en la mente, estas crean impureza, crean heridas. Cuando estás demasiado lleno de ideas, estás lleno de suciedad. Todas las ideas son suciedad. Sí, incluso la idea de Dios es una idea sucia, porque las ideas son sucias.

Para un sufí, Dios no es una idea, es la realidad que vive. No es alguien que está sentado en un trono en los cielos, no; está aquí-ahora, está en todas partes, en todos los lugares. Dios es simplemente un nombre para la existencia en su totalidad.

Pureza significa mente descontenta; así que, por favor, no te disfraces con la palabra «pureza». No significa hombre que tiene buen carácter. No significa hombre que se comporta de acuerdo con los diez mandamientos. No significa hombre respetado por la sociedad como una buena persona.

El sufí nunca ha sido respetado por la sociedad. El sufí vive una vida tan rebelde que la sociedad casi siempre ha estado asesinando sufíes, crucificándolos, porque el sufí te hace consciente de tu falsedad. Se convierte en un constante sermón en contra de tu artificialidad, en contra de tu fealdad, en contra de tu inhumanidad hacia los seres humanos, en contra de tu máscara, en contra de todo lo que tú eres y representas. El sufí se convierte en un constante aguijoneo para la mal llamada sociedad y para la mal llamada gente respetable.

He oído... en cierta ocasión Abu Yasid, un místico sufí, estaba rezando —esto es una parábola, no es un hecho histórico— y Dios le habló diciéndole: «Yasid, ahora te has convertido en uno de mis elegidos. ¿Debo declararlo públicamente?». Abu Yasid se rio. Le contestó: «Sí, puedes; si quieres que me crucifiquen. Decláralo. ¿Qué ocurrió cuando declaraste eso acerca de Al-Hillaj? Lo crucificaron. Siempre que declaras que alguien lo ha conseguido, la gente lo crucifica inmediatamente. Ellos no te aman y no pueden tolerar a tu gente. Así que si quieres que sea crucificado, decláralo». Y se dice que Dios nunca declaró lo de Abu Yasid. Se lo calló.

Esto es lo que ha ocurrido.

Alguien preguntó a Al-Hillaj Mansoor, el más grande místico de todos los tiempos: «¿Cuál es la experiencia última sufí?». Al-Hillaj contestó: «Mañana verás cuál es la experiencia última sufí». Nadie sabía qué iba a ocurrir al día siguiente. El hombre le preguntó: «¿Por qué no hoy?». Al-Hillaj contestó: «Tú simplemente espera. Ocurrirá mañana, la última».

Y al día siguiente fue crucificado. Y cuando estaba siendo crucificado llamó a gritos al amigo que le había hecho la pregunta. Dijo: «¿Dónde te escondes entre la multitud? Ahora ven y observa lo último del sufismo. Es esto».

Si empiezas a vivir en Dios, te vuelves intolerable para la mal llamada sociedad. La sociedad vive en hipocresía. No puede tolerar la verdad. La verdad tiene que ser crucificada. Puede amar a la iglesia, pero no puede amar a Cristo. Puede amar al Papa del Vaticano, pero no puede amar a Jesús. Ahora que Jesús se ha ido, entonces es bueno; puedes adorarlo. Cuando Mansoor se haya ido podrás hablar de él. Pero cuando está ahí es un fuego. Sólo aquellos que estén dispuestos a ser consumidos por el fuego estarán preparados para enamorarse de Mansoor.

«*Sufa*» significa pureza; pureza en el sentido de que en la mente ya no hay contenido alguno. La mente ha desaparecido. No hay mente, no hay pensamiento. Es un estado de *satori, samadhi*.

Hay otra posibilidad, y también es hermosa. Y yo acepto todas estas posibilidades. La tercera posibilidad es que viene de la palabra «*sufía*», que significa: elegido como amigo por Dios.

Los sufíes dicen que no puedes buscar a Dos a no ser que él ya te haya elegido. ¿Cómo puedes buscar a Dios si él no te ha elegido antes? Toda intuición viene del lado de Dios. Él te está buscando, él te está deseando, él te busca a tientas. «¿Dónde estás?». Sólo cuando él elige a alguien, este puede empezar a elegirlo a él. Puede que tú no lo sepas; porque, ¿cómo vas a saber tú cuándo elige él?

Lo mismo ocurre con el maestro. ¿Acaso crees que tú eliges al maestro? ¡Eso es una tontería! Es siempre el maestro quien te elige a ti. La propia idea que tú eres quien elige al maestro es egoísta. ¿Cómo puedes tú elegir a un maestro? En primer lugar, ¿cómo puedes tú saber quién es un maestro? ¿Cómo lo vas a decidir? ¿Con qué criterio? Tú no puedes elegir a un maestro, el maestro te elige a ti.

Tú has llegado hasta mí desde tierras lejanas; muchos más están viniendo, están en camino. Pronto este lugar estará atestado, porque yo he elegido a muchos que todavía no se han dado ni cuenta de ello. Pero ellos han empezado a moverse. Ellos creen que están buscando un maestro; creen que son buscadores. Y es natural. Puede perdonarse. Pero ellos han sido elegidos por alguien.

Y en última instancia eso ocurre con Dos. Dios elige primero, entonces tú empiezas a sentir apetito por él. Y sólo los sufíes lo han dicho. Ninguna otra tradición ha dicho tan claramente que el hombre no puede elegir a Dios, que es Dios quien elige al hombre. Es una bendición. Incluso sentir sed de Dios es una bendición. Deberías sentirte feliz por haber sido elegido, porque Dios ya te haya llamado. La primera llamada siempre es oída en el inconsciente profundo, así que no sabes descifrarla; qué es eso, de dónde viene. Lo sientes como si viniera de ti.

El hombre no puede tomar la iniciativa. ¿Cómo va a tomar la iniciativa? El hombre es tan impotente, está tan desvalido. El hombre no puede empezar el viaje a no ser que sea atraído, a no ser que alguna fuerza magnética tire de él hacia alguna meta desconocida. Tú sólo puedes elegir lo que conoces. ¿Cómo vas a elegir a Dios? Tú puedes tomar la iniciativa para otras cosas, porque las conoces. Tú puedes tener idea de cómo comparar una hermosa casa o de cómo conseguir a una mujer para que sea tu esposa o a un hombre para que sea tu esposo, o de cómo tener más dinero, más poder, más prestigio; puedes elegir esas cosas. ¿Cómo puedes elegir a Dios? Tú ni siquiera lo has vislumbrado, ni siquiera en sueños. ¿Cómo vas a elegir algo completamente desconocido para ti?

Pero tú no eres desconocido por Dios. Él te puede elegir. Cuando él te elige, surge en ti un gran deseo de encontrarlo. Ésa es la señal de que él te ha elegido. Te has convertido en un sufí: elegido como amigo por Dios.

La cuarta posibilidad es que procede de la palabra griega *sophia*, ¿*sophia*? Significa sabiduría. Sabiduría no es sinónimo de conocimiento; el conocimiento viene de las escrituras, de otros, es prestado. La sabiduría surge en ti mismo; tú eres una luz para ti mismo. Sabiduría significa que sabes, no que crees. El conocimiento es creencia. Alguien dice «Dios existe» y tú crees. Tú crees a ese hombre, así que crees que tiene que estar diciendo la verdad. Jesús dice «Dios existe» y tú crees; yo digo «Dios existe» y tú crees; eso es conocimiento. Tú me amas, confías en mí, empiezas a creer, pero eso no es conocimiento.

Un hombre se convierte en un sufí sólo cuando ha conocido, cuando él mismo ha conocido, cuando él mismo ha tocado la realidad, cuando él mismo ha visto la cara de Dios, entonces se convierte en un sufí. Se ha vuelto sabio. Ya no eres simplemente un hombre con conocimientos, ahora se trata de su propia existencia.

El término «filosofía» también procede de la raíz *sophia* pero se ha alejado. Sufí también procede de la misma raíz *sophia*, pero no se ha alejado. La filosofía se ha convertido en especulación: pensar y pensar y pensar, sin llegar nunca a ninguna conclusión. Y si no llegas a ninguna conclusión, tu vida no se va a transformar. Sólo pensando nadie se transforma; sólo creces cuando llegas a alguna conclusión experimentada. La filosofía es un juego con palabras y lógica; un bonito juego. Si quieres, puedes jugarlo, pero permaneces igual. Nunca te cambia.

Por esa razón la ciencia tuvo que divorciarse de la filosofía. El día que la ciencia se divorció de la filosofía empezó a crecer. Se volvió experimental, se volvió objetiva. La ciencia ya no depende del pensamiento, depende de la experimentación. Esa posibilidad surge por el divorcio de la filosofía.

Otra de las posibilidades que surge por ese divorcio es el sufismo. La ciencia se dirige hacia el objeto y se convierte en experimentación, el sufismo se dirige hacia el sujeto y se convierte en experiencia. Pero ambas están concernidas con la realidad: la ciencia con la realidad exterior y el sufismo con la realidad interior. Ambos se han divorciado de la filosofía.

La ciencia depende del experimento, porque el experimento objetivo es posible; el sufismo depende de la experiencia, porque la consciencia interior sólo puede ser experimentada, no se puede experimentar con ella. No se trata de un objeto, se trata de tu subjetividad.

Y la última posibilidad es que proceda de la raíz hebrea ain sof, que significa lo absolutamente infinito, la búsqueda de lo absolutamente infinito, la búsqueda más allá de lo relativo, la búsqueda de lo ilimitado, lo eterno, lo intemporal.

Sí, exactamente eso es el sufismo. El sufismo es todas esas cosas y más. Para indicar ese más, repetiré la definición del diccionario persa: *sufí chist — sufí, sufist*. ¿Qué es un sufí? Un sufí es un sufí. No se puede decir nada más acerca de eso.

Pero puedes entrar en el templo del sufismo y probarlo.

Antes de entrar en esta pequeña historia de hoy explicaré algunas cosas que ayudan a comprender. Servirán de base.

El Corán dice que hay tres cualidades básicas que el corazón del buscador tiene que albergar. La primera es *khush*. *Khushu* significa humildad, modestia. La segunda es *karamat*. *Karamat* significa caridad, compartir, el gozo de dar. Y la tercera es *sijd*. *Sidj* significa sinceridad, autenticidad, no aparentar, sino ser lo que se es. Estas tres cualidades son los tres pilares del sufismo.

La humildad a la que *khushu* se refiere no es la mal llamada modestia. El hombre modesto común es egóico. Su ego es un nuevo tipo de ego: el de ser modesto. Él piensa: «Nadie es tan modesto como yo. Yo soy la cima de la humildad». Pero sigue comparando. El ego no ha cambiado, el ego sólo ha tomado una nueva postura, un nuevo gesto, es más sutil.

Antes el ego se mostraba en su forma más grosera. Ibas por ahí presumiendo de tu dinero. Era una forma muy grosera. Luego, un día, renuncias a tu dinero y empiezas a presumir de que has renunciado a todo. Ahora la fanfarronada es muy sutil, pero no deja de serlo. Antes decías: «Yo soy alguien». Intentabas demostrar que eras alguien de mil y una formas. Más tarde, viendo la futilidad, dejas eso, das un giro, adoptas otro gesto; con la cabeza agachada empiezas a decir: «Yo no soy nadie». Pero el «yo soy» permanece. La antigua reivindicación de ser alguien ahora es de no ser nadie. Antes había una reivindicación de ser alguien ahora es de no ser nadie. Antes había una reivindicación y ahora también la hay. Lo que pasa es que ahora ha tomado una forma sutil.

Humildad, *khushu*, significa que se han comprendido todos los caminos del ego. Y entendiendo todos los caminos del ego, el ego desaparece. No hay ninguna reivindicación, ni siquiera la de ser humilde. Cuando no hay reivindicación, hay humildad, hay *khushu*.

Ésta es una de las principales cualidades para aquellos que quieren dirigirse hacia Dios, porque si eres demasiado sólido no te moverás. Tienes que ser líquido, tienes que fundirte; no puedes permanecer congelado en tu ego. Sólo cuando te fundes puedes empezar a moverte. Y cuando empiezas a moverte, ¿a qué otra parte puedes ir? Todo movimiento va hacia Dios. Sólo aquellos que están osificados no llegan a Dios; por el contrario, si te mueves, te estarás moviendo hacia Dios. No existe ningún otro movimiento.

La segunda es caridad, *karamat*. Caridad no significa que des y te sientas muy bien por haber dado, eso no es *karamat*, eso no es caridad. Caridad es cuando das y te sientes agradecido porque el otro haya tomado; es cuando das sin la idea que el otro tenga que estar en deuda contigo en ningún sentido; cuando das porque tienes demasiado, ¿qué otra cosa puedes hacer? No se trata de que los otros necesiten. Caridad es cuando das desde tu riqueza, cuando das desde tu abundancia. No se trata de que el otro tenga necesidad y tú le estés ayudando; el otro no tiene nada que ver. Das porque tienes, ¿qué otra cosa puedes hacer? El capullo florece y la fragancia de la flor se expande por el aire, ¿qué otra cosa puede hacer la flor? La lámpara se enciende y comparte su luz, expande su luz. La nube está llena de agua y se convierte en lluvia, ¿qué otra cosa puede hacer?

Sólo cuando das desde tu abundancia se puede llamar caridad. Y entonces no te preocupas de quién es digno de recibir, esa no es la cuestión en absoluto.

Debes haber leído esa hermosa parábola de Jesús. En cuanto a parábolas se refiere, Jesús es incomparable. Un hombre, un hombre rico, contrató a unos cuantos para que trabajaran en su huerto. Al mediodía se dio cuenta de que no serían suficientes para acabar el trabajo al atardecer. Así que contrató a más trabajadores. Pero por la tarde se dio cuenta de que incluso con estos no serían suficientes, así que contrató a unos cuantos más.

Al atardecer, el patrón les pagó por el trabajo que habían realizado. Pero le pagó a todos lo mismo: tanto los que vinieron por la mañana como los que vinieron al mediodía y los que vinieron justo antes de que el sol se pusiera recibieron la misma cantidad. Naturalmente, los trabajadores que empezaron por la mañana se enfadaron. Protestaron. Dijeron: «Esto es injusto. Nosotros vinimos por la mañana, hicimos un día entero de trabajo y recibimos la misma recompensa que los otros, que acaban de llegar y no han hecho casi nada. Eso no es justo».

El patrón se rio y les dijo: «¿Acaso lo que habéis recibido no es suficiente por el trabajo que habéis realizado?». Ellos contestaron: «Es suficiente. ¿Pero por qué hemos cobrado lo mismo que estos otros que no han hecho casi nada?». Y el patrón les replicó: «Les he dado desde mi abundancia. ¿Acaso no puedo dar mi dinero? Es mi dinero. Ustedes han cobrado. Han cobrado por su trabajo. ¿Es que acaso no puedo tirar mi dinero? ¿Por qué la protesta? ¿Por qué les debería preocupar?».

Y Jesús solía decir: «Este hombre es un hombre de caridad. Da desde su abundancia».

Eso es lo que los sufíes llaman *karamat*.

Y la tercera es sinceridad. No significa decir la verdad, significa ser la verdad. Decirla sólo es la mitad del camino; la verdadera cuestión es serla. Puede que digas la verdad algunas veces cuando no te perjudique, eso es lo que hace la gente. Cuando la verdad no les perjudica se vuelven sinceros. Y aunque algunas veces la verdad perjudique a otros, ellos persisten en ser muy pero que muy sinceros. Pero cuando la verdad no te favorece, entonces la abandonas, entonces ya no es importante.

Por eso la gente dice: «La mejor estrategia es la honestidad». Pero recuerda, aquel que dice: «La mejor estrategia es la honestidad» no es un hombre honesto. ¿Estrategia? La propia palabra es deshonesta. La verdad no puede ser una estrategia, y tampoco la honestidad. Sólo puede ser tú mismo corazón, no estrategias. Las estrategias se pueden usar y tirar. Las estrategias son política. Cuando la honestidad es rentable, eres honesto, eso es lo que significa. «La mejor estrategia es la honestidad». Cuando no es rentable, te vuelves deshonesto. Tú no tienes ninguna relación con la honestidad. Tú la utilizas. Eso es lo que quieres decir por estrategia.

Sijd es una palabra sufí que quiere decir: ser sincero, ser verdad. No se trata tan sólo de una estrategia. Se trata de ser la verdad, por cruda que esta sea, sin pensar en absoluto en el resultado, ocurra lo que ocurra, a pesar de cualquier resultado, arriesgarlo todo por la verdad, eso es *sijd*. Arriesgarlo todo por la verdad, porque si se salva la verdad, se salva todo, y si se pierde la verdad, se pierde todo.

Ahora esta pequeña historia.

A Uwais le preguntaron: ¿Cómo te sientes?».

Uwais es un maestro sufí.

Él contestó: «Como alguien que se ha levantado por la mañana y no sabe si por la tarde estará muerto».

El interlocutor dijo: «Pero ésa es la situación de todos los hombres». Uwais contestó: «sí, ¿pero cuántos de ellos lo sienten...?».

Aquí hay muchas cosas que tienen que ser entendidas.

Primero cuando Uwais dice: «Como alguien que se ha levantado por la mañana y no sabe si por la tarde estará muerto», está diciendo muchas cosas. Ésta es una frase preñada de significado. Tendrás que profundizar en ella.

Lo primero que está diciendo es que un sufí vive momento a momento; no le preocupa lo que pueda ocurrir en el siguiente momento. No tiene un plan para el siguiente momento. El sufí no tiene futuro. Este momento lo es todo. Vive en él, vive totalmente en él, porque no hay ningún otro lugar adónde ir. Si tienes un futuro, no puedes vivir con totalidad en el momento; es natural, una parte de tu ser estará fluyendo hacia el futuro. Si tienes un pasado, no puedes vivir en el presente, parte de tu mente estará fluyendo hacia el pasado. Te fragmentarás. Una gran parte de tu ser se quedará colgada en alguna parte del pasado y el resto ya se habrá movido a algún lugar en el futuro. No quedará nada para el presente. Y el presente es tan pequeño, tan atómico, que puedes perdértelo muy fácilmente. La gente se lo está perdiendo. La gente tiene pasado y tiene futuro, pero no tiene ningún presente.

El sufí vive en el presente. Vivir en el presente es la premisa básica para separarte del pasado y del futuro. Entonces aparece una concentración de energías, entonces este pequeño momento se vuelve luminoso, vuelcas toda tu energía en él; entonces hay dicha y bendición. Si eres desgraciado, es porque vives en el pasado y el futuro. Un hombre desgraciado tiene un pasado y un futuro, un hombre que vive en la gloria sólo tiene el momento, este momento. Vive en el ahora.

Ashley Montagu acuñó una palabra nueva, comprenderla servirá de gran ayuda. Él dice que esta novedad, este constante estar en el momento, este constante abandonar el pasado y no saltar al futuro, es un gran arte. Él llama a ese arte *neoteny*. *Neo* significa nuevo, *teny* significa estirado, extendido.

Un hombre puede vivir toda su vida en novedad, un hombre puede vivir toda su vida como un niño, un hombre puede tener la cualidad del niño extendida toda su vida; el arte es vivir en el momento. La persona que vive en el momento nunca envejece. Madura, pero nunca envejece. En realidad crece. Envejecer no es realmente crecer. Envejecer sólo es morir lentamente; envejecer sólo es ir suicidándose. El hombre que vive el momento nunca envejece en el sentido en que la gente envejece. Nunca se vuelve resabiado; es siempre inocente, maravillado, apasionado, lleno de curiosidad. Cada momento le trae una nueva sorpresa. Siempre está viviendo una aventura. Es un explorador. Nunca está harto de la vida. Nunca está aburrido.

En una iglesia un sacerdote comunicó que después de los servicios habría una reunión de la junta. Se marcharon todos excepto los miembros de la junta. Pero justo en la primera fila había un extraño.

El sacerdote se sintió un tanto perplejo. Le dijo: «¿Señor, no ha entendido? He dicho que sería una reunión de la junta».

Y el extraño contestó; «Sí. ¿Y quién es más aburrido que yo?».[1]

Mira a la gente. Mira a los ojos de la gente. No tienen el brillo de la sorpresa. Mira a sus caras. Sus caras dicen que ya no va a ocurrir nada más. Están aburridos, completamente aburridos. Si no se suicidan es sólo porque son cobardes. Parece que no haya alegría. Simplemente ve a la calle y observa a la gente. Todos parecen estar llenos de polvo.

¿Por qué sigue viviendo la gente? Porque tienen miedo de suicidarse. Porque la vida no tiene alegría. O a lo mejor están tan aburridos que sienten que ni siquiera en la muerte vaya a ocurrir algo. Están tan aburridos, piensan que nada va a ocurrir nunca. Nunca ocurre nada. ¿Y la razón? La razón es que van cargando con el pasado. El sufismo dice: «No cargues ni con el pasado ni con el futuro.

---

1 En inglés la palabra *board* significa junta, y la palabra *bored*, que significa aburrido, suenan muy parecidas. (N. del T.).

Este momento es precioso, ¿por qué malgastarlo pensando en cosas que ya no existen o en cosas que todavía no existen? Deja que este momento sea un momento de gran dicha».

Y esa dicha se convierte en oración, esa dicha se convierte en zikr, esa dicha se convierte en un recordatorio de Dios. Repetir Alá, Alá, Alá, no sirve de nada; repetir Ram, Ram, Ram, no sirve de nada. Cuando estás repleto de dicha es cuando recuerdas a Alá en lo más profundo de tu ser. No es que lo repitas verbalmente, sino que toda tu existencia dice Alá, cada una de tus células, cada una de las fibras de tu ser, dice Alá. No es que tú lo repitas; no es verbal, es esencial. Está ahí, está constantemente ahí. se convierte en tu clima interior. Empiezas a vivir en esa salsa, en esa dicha.

Así que lo primero que Uwais dice es: «Así es como lo siento. Yo vivo momento a momento, sin ningún plan o futuro. Yo no sé qué va a ocurrir esta tarde, puede que la muerte». Cuando dice muerte, él simplemente está diciendo que cualquier cosa es posible, incluso la muerte es posible. «Yo vivo en la sorpresa, yo vivo maravillado, yo vivo en el misterio. Y el mayor de los misterios es la muerte».

Sólo hay dos misterios: la vida y la muerte. Y sin duda alguna el mayor de ellos es la muerte; porque la vida se extiende y la muerte es muy intensa. La vida ocurre en setenta, ochenta o cien años. Naturalmente se extiende. La muerte ocurre en tan sólo un momento, es muy intensa. La muerte es la culminación el *crescendo*. La muerte es el mayor orgasmo que existe; por eso, dicho sea de paso, la gente también tiene miedo a los orgasmos. O, si los tienen, son orgasmos locales, no muy orgásmicos; por miedo. El momento orgásmico es un momento de muerte. Y en la muerte ocurre el orgasmo final. En ese momento desapareces completamente en la nada. Es la mayor de las experiencias.

Uwais dice: «Yo no sé qué es lo que va a ocurrir, puede que la muerte». La muerte es una puerta a Dios. Aquellos que saben cómo morir saben cómo entrar en Dios. Los que se aferran a la vida nunca saben que Dios existe, porque no permiten la muerte. Y la muerte viene todos los días. Según va pasando cada momento, algo está muriendo. Si tienes treinta años, has estado muriendo constantemente durante treinta años. Si reúnes esos momentos de treinta años, esos momentos muertos que ya has vivido, entonces llevarás una carga. Entonces empezarás a envejecer. Entonces, llevando una carga tan pesada, ¿cómo vas a participar de la danza? Esa carga no te lo permitirá. Si puedes dejar esa carga cada día y volver a estar fresco, volver a ser inocente, volver a ser un niño, entonces, y sólo entonces conocerás la muerte que está ocurriendo cada día; la vida y la muerte ocurriendo ambas juntas.

Y luego, un día, viene la muerte final y uno la acepta, le da la bienvenida, la celebra, uno desaparece en la danza. Tu comportamiento en el momento de la muerte mostrará cómo has vivido. El momento de tu muerte será tu testamento.

Uwais está diciendo: «Yo estoy siempre dando la cara a la muerte y esperándola. Y me siento emocionado por la posibilidad de que ocurra». Pero afrontar la muerte requiere vivir valientemente. La gente elude la muerte. Han eludido incluso la propia idea. Saben que todos los demás mueren, pero piensan que ellos no van a morir.

Si vives en esa inocencia, vives en la ignorancia. La ignorancia es una gran cualidad religiosa. Un hombre de conocimiento no puede volverse religioso, pero un ignorante puede volverse religioso muy fácilmente.

Uwais dice:

«Como alguien que se ha levantado por la mañana y no sabe si por la tarde estará muerto».

Nada es seguro, nada es previsible; todo está abierto. Para un sufí todo es posible. Nada es absolutamente seguro, todo es posible; eso es lo que significa estar abierto, tener una mente abierta.

El interlocutor contestó: «Pero ésa es la situación de todos los hombres».

Todo el mundo se va a morir, pero no sabe cuándo.

El interlocutor no ha entendido la respuesta de Uwais. Nosotros sólo entendemos en nuestro propio plano.

Uwais contestó: «Sí, pero cuántos de ellos lo sienten?».

Se van a morir.

Lo desconocido penetra en la vida a cada momento; eso es la muerte. Pero no lo sienten. No se dan cuenta de ello. La gente vive en una especie de sueño, una especie de aletargamiento. La gente es casi sonámbula.

El pasajero de un taxi estaba algo más que embriagado. Mirando a su reloj vio que eran las siete en punto. Un poco después vio un reloj en una joyería que decía que eran las siete menos cinco.

Entonces preguntó al taxista: «¿Qué hora es?». «Son las siete menos diez», contestó el taxista.

«Pare y dé la vuelta», le ordenó el pasajero, «¡vamos en la dirección equivocada!».

La gente está casi dormida, borracha; no hay ni siquiera un rayo de consciencia.

Ocurrió una vez...

Era el primer papel que le habían dado en los últimos cinco años. Es cierto que sólo era un pequeño papel, pero ya era algo. El héroe tenía que entrar en escena y decir: «¿Vio usted cómo mataban a este hombre?». Su papel consistía en mirar al héroe directamente a los ojos y contestar: «Lo vi».

Ensayó esas dos palabras durante semanas —lo vi, lo vi, lo vi—, estudiando la elocución, ensayando expresiones faciales y entonaciones. Entonces llegó el gran día. El héroe entró mirando al cadáver que había sobre el suelo, luego miró a nuestro actor y le preguntó: «¿Vio usted cómo mataban a este hombre?».

Mirando directamente a los ojos del protagonista contestó claramente: «¿Yo?».

La gente no está atenta en absoluto. Está durmiendo. Una especie de embotamiento, una especie de neblina rodea tu ser. Todo está muy nublado y confuso. Muy raramente estás alerta, muy, muy raramente; son raros esos momentos. Gurdjieff solía decir que siete de esos momentos es más de lo que un hombre puede esperar a lo largo de toda su vida. Muy raramente.

Algunas veces, en momentos de gran peligro, te pones alerta. Alguien viene a matarte y te pone un revólver en el pecho; entonces, durante un breve momento, la niebla desparece. La muerte está ahí. o, si estás conduciendo a ciento sesenta, ciento ochenta kilómetros por hora, y de repente aparece una curva y ves que todo se ha acabado, durante un instante en accidente parece seguro, absolutamente seguro; la niebla desaparece. De ahí la atracción del peligro, porque sólo en el peligro algunas veces sientes que existes. De ahí la atracción por la guerra. Cuando la gente va a la guerra y entra en las garras de la muerte, algunas veces vienen raros momentos. Pero aparte de eso, en una vida ordinaria cómoda, confortable, la gente sigue roncando.

Un viajero le preguntó a un borracho el camino a la oficina de correos. El borracho era un lugareño de la ciudad.

«Bien, tome la segunda calle a la derecha... no, la segunda a la izquierda... no, eso tampoco es correcto, tome la primera a la derecha y luego la primera... La verdad, señor, no creo que desde aquí pueda llegar a la oficina de correos».

La gente vive en esa neblina. Y no es que se te nuble todo sólo cuando has bebido, cada momento estás bebiendo mil una clases de alcohol. Unos están locos por el dinero, entonces el dinero es su alcohol. Otros están locos por el poder, entonces beberán poder y se emborracharán. Y hay diferentes tipos de gente loca. Pero cada uno tiene su particular clase de alcohol que lo emborracha.

¿Has visto los ojos de un avaro mirando a su dinero? Mira al dinero como si estuviera mirando a su amada. Toca el dinero con tanta ternura. Trata los billetes con tanto amor y cuidado. Y cuando está con el dinero se olvida del resto del mundo.

Fíjate en cualquier político: loco del poder. Está borracho. No necesita ninguna otra bebida alcohólica, ninguna otra droga. Él ya está drogado por el poder. Puede que incluso esté en contra del alcohol y las drogas, quizá esté promoviendo su prohibición, pero él mismo es un borracho. Y sin duda alguna el alcohol que produce el poder es mucho más peligroso que el que producen las uvas. Estos maniáticos del poder son gente muy peligrosa para el mundo.

Y todo el mundo está borracho. Toman diferentes clases de bebidas pero todos están borrachos. Sufí es aquel que no está borracho; a eso se refiere Uwais cuando dice: «Sí, ¿pero cuántos de ellos lo sienten?».

Recuerda, hay una diferencia. Si la misma pregunta se la hubieran hecho a Bodhidharma o a Rinzai, ellos hubieran contestado: «¿Cuántos son conscientes de ello?». Uwais dice; «¿Cuántos de ellos lo sienten?». Ésa es la diferencia entre los dos caminos básicos: el camino de la consciencia, de la meditación, y el camino del amor, del sentimiento.

El sufismo es el camino del amor, del sentimiento. Si le hubieran preguntado a Bodhidharma, él hubiera contestado: «¿Cuántos son conscientes de ello?». Él hubiera usado la palabra «conscientes» no «sienten». Ningún maestro zen usaría la palabra «sentir»; ésa es la diferencia básica, aparte de ésa, no hay ninguna otra diferencia.

El sufismo es un despertar del corazón: el despertar de los sentimientos. El Corán dice: «No son los ojos los que están ciegos sino el corazón». Cuando dice «corazón» se refiere a la facultad de percibir lo trascendente, lo amado. A los sufíes se les conoce como aquellos que tienen corazón. Dice A-Hillaj Mansoor: «He visto a mi señor con el ojo del corazón. Le pregunté «¿Quién eres tú?», y él respondió: «Tú». El ojo del corazón...

Recuerda esto. El sufismo es el camino del amor. Es más de danzar que el zen, es más de cantar que el zen. Es más celebrativo que el zen. Por eso en los países en los que ha habido sufismo se ha escrito la mejor y más bella poesía que jamás haya existido en el mundo. La lengua persa se volvió muy poética y ha generado los mejores poetas del mundo. La misma lengua se volvió poética, la misma lengua se volvió muy graciosa, porque en el sufismo se piensa en Dios como el amado.

Eso también tiene que ser entendido: lo último por hoy. para la gente del zen no hay Dios, tu propia consciencia es lo supremo. El zen proviene de la visión de Gautama Buda. El sufismo proviene de la relación amorosa de Mahoma con Dios.

Ocurrió una vez...

En el año 610 d. de C. Mahoma estaba en una cueva en el monte Hira. Allí recibió su primera experiencia espiritual y tuvo miedo de haberse vuelto loco o, como él decía, poeta. Llegó hasta su mujer temblando de miedo y diciendo: «¿Qué soy yo, un poeta o un poseso?». Incluso pensó en despeñarse desde una roca alta para matarse. Fue un trauma tremendo, era una descarga de amor de mucho voltaje. Estuvo durante tres días temblando constantemente con una fiebre peligrosamente alta.

Y lo que temía era haberse vuelto loco o poeta. De esta experiencia de Mahoma nace el río del sufismo. Siempre se ha mantenido poético y poseso. Él era ambas cosas. Se volvió poeta y se volvió poseso. Se volvió loco y se convirtió en un místico.

Debes haber oído algo acerca de la hermosa leyenda sufí de *Majnu* y *Laila*. No es una historia de amor corriente. La palabra *majnu* significa loco, loco por Dios. Y *laila* es el símbolo de Dios. Los sufíes piensan en Dios como el amado; *laila* significa el amado/a. todo el mundo es un *majnu* y Dios es el amado. Y uno tiene que abrir su corazón, los ojos del corazón.

Por eso Uwais dice: «Sí, ¿Pero cuántos de ellos lo sienten?». La gente ha perdido por completo la facultad de sentir, no siente en absoluto. Se han saltado su corazón. No van a través del corazón. Han llegado a la cabeza. Han evitado el corazón, por eso, parece que en la vida no hay bendición. Sólo a través del corazón florecen las flores, sólo a través del corazón nace el canto de los pájaros, sólo a través del corazón llegas a ver la vida no como una seca consciencia sino como una celebración. Yo te invito a celebrarlo conmigo.

Capítulo 2

Escondiéndose

*¿El sufismo ha surgido como una rebelión en contra del sistema islámico
o es anterior al islam?*

Es ambas cosas. Todo lo que está vivo es ambas cosas. Es muy antiguo y es muy nuevo; a la vez simultáneamente.

El sufismo es anterior al islam y a la vez también es un nuevo fenómeno único. Es el núcleo esencial del islam y a la vez es también una rebelión en contra del sistema del islam. Siempre es así. El zen también es ambos: el núcleo esencial del budismo y una rebelión en contra del sistema.

Hay que comprender esto. Siempre que aparece un hombre como Mahoma o Buda, florece lo esencial. Pero tarde o temprano la mente humana lo convertirá en un sistema. Eso también es natural porque el hombre necesita algo a que agarrarse. El hombre necesita algo seudo porque lo real lo transforma. Lo real es peligroso. Necesita algo que parezca real pero que no sea real. Necesita un juguete con el que jugar. Ese juguete es la iglesia, el sistema; da la imagen de estar haciendo la cosa real. Así que puedes disfrutar haciéndolo, puedes disfrutar de tu ego y, no obstante, seguir igual. No te penetra, no te transmuta, en absoluto. No hay nada en juego.

Si un hombre entrara realmente en la plegaria, morirá. Nunca regresará igual. Regresará, pero como una persona completamente diferente. Aquel que entre en la plegaria nunca regresará. Surgirá algo nuevo, algo que nunca había existido, algo discontinuo con el pasado. Estarás perdido y sólo entonces encontrarás tu verdadero yo. La verdadera plegaria es peligrosa; es una muerte y una resurrección.

Así que el hombre es muy astuto, crea una plegaria falsa. Convierte la plegaria en un ritual, simula que reza. Lo único que hace es gesticular, y esos gestos están vacíos, no son de corazón. Va a la mezquita, al templo, a la iglesia, y reza. Y sabe que está engañando, él sabe que no está en ello. Sin embargo, eso le otorga cierta respetabilidad. La gente piensa que es un hombre religioso. Eso le otorga cierta credibilidad. Se trata de un gesto formal, suaviza su vida social, produce cierto tipo de lubricante, pero no lo cambia.

Así que, cuando un Mahoma o un Buda vienen al mundo, traen con ellos lo real. Pero lo real te vuelve loco, lo real comienza a matarte. Muy poca gente, gente valiente, puede asistir a esa cita con lo real.

¿Qué hay de los cobardes? A ellos también les gustaría disfrutar... por lo menos la idea de que han visto a Dios, al menos la idea de que también ellos han entrado en la plegaria, al menos la idea de que ellos también son religiosos. ¿Qué hay de los cobardes? Y hay una gran cantidad de ellos. La mayoría de la humanidad está conformada por cobardes. Estos cobardes tarde o temprano crean una falsa religión. Cristo es religión real, el cristianismo es una religión falsa. Mahoma es real, el islam es falso. Cuando esta falsa religión, está establecida, se haga insoportable, una y otra vez vendrá gente —gente valiente— que confirmará que todo esto está mal. Así que esa gente parecerá rebelde. En realidad estará confirmando el verdadero espíritu. El espíritu de Mahoma es confirmado por Mansoor; el espíritu de Mahoma es confirmado por Omar Khayyam; el espíritu de Mahoma es confirmado una y otra vez por mil y un místicos sufíes.

Pero ahora puedes ver cuál es el problema. Siempre que alguien esté confirmando el mismo espíritu está volviendo a traer la religión esencial, pero estará en contra del sistema, en contra de la falsa religión. Y la falsa religión tiene un gran poder: la apoya la locura de las masas. La apoya la neurosis de las masas. Puede matar, puede destruir. No puede crear, pero sí puede destruir a un Jesús, a un Sócrates, a un Mansoor. Eso le resulta muy fácil.

Estas personas son como flores, muy frágiles, y la neurosis de las masas es como una piedra. Si le tiras una piedra a una flor, a la piedra no le pasará nada, sólo la flor será destruida. Lo más alto siempre es destruido cuando choca con lo más bajo, recuérdalo. Si hay un choque entre la poesía y la prosa, será destruida la poesía, no la prosa. Si hay un choque entre Dios y el mundo, desaparecerá Dios, no el mundo. Si hay un choque entre la lujuria y el amor, será envenenado el amor, no la lujuria.

Cuando lo desconocido desciende, cuando lo superior viene al mundo, viene como una flor.

Sí, es muy rebelde. Es rebelde porque es esencial. Lo esencial siempre es rebelde. Mahoma fue un hombre rebelde, toda su vida fue perseguido por enemigos. Muchas veces estuvo a punto de ser asesinado. Tuvo que luchar durante toda su vida; un místico tuvo que convertirse en un soldado, tuvo que desperdiciar toda su vida siendo un soldado. Tuvo que empuñar la espada. Y se puede ver la contradicción, la paradoja: en su espada escribió las palabras «paz» y «amor». El amor tiene que empuñar la espada por culpa de la gente loca. La paz tiene que empuñar la espada por culpa de la neurosis.

Mahoma tuvo que guerrear constantemente; luchaba y luchaba. Malgastó toda su vida en luchas. Él pudo haber traído más flores desde lo desconocido, pudo haber traído más de Dios a este mundo, pero no hubo oportunidad.

Y una vez que Mahoma se ha establecido, más tarde o más temprano el enemigo vence de nuevo... el enemigo que luchaba contra Mahoma se convertirá en el sacerdote. ¡Fíjate bien! Fueron los sacerdotes los que lucharon contra Mahoma, los sacerdotes del viejo sistema. Mahoma trae de nuevo la religión esencial, la religión eterna. Entonces los sacerdotes que estaban con el viejo sistema luchan contra él. Si vence Mahoma, los sacerdotes cambian de partido. Los sacerdotes siempre están con los vencedores; los cobardes siempre están con los vencedores. Los sacerdotes cambian de partido. Dicen: «He sido convertido por ti». Se pasan al bando de Mahoma.

Pero ellos mantienen sus viejas artimañas, mantienen su vieja mente. Empiezan a jugar el mismo juego otra vez.

Puede que mientras Mahoma esté vivo no puedan hacerlo, pero una vez que Mahoma se haya ido les será muy fácil mantener el mismo tipo de sistema en el nombre de Mahoma. Pero cada vez que un místico sufí traiga de nuevo a Dios de regreso, será amigo de Mahoma y enemigo de los mahometanos. Ésa es la gran paradoja.

Es ambas cosas: la religión siempre es ambas cosas. Fíjate en mí. Todo lo que estoy diciendo es la religión esencial. Es la religión de Buda, de Cristo, de Moisés, de Mahoma, y sin embargo todos los sacerdotes están en contra de mí, todos los sacerdotes. Puede que éste sea el único punto en el que estén de acuerdo: todos son unánimes en estar en mi contra. Los sacerdotes mahometanos están de acuerdo con los hindúes. Puede que no estén de acuerdo en ninguna otra cosa, pero en que yo soy malo todos estarán de acuerdo. Los cristianos están de acuerdo con los jainas. No se parecen en nada, sus doctrinas no se parecen ni en una sola coma, pero en una cosa estarían de acuerdo: si tuvieran que criticarme, todos estarían juntos. Lo que yo estoy diciendo es el núcleo esencial de todas sus religiones, pero están en contra de ello. Fingen estar a favor, fingen ser los protectores, pero son los enemigos. El sistema es el enemigo de la religión. Pero es natural que el sistema se establezca porque el hombre es estúpido. El sistema se establecerá una y otra vez. Y una y otra vez alguien tiene que rebelarse y enfrentarse.

Hay una preciosa parábola en los Hermanos Karamazov de Dostoievski.

Jesús volvía al mundo mil ochocientos años después para ver cómo iban las cosas. Estaba muy esperanzado. Pensaba: «Ahora casi la mitad de la Tierra es cristiana, voy a ser muy bien recibido. La primera vez que estuve aquí en la Tierra la gente estaba en contra de mí porque no eran cristianos, no había nadie para recibirme. Los que había eran judíos, y me mataron». Ahora venía con grandes esperanzas. Descendió sobre Belén un domingo por la mañana. Naturalmente, eligió un domingo; sería día festivo para los cristianos, estarían saliendo de la iglesia y se encontraría con ellos justo a la salida.

La gente salía y él esperaba con gran ilusión. Entonces la gente empezó a rodearlo y a reírse de él, a ridiculizarlo. Le dijeron: «Imitas muy bien. Realmente pareces Jesús».

Y él contestó: «¡Yo soy Jesús!».

Y ellos se rieron y dijeron: Sólo hay un Jesús. Decir que tú eres Jesús es un sacrilegio. Te preces a él, ¿pero cómo vas a ser él? Será mejor que te vayas de aquí antes de que salga el sacerdote. Si te atrapa, vas a tener problemas».

Pero Jesús replicó: «Él es mi sacerdote. Que ustedes no podían reconocerme, pasa; ustedes son laicos. Pero él es mi sacerdote, todo el tiempo está leyendo mis escrituras, pensando, meditando en lo que yo he dicho, hablando de mí. Por lo menos él me reconocerá. Esperen!».

Y se volvieron a reír, y dijeron: «Estás equivocado. Vete de aquí, de lo contrario te meterás en un buen lío».

Luego llegó el sacerdote, y la gente que ni siquiera se había inclinado ante Jesús tocaba los pies del sacerdote y lo saludaban muy reverentemente, muy respetuosamente. El sacerdote llegó, miró a este joven y dijo:

«¡Inclínate! Ven, sígueme, entra en la iglesia. ¿Te has vuelto loco? ¿Qué pretendes?».

Y Jesús le dijo: «¿No me reconoces?».

Entonces el sacerdote lo llevó a la iglesia, lo metió en una celda oscura, echó cerrojo y se marchó. En mitad de la noche regresó. Todo el día Jesús estuvo pensando: «¿Qué va a ocurrir? ¿Voy a volver a ser crucificado otra vez por mi propia gente, por cristianos? ¡Esto es el colmo!». No se lo podía creer.

En medio de la noche vino el sacerdote portando una pequeña lámpara. Se postró a los pies de Jesús y dijo: «Te he reconocido. Pero, por favor, no te necesitamos para nada. Tú has hecho tu trabajo y nosotros estamos haciendo tu trabajo perfectamente. Tú eres un gran perturbador. Si vuelves otra vez, lo estropearás todo. Nos ha costado mucho trabajo. Hemos luchado durante dieciocho siglos, y nos la hemos arreglado para manejar las cosas perfectamente. La mitad de la humanidad ha sido convertida y la otra mitad está en camino. Simplemente espera. ¡No necesitas venir! Maestro, no te necesitamos, nosotros los sirvientes nos bastamos. Tú, simplemente, manda mensajes desde allá».

Jesús dijo: «Me alegra que por lo menos me hayas reconocido».

El sacerdote contestó: «Sí, en privado te puedo reconocer, pero cuando estamos en público no puedo hacerlo. Y si insistes en crear problemas, lo siento, pero tendré que crucificarte como hicieron los judíos, porque un sacerdote tiene que mirar como lo hicieron los judíos, porque un sacerdote tiene que mirar por el sistema. Yo soy parte del sistema; judíos o cristianos, ¿qué más da? Tengo que salvar la Iglesia. Si hay algún conflicto entre tú y la Iglesia, yo estoy con la Iglesia, yo sirvo a la Iglesia. Es totalmente lógico. Tú vives en el cielo, tú disfrutas allí y nosotros disfrutamos aquí. Las cosas están bien tal como son. No hace falta que vengas por segunda vez, con la primera fue suficiente». La religión esencial siempre estará en contra de la religión establecida. Los sufíes son el mismísimo corazón, pero el destino del corazón es estar en contra de la mente, en contra del intelecto. El sacerdote vive en la cabeza, el hombre de plegaria vive en el corazón. Son dos polos opuestos, sus idiomas son diferentes. El idioma del sacerdote es tan diferente que no puede entender en absoluto el lenguaje del corazón. Puede elucubrar teorías; es un gran experto en lo que se refiere a doctrinas. Tiene una mente muy legalista y muchos conocimientos. Pero en lo concerniente al corazón, su corazón es una tierra baldía; en ella no crece nada, no florece nada, no fluye nada.

La cabeza no puede comprender al corazón. El corazón puede entender a la cabeza porque el corazón es más profundo que la cabeza.

El hombre de corazón puede entender al hombre de cabeza y sentir compasión por él, pero el hombre de cabeza no puede entender al hombre de corazón. Lo bajo no puede entender a lo elevado; lo elevado puede entender a lo bajo. El hombre que está en el valle no puede entender al hombre que está en la cima de la colina. Pero el hombre que está en la colina puede entender al hombre que vive en el valle.

Así que las personas de corazón son muy compasivas. Comprenden. Comprenden que el sacerdote está en contra de ellas; comprenden que la mayoría de la humanidad no pueda estar de acuerdo con ellas.

Déjame contarte una anécdota.

Un hombre iba caminando y vio un caracol perdido en la grieta de un muro, y sin ninguna razón en particular le dijo: «Hola caracol».

Y, aunque pueda parecer raro, el caracol, que podía hablar y escuchar, contestó: «Hola», y movió en círculos los ojos en sus pedúnculos para ver lo mejor posible aquello que le estaba hablando.

Así que el hombre preguntó: «¿Puedes oírme?».

Y el caracol contestó: «Sí, claro. ¿Pero quién o qué eres tú?». El hombre respondió: «Bueno, yo soy un hombre».

Y el caracol volvió a preguntar: «¿Y qué es eso?».

Así que el hombre le explicó: «Bueno, somos algo parecido a ti. Por ejemplo, tus ojos están en pedúnculos y nuestros pedúnculos están en el otro extremo».

A lo que el caracol inquirió: «¿El otro extremo?».

El hombre: «Sí, espera un minuto. Son para poner los pies, mira, y estos pies...».

El caracol: «¿Para qué son esos pies?».

El hombre: «Los pies son para moverse rápidamente».

El caracol: «De veras, me sorprendes. ¿Hay alguna cosa peculiar más acerca de ti?».

El hombre: «Bueno, tú sabes que ustedes llevan su casa a cuestas».

El caracol: «Sí, sí».

El hombre: «Pues nosotros no hacemos eso. Tenemos cantidades y cantidades de casas, y nosotros entramos y salimos cuando queremos».

El caracol: «Realmente son criaturas de lo más sorprendentes. ¿Hay alguna otra cosa extraña acerca de ustedes?».

El hombre: «Bueno, mira, somos hombres, y un hombre puede coger algo tan sencillo como una hoja; ¿sabes lo que es una hoja?».

El caracol: «Sí, sí. Sé lo que es una hoja».

El hombre: «Bueno, pues puede poner unas marcas sobre esa hoja y pasarle la hoja a otro hombre que le pasará la hoja a un tercero, quien por las marcas en la hoja podría saber lo que estaba pensando el primer hombre».

El caracol: «Ah, ¿y tú eres uno de ellos?».

El hombre: «¿Qué quieres decir?».

El caracol: «¡Eres un mentiroso! El problema con ustedes los mentirosos es que primero dicen una mentira, luego otra más gorda y al final se pasan de listos».

Hay lenguajes diferentes en planos diferentes. El sufí habla el idioma del corazón, y el sacerdote habla el idioma de la cabeza. El sacerdote habla el idioma de los conocimientos, y el sufí habla el idioma del amor. No se encuentran, no se comunican. La comunicación es imposible. El sacerdote está ciego, nunca ha visto la luz, sólo cree en ella. El sufí ha visto la luz; ya no es una creencia. Él la conoce.

Intenta comprender esta paradoja. La gente que cree que sabe, no sabe; la gente con conocimientos no sabe porque no puede ver. Por el contrario, la gente que ama y no habla para nada del conocimiento, sabe, porque puede ver. El amor abre los ojos del corazón. Y cuando has visto, estás siempre en rebelión. Cuando has visto, ninguna creencia puede satisfacerte. Entonces tu misma visión se vuelve destructiva para todo tipo de creencias. Cuando has visto, no puedes estar de acuerdo con las estúpidas ideas acerca de la luz, ni puedes aceptarlas. Un hombre ciego sólo puede tener ideas estúpidas acerca de la luz. No puede tener la idea correcta. ¿Cómo va a tener la idea correcta? No tiene ojos. Lo que quiera que sepa acerca de la luz tiene que ser incorrecto. Él ni siquiera ha visto la oscuridad. ¿Para qué hablar de la luz? Un hombre ciego no puede ver ni la oscuridad.

No pienses nunca que los ciegos viven en la oscuridad. No. No pueden. Incluso para ver la oscuridad uno necesita ojos. Y no hay manera de explicarle a un ciego qué es la luz. Casi no puedes usar ni la oscuridad, no puedes decir «la luz es lo contrario de la oscuridad». Él ni siquiera sabe qué es la oscuridad. No hay manera de aclarárselo a un ciego. La única manera es ayudándolo a ver, la única manera es ayudarle a abrir los ojos. O, si necesita algún tratamiento para los ojos, aplicárselo. Sé un médico para sus ojos. No tiene ningún sentido seguir dándole explicaciones, doctrinas filosóficas, escrituras. Sólo lo liarán más, lo confundirán más.

El sufí es rebelde porque el sufí ha visto la luz. Y naturalmente siempre le resultará difícil explicárselo a la gente. Por eso los sufíes no creen en las explicaciones. Si vas a un sufí, él te dará métodos, no doctrinas. Ésa es la razón por la que los llaman la gente del camino. Te dan un método. Te dicen: «Trabaja en el método». Si el método profundiza, si cambia tu corazón, si abre tu ser, lo sabrás». No te darán ni una simple doctrina, una simple regla; no tienen ninguna. Ellos sólo tienen metodología. Es muy científico. Te dan a probar. Es un trabajo duro, arduo. Si vienes a mí y preguntas: «¿Qué es la verdad?». Yo puedo decirte algo; en unos minutos el trabajo estará hecho. Yo te lo he dicho, tú lo sabes, y se acabó. Ni yo te he dicho nada, ni tú has entendido nada, pero ahora en ti ha surgido la idea de que tú sabes. Y ahora portarás esa idea. Si realmente estás interesado, tendré que darte una tarea, no una doctrina; tendré que darte una meditación, no una regla; tendré que iniciarte en tu laboratorio interior; tendré que llevarte, poco a poco, a aguas más profundas de tu ser. Poco a poco empezarás a sentir, a ver; te volverás más sensible, más alerta, más consciente, y la cosas empezarán a penetrar tu gruesa capa de inconsciencia. Algunos rayos empezarán a entrar en tu «oscura noche del alma». Y entonces sabrás.

El trabajo del sufí lleva años. Los sufíes no predican. Enseñan, es cierto, pero no predican. Y cuando enseñan, enseñan métodos, no reglas. Para seguir un método, uno necesita estar realmente en la búsqueda, porque puede llevar doce, veinte años, puede que te lleve toda la vida. E incluso algunas veces se necesitan muchas vidas. La gente que busca la iluminación instantánea no puede entrar en contacto con un sufí. Por eso los sufíes se esconden. No se declaran, se mantienen invisibles. Sólo están disponibles para aquellos que realmente están en la búsqueda, que realmente buscan. Es muy difícil encontrar un maestro sufí, y puede que esté viviendo en tu mismo barrio. Puede estar haciendo algo tan corriente que ni te puedas creer. Puede que sea sastre o zapatero o director de un hotel, puede tener cualquier tipo de profesión. Tú no puedes ni sospechar que un maestro sufí viva justo en la esquina. Y puede que te cruces con él a diario y no te des cuenta de quién es ese hombre, a no ser que seas un buscador. Si eres un buscador, serás guiado hacia él poco a poco. De hecho, si eres un buscador, será él quien te elija a ti. Él te estará observando. No permitirá que tú lo observes a él; pero él te estará observando, él estará viendo. Y si él siente que en ti hay un buscador, entonces, poco a poco, irá haciendo posible que puedas verlo. Si él quiere, puede hacerse visible.

Hay una famosa historia...

Ocurrió que a un sufí muy famoso le preguntaron: «¿Qué es la invisibilidad?».

Y él contestó: «Responderé a eso cuando surja una oportunidad para demostrarlo».

Ellos creen en demostraciones y en oportunidades. No dirán ni una sola palabra si la oportunidad no ocurre, si no existe la situación adecuada. Puedes hacerle una pregunta al maestro, y él dirá: «Espera, cuando surja la situación adecuada, te lo mostraré»; porque él no cree en decir, él cree en mostrar.

Él contestó: «Responderé a eso cuando surja una oportunidad para demostrarlo».

Algún tiempo después, el hombre y el que le había hecho la pregunta fueron detenidos por unos soldados. Y los soldados dijeron: «Tenemos órdenes de custodiar a todos los derviches, porque el rey de este país dice que no obedecerán sus órdenes y porque hablan de cosas que no son buenas para la tranquilidad del pensamiento del populacho».

Y el sufí contestó: «Y eso es lo que tienes que hacer, tienes que cumplir con tu deber».

«¿Pero ustedes son sufíes» —dijeron los soldados.

«Ponnos a prueba», dijo el sufí.

El oficial sacó un libro sufí…, un libro que es enormemente respetado por los sufíes. Se titula *El libro de los libros*. En ese libro sólo hay escritas unas cuantas frases, el resto está en blanco.

«¿Qué es eso?», preguntó el maestro sufí, como si ni siquiera hubiera reconocido el libro. Los soldados habían traído el libro que serviría para descubrir a los sufíes; cuando un sufí ve *El libro de los libros* se inclina inmediatamente. Es un gran tesoro.

El maestro sufí dijo: «¿Qué es eso?», como si no reconociera el libro.

El sufí miró la portada. «Lo quemaré delante de vosotros», dijo el maestro, «ya que ustedes no lo han hecho todavía». Le prendió fuego al libro y los soldados se marcharon satisfechos.

El compañero del sufí le preguntó: «¿Cuál ha sido el propósito de esa acción?».

«Hacernos invisibles», dijo el sufí. «Para el hombre mundano, la visibilidad significa que tu apariencia sea la de algo o la de alguien a quien él espera que tú te parezcas. Si tu apariencia es diferente, tu verdadera naturaleza se vuelve invisible para él».

El maestro sufí está diciendo: «Me he vuelto invisible para esos soldados porque ellos no podían creer que un sufí pudiera quemar *El libro de los libros*. Ellos tienen cierta expectativa: que los sufíes reverencien *El libro de los libros*. Desde el momento que he quemado el libro ya no éramos sufíes. Me he vuelto invisible para ellos».

Y así es como un maestro sufí se vuelve invisible para la gente. No puedes esperar las cosas que hacen. Gurdjieff aprendió sus métodos de invisibilidad de maestros sufíes. Gurdjieff fue un maestro sufí en Occidente. Uno de los más importantes maestros sufíes que han penetrado en la consciencia occidental. Él se mantuvo invisible para las masas, y tenía técnicas para volverse invisible que tan sólo en un segundo podía hacerse visible e invisible. Algunas veces solía ocurrir que dos personas venían a verlo. Si quería, podía hacerse visible para uno y mantenerse invisible para el otro. Y ambos estaban juntos hablando con él. Tenía tanta práctica, que podía mostrar un tipo de emoción diferente en cada lado de la cara.

Por ejemplo, si él no quería ser visible para ti, adoptaba un aspecto tan cruel, tan sanguinario, que sería imposible concebir que un maestro sufí o cualquier clase de maestro podría tener un aspecto tan sanguinario. Pero si quería ser visible para ti, adoptaría un aspecto muy compasivo, muy amoroso. Y podía tener ambos aspectos a la vez, simultáneamente, con dos personas. Y uno se iría con la clara idea de que «aquí había un maestro», y el otro se iría con la clara idea de que «nunca volveré a ver a ese hombre. Este hombre parece ser un asesino, estar con este hombre es peligroso».

Los sufíes viven una vida muy, muy oculta, por cierta razón, porque ellos sólo quieren vivir la religión esencial. Si quieres volverte visible, tienes que hacer muchas cosas. Por ejemplo, yo estoy aquí, pero para la gente de Puna soy invisible. Me he hecho completamente invisible, incluso para la gente de este vecindario. Para ellos soy invisible. Ellos no pueden ver. Para ellos es imposible ver. Yo soy visible sólo para aquellos que están buscando. Los que están buscando pueden venir desde lugares a miles de kilómetros, y, sin embargo, los que no están buscando, aunque vivan aquí al lado, se quedarán ahí convencidos de que yo soy un hombre equivocado.

Está bien que sea así, porque me ayuda a trabajar sólo con las personas que hay que trabajar. No se malgastan energías.

A los sufíes no les interesan las masas. A ningún maestro le interesan nunca las masas. A los maestros sólo les interesan los individuos, y sólo los individuos que están realmente en la búsqueda, en la auténtica búsqueda. Es sencillo eludir a la gente innecesaria, y es sencillo atraer a la gente que necesita ayuda... con sólo unas cuantas cosas. La gente es tan insensible; con sólo una pequeña cosa puedes volverte invisible, porque no miran con profundidad, sólo miran superficialmente.

La segunda cuestión es precisamente de lo que les he estado hablando:

¿Por qué los sufíes se disfrazan y se ocultan deliberadamente?

Porque quieren que sus energías sean usadas correctamente, porque son gente creativa. Ellos no están interesados en nombre y fama, no tienen ningún otro interés; sólo están interesados en dar una nueva vida a la gente que está deseando a Dios, anhelando a Dios. ¿Por qué iban a desperdiciar su tiempo y su energía?

En el mundo hay muchos tipos de personas. Algunos son curiosos, sólo vienen por curiosidad, están perdiendo el tiempo. Otros vienen con preguntas. Éstos son mejores que los curiosos, hay alguna posibilidad de que puedan crecer aquí, pero sólo una pequeña posibilidad. Luego hay un tercer tipo, los que verdaderamente son buscadores, los que están dispuestos a apostar su vida, los que están dispuestos a perder algo a cambio, los que están dispuestos a pagar el precio.

El sufí trabajará con los terceros, se mantendrá abierto al segundo tipo de personas, y se volverá absolutamente invisible para el primer tipo de personas: los curiosos.

El sufí es muy económico cuando se trata de su energía. Sabe que no puede estar aquí por mucho tiempo, sus días están contados. En esos pocos días que estará aquí en la Tierra... Una persona iluminada no regresará de nuevo, está aquí por un corto periodo de tiempo; aunque sean treinta, cuarenta o cincuenta años, es un periodo muy corto si lo comparas con la eternidad del tiempo. ¿Qué son cincuenta años comparados con la eterna procesión del tiempo? Él estará aquí sólo por unos días, unos meses, unos años. Y sólo puede trabajar con unas pocas personas. Si se rodea de gente curiosa, estará desperdiciando su energía. Estaría plantando su semilla en el desierto. Eso sería una tontería, una estupidez.

Los sufíes no son gente estúpida, son gente muy sabia. Saben cómo usar sus energías, por eso se disfrazan y se ocultan deliberadamente. Y esas pequeñas cosas ayudan.

Ese también ha sido mi trabajo. Cuando veo que a mi alrededor ya hay demasiada gente de cierta clase y quiero que se vaya, una simple indirecta, tan sólo una simple indirecta, y desaparecen. Una vez ocurrió que estaba rodeado de muchos jainas, sólo por mi nacimiento, el accidente de mi nacimiento. Yo nací en una familia jainista, así que naturalmente los jainistas estaban interesados en mí. No en mí, estaban interesados en un jainista. Estaban felices de que aquí hubiera un jainista que se había iluminado. No estaban interesados en mí o en mi iluminación, sentían una especie de placer egóico.

Entonces llegó un momento que era demasiado; estaban malgastando demasiada energía y demasiado tiempo. Así que di una charla: «Del sexo a la superconsciencia», y todos ellos desaparecieron. Una simple charla y todos ellos desaparecieron. Y ya no volví a verlos más.

Luego, poco a poco, empezaron a venir muchos seguidores de Gandhi. Y vi que de nuevo estaba creciendo un desierto. Estas son las malas hierbas; tienes que estar arrancándolas constantemente. Si realmente. Si realmente te preocupa tu jardín y tus rosas, no puedes descansar, y vosotros sois mis rosas. Si realmente tienes interés en las rosas, tendrás que estar constantemente quitando las malas hierbas. Salen una y otra vez.

Se llenó de seguidores de Gandhi. Luego, con sólo unas cuantas frases en contra de Gandhi, me dejaron. Es tan fácil volverse invisible para la gente. Ahora no soy nadie para ellos en absoluto. Casi ni existo. Se han olvidado por completo de mí. Hay que descartar las malas hierbas.

Un maestro tiene que hacerse invisible una y otra vez con cierta clase de gente; de esta forma, él y su energía puede seguir estando disponible para aquellos que son verdaderos buscadores.

¿Quién es para mí un verdadero buscador? Es aquel que está dispuesto a apostar lo que haya que apostar, aquel cuyo problema es el de la vida y la muerte, no aquel que sólo siente un ligero picor en la cabeza, que sólo siente curiosidad. Incluso si te pido la vida, si eres un buscador, dirás: «Estoy a tu disposición. Toma esta vida pero dame divinidad. Si dando mi vida puedo alcanzar la divinidad, entonces estoy felizmente dispuesto a darla». La vida no tiene ningún valor para un buscador; nada tiene ningún valor, excepto la verdad.

Por eso los sufíes están constantemente escondiéndose. Y recuerda: esto es sólo una mitad de la historia. Por un lado están siempre escondiéndose, pero por otro lado están haciéndose accesibles a todos aquellos que están en la búsqueda. La segunda parte no ha sido muy discutida. Esta segunda parte es muy esencial. De hecho, la primera parte sólo es necesaria por la segunda, si no, ¿Qué sentido tendría hacerse invisible? Si simplemente te vuelves invisible para todo el mundo, estás casi muerto, estás en la tumba. Así que, por un lado, tienes que volverte invisible —para aquellas personas que no son las adecuadas— y, por el otro, tienes que volverte más y más visible para los que están en la búsqueda. Ambas cosas van juntas en una especie de equilibrio.

Capítulo 3

Tariqa. El método

A Shah Firoz, recordado como el maestro de muchos sufíes distinguidos,
a menudo le preguntaban por qué no les enseñaba más rápido.

Él contestaba: «Porque incluso la voluntad más aplicada, hasta cierto nivel de comprensión, no es en absoluto enseñable. Él está presente en el cuerpo, pero en todas las demás formas está ausente».

También contó esta historia:

Había una vez un rey que quería hacerse sufí. El sufí al que él le había planteado la cuestión le dijo: «Majestad, no puede estudiar con el elegido hasta que no haya superado el descuido».

«El descuido», dijo el rey. «¿Acaso soy descuidado con mis obligaciones religiosas? ¿Acaso no me preocupo por la gente? ¿Puedes encontrar a alguien en todo mi reino que se pueda quejar por mi descuido?».

«Ésa es precisamente la dificultad —aseguró el sufí—. Porque la atención está tan marcada en algunas cosas, que la gente imagina que debe formar parte de su naturaleza».

«Yo no puedo entender esa clase de frases», dijo el rey, «y quizá me estás juzgando no apto porque no puedo descifrar tus adivinanzas».

«En absoluto», contestó el sufí, «pero un futuro discípulo en realidad no puede mantener un debate con su futuro maestro. Los sufíes trabajan con el conocimiento, no con argumentaciones. Pero le daré una muestra de su descuido, si se somete a un examen y hace lo que yo le pida».

El rey aceptó el examen, y el sufí le pidió que contestara «te creo» a todo lo que se le dijera en los siguientes minutos.

«Si eso es un examen para convertirse en un sufí, es demasiado fácil», contestó el rey.

Entonces el sufí empezó el examen. Le dijo: «Yo soy un hombre de más allá de los cielos». «Te creo», respondió el rey.

El sufí continuó: «La gente común intenta conseguir cultura, los sufíes tienen tanta que intentan no usarla».

«Te creo», dijo el rey.

Entonces el sufí afirmó: «Soy un mentiroso». «Te creo», dijo el rey.

El sufí siguió: «Yo estaba presente cuando tú naciste». «Te creo», dijo el rey.

«Y tu padre era un campesino», aseguró el sufí. «¡Eso es mentira!», gritó el rey.

El sufí lo miró con tristeza y añadió: «Siendo tan descuidado que no puedes recordar ni siquiera durante un minuto que tienes que contestar «te creo», sin que entre en juego ningún prejuicio, ningún sufí podría enseñarte nada».

La religión existe en tres dimensiones. Ésa es la fuente original del concepto de la Trinidad, o la idea hindú de trimurti: las tres caras de Dios.

También podemos decir que la religión existe en tres planos, porque el hombre existe en tres planos. El hombre existe en el cuerpo, en la mente y en el alma. La religión también tiene un cuerpo, una mente y un alma. Si sólo existes en el cuerpo, no puedes relacionarte con ninguna otra religión más que la externa. Si existes como psicología —como mente, como psique—, entonces puedes relacionarte con el segundo nivel de la religión, es la única forma. Y hasta que no empieces a existir como un alma, no hay posibilidad de llegar a encontrarse con el núcleo más profundo de la religión, *tasawwuf*, lo supremo, lo que buscan los sufíes.

Los sufíes tienen tres nombres para esos tres planos. Estos planos tienen que ser entendidos; son muy importantes.

El primero se llama *sharia*. *Sharia* es el nombre que se le da al cuerpo de la religión. Puede estar vivo o puede estar muerto, existen las dos posibilidades. Cuando un Buda está vivo, *sharia* está vivo. Cuando Mahoma está vivo, *sharia* está vivo, porque Mahoma le da vida. Pero cuando Mahoma se haya ido quedará un cadáver. El cadáver se parece al cuerpo real, pero no lo es; sólo se le parece. Cuando la vida te deja, tu cadáver se parecerá a ti, pero no eres tú. Lo real, lo sutil se ha ido. Sólo queda lo material tendido en el sueño. Eso causa problemas, porque la gente está tan acostumbrada a la cara que sigue creyendo que el cadáver todavía está vivo.

El islam está muerto. Cuando estaba Mahoma para darle vida, era un tipo de religión completamente diferente. Eso se llama sharia. Sharia significa exoterismo: el ritual, lo formal, la religión del domingo. No te afecta en absoluto. Te proporciona cierta respetabilidad en la sociedad. Es más social que espiritual. Y es más política que religión. El islam sin Mahoma, el hinduismo sin Krishna o el budismo sin Buda no son nada más que puntos de vista políticos disfrazados. Sigue siendo política disfrazada de religión.

Cuando Dios no está ahí para dar vida al cuerpo, empieza a dársela el Diablo. Así pues, un cuerpo muerto no está sólo algo muerto, es muy peligroso. Puede ser poseído por el Diablo. El político es el Diablo. Cuando el santo se va, se queda el cuerpo; alguien puede entrar en él, alguien puede empezar a poseer ese cuerpo. Se parece a la persona real. Cuando el santo se haya ido, el sacerdote lo usará, el político lo usará, y muchos serán engañados por él, porque sólo conocen la cara.

Piénsalo bien. Cuando miras a otro ser humano, ¿conoces algo más que su cara? Incluso tu amado, incluso tu hijo, ¿conoces algo más que la cara? ¿Has penetrado alguna vez más allá de la cara? Tu conocimiento es muy superficial, ni siquiera traspasa la piel. Es un conocimiento formal, de la forma. Pero la cara no es la persona, la personalidad no es la persona. La forma exterior no es la realidad interior. ¿Serías capaz de reconocer a tu mujer si apareciera como un espíritu? No serías capaz. ¿Reconocerías a tu propio hijo si apareciera como un espíritu, no como un cuerpo? No serías capaz de reconocerlo en absoluto. Te asustarías, pensarías que se te ha aparecido un fantasma.

Una vez me trajeron a una mujer. Su marido había muerto. Habían pasado ya tres meses, pero ella todavía se sentía angustiada, una tremenda angustia: lloraba y lloraba y no comía ni dormía. Era normal que se sintiera así los primeros días, los parientes lo toleraban, pero pasaba el tiempo y ella seguía sufriendo, estaba volviendo también locos a los otros miembros de la familia. Así que me la trajeron.

Le pregunté qué quería. Ella dijo: «Quiero que regrese mi marido. No puedo vivir sin él. Sin él la vida no tiene sentido».

Yo le dije: «Está bien, te prepararé un encuentro con tu marido». Ella no podía creer lo que yo le estaba diciendo porque le había dicho lo mismo a mucha gente y todos la consolaban, como consuela la gente. Pero yo le dije: «Sí, prepararé un encuentro. Tú entra en esa habitación, cierra la puerta, siéntate en silencio durante media hora y tu marido aparecerá enfrente de ti, como espíritu, recuerda».

Ella preguntó: «¿Cómo espíritu? ¿Qué quieres decir?».

Yo contesté: «No habrá nadie. Tú ya has quemado el cuerpo. Aparecerá como un fantasma».

Ella dijo: «No puedo entrar en esa habitación. Si él aparece como un fantasma, me moriré de miedo. Tal como estoy ahora ya sufro demasiado, ¡no más sufrimiento! Por favor, no me hagas eso».

Yo le dije: «Pero tú amabas muchísimo a ese hombre...».

«Sí», contestó ella, «¡yo amaba a ese hombre, pero no al fantasma!».

Nadie te ama como espíritu. Por eso el amor nunca satisface.

Desde aquel día ella se calmó. Yo le dije después: «O te calmas en tres días o convenceré a tu marido para que te visite». Y fui cada día a su casa para ver si se calmaba o no. El tercer día, ella dijo: «Ya no hace falta que vengas. ¡Me he calmado para el resto de mi vida! Me has asustado tanto que ni siquiera puedo dormir por la noche. Oigo un pequeño ruido en el exterior, alguien caminando, un policía pasando, y me asusto. ¡A lo mejor se aparece!».

Y hablaba del mismo marido por el que ella sollozaba, lloraba y llamaba; estaba dispuesta a morir. Pero no estaba dispuesta a encontrarse con él sin su cuerpo.

Pero no te rías de ella, tampoco tú serías capaz de hacerlo. Conocemos a la gente sólo por su cara. ¿Por qué? Porque sólo nos conocemos a nosotros mismos por la cara que vemos en el espejo. Tú no reconocerías ni tu propia cabeza si antes no la hubieras visto en un espejo; ¿la reconocerías? Si no te hubieras visto nunca en un espejo, y alguien trae tu cabeza y la pone en frente de ti, ¿serías capaz de reconocerla? No la reconocerías en absoluto. Tú conocimiento de ti mismo también es muy superficial. Eso puede estar bien con los demás, los miras desde el exterior; pero contigo mismo, tú no estás en el exterior, estás dentro, ¿no puedes mirarte a ti mismo desde el interior? No, incluso para mirarte a ti mismo necesitas la ayuda de un espejo en el exterior. Así que el espejo refleja y tú te conviertes en alguien exterior para ti mismo, entonces puedes ver. Y entonces conoces esa cara, ese cuerpo, esa forma.

Nuestro mal llamado conocimiento de nosotros mismos y de los demás está muy enraizado en el cuerpo. De ahí que nunca profundicemos en ninguna otra dimensión más que en la del cuerpo. Esa dimensión se llama *sharia*. Es la dimensión externa de la religión. Cuando un Mahoma, un Buda o un Mahavira camina sobre la tierra, tú simplemente observas el cuerpo. Observas su comportamiento. Observas cómo se sienta, lo que come, cómo se viste, cómo camina, sus gestos: tú observas esas cosas. Y con esas cosas compones cierta disciplina y empiezas a seguirla. Eso es una religión muerta; eso es el cadáver de una religión.

Así son el islam, el hinduismo, el cristianismo, el budismo, el judaísmo... Todos los «ismos» son así. La masa cree en *sharia*, por eso la masa se mantiene siempre irreligiosa. La masa como tal es irreligiosa. Sólo los individuos pueden ser religiosos, la masa no. La masa, por naturaleza, es insana; la masa, por naturaleza, es política, nunca religiosa. De hecho, si estás solo, no puedes ser político. ¿Lo has pensado alguna vez?

Si te quedas solo en la Tierra no podrías ser político. La política necesita del otro. Si te quedas solo en la Tierra, podrías ser religioso, no habría ninguna dificultad, pero no podrías ser político. La política necesita a la masa, a la mente colectiva. La religión sólo te necesita a ti; para ti, tú eres suficiente. Tu propia soledad se convierte en el pasillo hacia la religión. Por eso, cuando una persona quiere ser religiosa entra en soledad, busca la soledad. Se va al desierto, a las montañas. Lo que quiere es escapar de la masa, porque la masa básicamente está loca.

Sören Kierkegaard, uno de los pensadores más perceptivos de Occidente, dijo: «La masa es la mentira».

La verdad es siempre individual; siempre la posee un Buda, un Mahoma, un Jesús. La verdad es siempre un florecimiento de la consciencia individual, la masa nunca puede poseerla. La masa siempre posee la mentira. Incluso de un Buda o un Cristo o un Mahoma la masa siempre recoge lo superficial: qué es lo que come, cuándo se va a dormir. Incluso a mí la gente me pregunta: «Osho, ¿cuándo te acuestas? ¿A qué hora exactamente?, porque a nosotros nos gustaría hacerlo como tú». ¿Para qué? ¿Qué comes? —¿qué verduras, qué fruta?—, porque nosotros quisiéramos comer lo mismo». ¿Para qué?

Pero así es como funciona la mente de la masa; siempre se fija en lo no-esencial. Lo que yo como no es significativo, lo significativo es lo que yo soy. Lo que yo hago es irrelevante, lo relevante es lo que yo soy.

El hombre no es igual a su comportamiento, es más que eso. Y cuanto más grande es el hombre, mayor es la diferencia.

Normalmente el hombre es exactamente igual a su comportamiento. Eres lo que haces. Pero con un Buda la diferencia es tremenda, la distancia es enorme. Lo que él hace es muy, muy corriente, pero lo que él es, es tremendamente extraordinario. La distancia es tan enorme que es imposible sondear su ser por su comportamiento.

Pero la mente moderna padece de esta enfermedad. Psicólogos como B.F. Skinner, Pavlov y otros han observado el comportamiento de las ratas para descubrir qué es la mente humana. ¡Observar el comportamiento de una rata para descubrir qué es la mente del hombre...!

Una rata es solamente su comportamiento. Todavía no ha desarrollado una individualidad, todavía no ha desarrollado un yo. Pero hay que romper una lanza a favor de Skinner y de los otros como él: en lo que a masa se refiere, están en lo cierto. La masa tiene el mismo estado que la rata. Pero lo excepcional se les escapa, y lo excepcional es la esencia de la humanidad.

Pueden explicar tu comportamiento a través del estudio de las ratas, pero no pueden explicar a un Buda o a un Mahoma. Aunque lo intentan, pero ahí se pierden.

La *sharia* es producto de la observación del comportamiento de la persona iluminada. Y eso es correcto cuando la persona iluminada está en su cuerpo, pero ¿qué harás cuando desaparezca de él? Empezarás a adorar al cuerpo, las vestimentas. Además, algunas veces ocurre que cuando un gran hombre —un Mahoma, un Buda— muere, algo flota sobre él durante unos días, como si todavía estuviera vivo. Eso también es causa de confusiones.

Debes haber oído la famosa historia griega... La historia cuenta que el corredor del Maratón murió una hora antes de llegar a Atenas. Que estaba muerto pero todavía seguía corriendo. Y que anunció la victoria de los griegos estando ya muerto.

Es un hermoso mito. Lo que viene a decir es que cuando los maestros mueren, actúan por un tiempo como si todavía estuvieran vivos. Pero sólo durante un corto periodo, quizá un año, diez años, cincuenta años. En cualquier caso, un periodo finito. Es verdad, eso ocurre.

Cuando un Mahoma desaparece del cuerpo, el cuerpo ha sentido tanto gozo, ha conocido tanta celebración, que se marcha danzando; el corredor sigue corriendo. Ese mito es realmente hermoso y muy significativo. Y, al menos con los maestros, es verdad; durante unos pocos años las cosas siguen ocurriendo como si todavía estuvieran vivos.

Esto ocurre por la enorme energía que libera el maestro que está muriendo. El lugar en el que muere se convierte en un lugar sagrado, un lugar para el peregrinaje. Así es como se crea una Meca; así es como Kailash adquiere una gran importancia; así es como Girnar y Shikharji se hicieron sagradas para los jainas. En las montañas de Shikharji murieron veintitrés de los veinticuatro *tirthankaras* jainas. De veinticuatro grandes maestros, veintitrés murieron en una pequeña colina. Toda la colina se ha empapado de la vibración del más allá.

Pero eso sólo dura un tiempo, lo cual también causa problemas. Porque entonces los discípulos piensan que el cadáver todavía está vivo, ya que siguen ocurriendo cosas. Cuando yo me haya ido, durante unos años y para aquellos que están profundamente enamorados de mí, seguirán ocurriendo cosas, será como si todavía estuviera vivo. Naturalmente, pensarán que todo es igual que antes.

Pero eso es una falacia. Una vez que un hombre se ha ido, esas vibraciones que se crearon, y el eco de esas vibraciones, irán desapareciendo en la nada poco a poco, en cuestión de unos años.

La *sharia* es la capa superficial de la religión, el cuerpo. Ten cuidado con la *sharia*.

La segunda capa se llama *haqiqa*. La *sharia* es la circunferencia del círculo, *haqiqa*. La palabra «*haqiqa*» viene de «*haq*». «*Haq*» significa verdad, pura verdad, ¡*haqiqat*! Por eso Mansoor declaró: «¡*Ana'l-haq!*»: «Yo soy la verdad». *Haqiqa* significa verdad, pura, inmaculada. *Haqiqa* es el centro de la circunferencia, la mismísima alma de la religión.

El islam, el hinduismo, el judaísmo, el budismo están en el plano de la sharia; el sufismo, el zen, el Hassidismo, el yoga están el plano de la *haqiqa*. Recuérdalo. Hacerse mahometano no sirve de mucho, pero hacerse sufí es algo de un inmenso valor. Hacerse budista es simplemente cambiarse de vestimenta, pero hacerse seguidor del zen es embarcarse en una transformación. Ser judío no significa nada, pero hacerse hasidim es algo espléndido.

Ése es el segundo plano, el núcleo central.

En el primero, *sharia*, está la política, la sociedad, la moralidad y cosas por el estilo. Por la *sharia*, el Corán está repleto de reglas sociales; demasiado lleno de reglas sociales. Por la *sharia*, el Manusmriti se lee sólo como si fuera un tratado en leyes. Sólo encontrarás unas pocas frases que sean realmente de religión. Están ahí; incluso en el Manusmriti están ahí. Están en los Vedas, en el Corán, pero son pocas, muy poco frecuentes. Sólo podrás encontrarlas si las buscas con tesón, porque el diamante está perdido en el lodo, y hay demasiado lodo. El lodo es la *sharia*; el diamante es el sufismo.

Ve siempre hacia el centro; no te quedes nunca demasiado apegado al cuerpo. Acostumbra tu atención a mirar constantemente a lo profundo, a mirar al centro de la circunferencia. Ten en cuenta que la circunferencia es grande y el centro es muy pequeño. Es islam es una gran masa, como el hinduismo, como el cristianismo. Los sufíes se pueden contar con los dedos de las manos; los yoguis se pueden contar con los dedos de las manos; los maestros de sufismo o de Hassidismo se pueden contar con los dedos de las manos. No son como la masa, tendrás que buscarlos. Sólo los encontrarás si tu deseo de encontrarlos es verdadero; no hay otra forma.

Para encontrar la *sharia* no necesitas ir a buscarla a ninguna parte, la *sharia* viene a buscarte a ti. El mulá viene para convertirte al islam, el monje budista viene para convertirte al budismo. Pero si quieres encontrar a un sufí o a un *hasidim*, tendrás que moverte, tendrás que ser un sincero buscador. Y tendrás que aprender muchas cosas en el camino, porque por cada maestro verdadero hay noventa y nueve falsos. Y el falso te atraerá más porque tú eres falso. El falso te atraerá más porque tú hablas el idioma de la falsedad. Puede que el verdadero no te atraiga en absoluto, el verdadero puede que provoque miedos en ti.

Tú te resistirás al maestro, caerás y te convertirás en una víctima de lo irreal. ¡Ten cuidado con eso! Tú eres irreal, así que naturalmente te sientes atraído por lo irreal. Lo irreal te promete las cosas que tú quieres. Te dice: «Si me sigues, tendrás más riquezas, tendrás más poder, más prestigio, y esto y lo otro...». Eso es lo que tú buscas.

Lo real sólo puede prometer una cosa: «Si te acercas a mí, morirás». Lo real sólo puede prometer muerte. Lo real sólo puede prometer una cosa: «Voy a destruirte por completo», porque sólo tras la muerte viene la resurrección. El maestro real es una cruz; el maestro real es una puerta hacia la muerte. Tú desapareces en él. Volverás a salir, es cierto, pero saldrás como una persona completamente nueva. El maestro real es un fuego; a uno le asusta, le da mucho miedo, así que se mantiene distante. Uno observa al maestro real desde la distancia.

Precisamente el otro día había un hombre joven —muy joven— que decía que hacía cinco o siete años le había prometido al gurú Maharajá que consagraría toda su vida y su trabajo a él. Ahora está preocupado. No siente que esté creciendo en ningún sentido. No ha logrado ni siquiera el más mínimo atisbo a través de este contacto o relación. Pero él había dado su palabra... Ahora bien, piensa que es muy religioso porque mantiene esta promesa. Eso no es religión, es ego. Ahora no puede aceptar la idea de faltar a su promesa porque eso heriría al ego: «Tú eres un hombre de palabra. Si has dado tu palabra, tienes que cumplirla».

Pero esto parece estúpido. Si no estás mejorando, integrándote, si no estás creciendo, entonces tienes que tener el valor de dejarlo. Además, en esos cinco años te has vuelto más sabio de lo que eras cuando hiciste esa promesa. Una mente estúpida hace una promesa, y durante cinco, diez o quince años sigue cumpliendo esa promesa a pesar de saber con toda seguridad que no ha ocurrido nada; ¿no es suicida? ¿Cuánto puede comprometer el pasado? No estoy diciendo que no hagas promesas ni que no cumplas tus promesas. Haz promesas, cúmplelas, pero cuando te des cuenta de que no está ocurriendo nada entonces ten el suficiente coraje para abandonar el ego. Aunque sólo sea por egoísmo.

Estaba leyendo una historia...

Había un hombre que llevaba una vida muy religiosa, religiosa en el sentido de *sharia*. Él seguía todos los rituales de su religión, seguía los preceptos morales que su religión recomendaba, seguía a un maestro, y ambos estaban en el mismo bote. Respetaba al maestro porque este cumplía a la perfección los mismos preceptos que él seguía. Incluso mejor que él. El maestro era un extremista; era un absoluto devoto de las palabras muertas, de las letras muertas. Las escrituras eran su alma. No se movía ni un centímetro por sí mismo. Él ya era un hombre muerto. Pero en lo concerniente al ritual era perfecto; no se podía encontrar ni la más mínima falta en él. Era impecable. Y este hombre lo seguía.

Entonces, una noche tuvo un sueño. Soñó que había muerto, que se encontraba con San Pedro y le preguntaba: «¿Puedo entrar en el cielo?». Estaba muy confiado porque había seguido a la perfección todo lo que le había encomendado. Había seguido automáticamente todos los mandamientos sin cometer nunca el mínimo error. Así que estaba muy seguro.

Sólo por educación, preguntó: «¿Puedo entrar en el cielo?». «¡Cielo santo!», dijo Pedro. «Esto no es el cielo». Pedro le explicó que las puertas doradas estaban mucho más arriba y que sólo podría alcanzarlas con una escalera muy larga. Le mostró una escalera que iba hacia arriba y desaparecía entre las nubes, más allá de las nubes.

Al ver la escalera, el hombre se asustó. Parecía no tener fin. Así que dijo: «¿Cuándo llegaré? ¡Esta escalera parece no tener fin!».

San Pedro le contestó: «Eso depende. Es diferente para cada persona. No tengas miedo, yo te enseñaré el camino. Toma esta tiza y empieza a subir. Y por cada pecado de adulterio, fornicación, lujuria, o de cualquier otra índole que hayas cometido o hayas pensado cometer, haces una marca con la tiza. Tienes que marcar cada pecado en un peldaño. Cuando creas que has terminado y hayas marcado todos y cada uno de tus actos o pensamientos pecaminosos, llegarás al final de la escalera y estarás frente a las puertas del cielo. Así que depende. Si has cometido muchos pecados, entonces será muy larga. Pero si sólo has cometido unos pocos, será muy corta. Esta escalera es flexible; cambia según la persona que sube por ella.

El hombre estaba muy feliz. Tomó la tiza y empezó a subir por la escalera. Siguió subiendo y subiendo durante una eternidad. Le dolían las piernas, le dolían los brazos, pero no se encontró con nadie ni había señal de puerta alguna. Y la escalera seguía igual, subía y subía.

Entonces, un día se cansó de todo este viaje. Pero ya era demasiado tarde, volvería a tardar otra eternidad en regresar. «Será mejor seguir. Algún día... Quizá... Hay una posibilidad, una esperanza». Y estaba muy sorprendido, porque aunque no había cometido muchos pecados había pensado en cometer toda clase de ellos, un sinfín.

La religión ritual hace al hombre reprimido. Esta *sharia* —el cuerpo, el cuerpo muerto de una religión— hace que tu cuerpo se estropee, pero la mente se vuelve muy, muy imaginativa acerca de todas las cosas malas. Fantaseas; cometes los pecados en la mente.

Tu consciencia se contamina más cuando las cosas se quedan en tu mente que cuando las haces... Cuando haces algo, existe la posibilidad de deshacerte de ello al verlo, al ver que no tiene sentido.

Si estás enfadado, tarde o temprano el propio enfado te demostrará que la ira es inútil; no sólo inútil, sino venenosa; y no sólo venenosa, además es destructiva y suicida. Pero si te limitas a pensar en estar enfadado, en asesinar a alguien, en destruir a alguien, nunca llegarás a una comprensión. Nunca podrás deshacerte de la ira.

Si te metes en el sexo, tarde o temprano, todas las fantasías que habías creado acerca de él se diluirán. Tarde o temprano se convertirá en algo muy corriente. Tarde o temprano empezarás a aburrirte de él. Pero si te limitas a imaginar, nunca te aburrirás. Entonces nunca perderás el interés en el sexo. Un día u otro los pecadores pueden dejarlo, pero los santos, los llamados santos, no pueden dejarlo. Están sentados sobre un volcán.

El hombre estaba muy sorprendido porque, a pesar de seguir marcando los peldaños de la escalera durante una eternidad, todavía seguían viniendo más y todavía seguía recordando más. Era como si en su vida no hubiera hecho otra cosa que cometer pecados en su mente.

Entonces, un día, de repente, vio a su gurú bajando por la escalera. Se alegró mucho de ver a su maestro.

«¡Ah, maestro!», dijo. «¿Está bajando a recoger a más discípulos para llevarlos al cielo?».

«¡No, idiota!», contestó el gurú. «¡Estoy regresando a por más tiza!».

Ten cuidado con los falsos maestros, hay muchos. El falso gurú te prometerá cosas de este mundo; aunque las prometa en el otro mundo, se trata de las mismas cosas. Te prometerá preciosas mujeres en el Paraíso. Te prometerá ríos de vino en el Paraíso. Pero te estará prometiendo las mismas cosas. Puede que te prometa castillos de oro, palacios llenos de diamantes, en el Paraíso, pero siguen siendo diamantes, oro, plata, mujeres, vino, cosas que pertenecen a este mundo. Simplemente te está encandilando; te está engañando.

El verdadero maestro sólo te promete una cosa: tu muerte. Así que dondequiera que veas a la muerte esperándote, reúne valor. Para que Dios sea, tú tienes que desaparecer.

Ésta es la segunda dimensión o plano de la religión: *haqiqa*.

La tercera dimensión o plano se llama *tariqa*. *Tariqa* significa el camino, el método… desde el exterior hasta el interior.

El exterior es la circunferencia, el interior es el centro, y *tariqa* es el radio que va de la circunferencia al centro; el camino iniciático que conduce desde la observación exterior hacia la convicción interior, desde la creencia a la visión, desde el potencial al acto, desde el sueño a la realidad.

Esta *tariqa* —método, técnica, camino, Tao, *dhamma*— es la ciencia de la religión. La circunferencia está ahí, el centro está ahí, pero uno tiene que empezar desde la circunferencia, porque ahí es donde estamos, y para eso tenemos que usar un cierto radio. Sólo un radio puede unir la circunferencia al centro. ¿Cuál es el radio que proponen los sufíes? Los sufíes son llamados la gente del camino porque han desarrollado muchas técnicas.

Tienen la *tariqa* más potente; puede transformarte, puede transformarte por completo. No les importa en absoluto la teología, lo único que les importa es la metodología. No les preocupa si Dios existe o no. Dicen: «¡Eso son tonterías!». Aquí hay un camino. Síguelo y ve por ti mismo. Éste es el camino para desarrollar tus ojos, y luego ve si Dios existe o no».

Ellos no discuten, no intentan convencer; demuestran. Ellos dicen: «Ven conmigo. Yo conozco una ventana desde la que puedes mirar al cielo abierto. Si te quedas encerrado en esta habitación oscura, ¿cómo voy a convencerte de que existe un cielo abierto, infinito?».

Sería tan difícil como para aquella rana que vive en un pequeño pozo, de la que quizá hayas oído hablar. Es una historia sufí. Un día, una rana del océano vino al pozo, debía ser una rana turista. Vino, se presentó a sí misma a la rana del pozo, y dijo: «Vengo del océano».

Naturalmente, la rana le preguntó: «¿Océano?» ¿Qué significa océano? ¿Qué es eso?».

Y la rana del océano contestó: «Es muy difícil de describir, señora rana, porque al parecer usted nunca ha abandonado este pozo. Es tan pequeño. Pero lo intentaré».

Y la rana del pozo se rio. Dijo: «Nadie ha oído hablar jamás de algo más grande que este pozo. ¿Cómo de grande es su océano?». Y la rana del pozo saltó un tercio del espacio del pozo y dijo: «¿Así de grande?».

Entonces la rana del océano se rio. Dijo: «No, señora».

Así que la rana del pozo saltó dos tercios del espacio y dijo: «¿Así de grande?». Luego saltó todo el espacio, y dijo: «Tiene que ser exactamente como este pozo».

Pero la rana del océano dijo: «Es imposible de describir. La diferencia no es de cantidad, es de calidad. ¡Es inmenso! ¡No tiene límites!».

La rana del pozo dijo: «Por lo visto eres un loco, un filósofo o un mentiroso. ¡Largo de aquí! ¡No digas tonterías!».

Eso es lo que el hombre mundano le ha dicho siempre al místico: «¡No digas tonterías! Sé práctico y habla un lenguaje que podamos entender».

Los sufíes no dicen nada de Dios, sólo hablan de *tariqa*. Dicen: «Ésta es la forma de saber. Tendrás que saber, no podemos explicártelo. Es tan misterioso, que sería casi una profanación traerlo a tu nivel. La verdad no puede ser traída a tu nivel; la única manera posible, la única manera que queda, es que tú seas llevado al nivel de la verdad». Eso es *tariqa*. La filosofía es un intento de traer la verdad a tu nivel para que puedas entenderla. *Tariqa* es llevarte a ti a la verdad para que puedas ver, para que puedas ver por ti mismo.

Recuerda estas tres palabras.

Todo el mundo está en *sharia*, y en *sharia* serás desgraciado porque estarás existiendo en un cuerpo muerto. Todo el mundo tiene que moverse hacia *haqiqa* tendrás que seguir una *tariqa*, tendrás que seguir un método, una disciplina, un maestro.

Y ten cuidado con los falsos maestros. Están aquí y hablan tu lenguaje. Y pueden ser muy convincentes. Sé un poco más aventurero, más valiente; busca a alguien que pueda absorberte, que pueda transmutarte, que pueda consumirte; que sea como una llama. La polilla va a la llama y se consume; así es el discípulo. Va a un maestro y se consume.

Y recuerda, antes de que llegues al verdadero maestro, al auténtico maestro, al *satgurú*, pasarás por muchos maestros falsos. Así que no te quedes enganchado. Aunque prometas, tienes que comprender que ninguna promesa te puede comprometer a no ser que te satisfaga. Y si te satisface, entonces no hace falta. Eso es lo que quería decirle al joven que me dijo: «He prometido al gurú Maharajá...».

¿Entonces por qué estás aquí? No haría ninguna falta. Si realmente estuvieras creciendo allí, no habría necesidad de venir aquí. El mismo acto de tu presencia aquí demuestra que estás buscando. Y ahora, si sigues enganchado a tu llamado gurú Maharaji, entonces no hay posibilidad. Entonces yo no podré ayudarte, porque tú no serás capaz de recibir ayuda, porque tu corazón no estará abierto, porque tú no serás parte de mí, no te acercarás.

Y otra persona me ha escrito diciéndome que ha estado siguiendo a Gurdjieff unos cuantos años. Pues bien, el gurú Maharajá es un falso maestro; seguirlo es completamente estúpido. Pero Gurdjieff fue un maestro verdadero, un *satgurú*, un sufí. Si estás siguiendo a Gurdjieff, muy bien... pero Gurdjieff ya no está. Aunque Gurdjieff ya no esté, un verdadero maestro muerto es más potente que un maestro falso vivo. Pero recuerda, si puedes encontrar un maestro verdadero vivo, no estarás yendo en contra de Gurdjieff. Dos maestros verdaderos no son enemigos; no pueden serlo. Si realmente has seguido a Gurdjieff durante ocho años —como me escribió el buscador—, si realmente lo has seguido, entonces él te ha traído aquí. Pero si, en el nombre de Gurdjieff, quieres levantar una barrera entre tú y yo, no cumples a Gurdjieff. Él te ha traído aquí. Él ya ha hecho demasiado por ti.

Yo estoy diciendo exactamente lo mismo que Gurdjieff estaba haciendo. Por supuesto, yo tengo un tipo de lenguaje diferente, soy un tipo de persona diferente. Pero sólo nuestros dedos son diferentes, la Luna a la que señalamos es la misma.

Si has estado siguiendo a un maestro verdadero y ese maestro ya no está, entonces es responsabilidad del maestro enviarte a otro maestro verdadero para que tu crecimiento pueda continuar. No te obsesiones con el pasado. Gurdjieff ya no está, yo estoy.

Pronto yo tampoco estaré. Y recuerda, me gustaría advertir a mis discípulos especialmente: si realmente me aman, cuando me haya ido los dirigiré a personas que todavía estén vivas. Así que por eso no tengas miedo. Si te mando a Tíbet, a China, a Japón o a Irán, ve. Y no digas que me perteneces a mí y por eso no puedes pertenecer a ningún otro maestro. Cuando lo mires a los ojos, volverás a ver los míos. El cuerpo no será el mismo, pero los ojos sí.

Si tu viaje no ha concluido mientras yo esté aquí, si todavía queda algo por hacer, por completar, no tengas miedo. Dejándome no estarás traicionándome. De hecho, como estarías traicionándome sería no dejándome y no siguiendo al verdadero maestro vivo. Recuérdalo.

Jean-Paul Sartre escribió algo que me gusta: «A menudo la gente me ha hablado de los dátiles y de las bananas; no puedes juzgarlos. Para saber realmente cómo son, tienes que comerlos directamente del árbol, justo después de haberlos recogido. Y yo siempre he considerado la banana como un fruto muerto cuyo sabor se me escapaba. Los libros que pasan de un periodo a otro también son frutos muertos. En otro tiempo tenían un sabor diferente, fuerte y picante. Deberíamos haber leído *Emilio* o *Las cartas persas* justo después de haber sido recogidos».

Me gusta este pasaje de Jean-Paul Sartre. Exactamente lo mismo pasa con los maestros. Cuando están vivos tienen un sabor fuerte y picante. Cuando el fruto viene directamente del árbol tiene una calidad completamente diferente. Un maestro muerto es como fruta enlatada. Puedes abrir la lata y comer la fruta, pero le faltará algo. Sé valiente y confía siempre en la vida. Mi amor hacia ti o tu amor hacia mí no debe convertirse en una dificultad. El amor libera. El amor te hace libre.

Así que no te preocupes. Si has estado siguiendo a Gurdjieff durante muchos años y has venido aquí, y ahora tu corazón empieza a latir conmigo, no te preocupes. ¡Gurdjieff no era monógamo! Lo conozco perfectamente. Y si se enfada o algo así, ése es mi problema. Yo me haré cargo. Pero no busques excusas. Cuando un maestro está vivo, su *tariqa* está viva. Tiene sabor, fuerte y picante.

Saborea a un maestro mientras está vivo. Los tontos adoran la muerte; las personas sabias adoran la vida.

Ahora la historia.

> *A Shah Firoz, recordado como el maestro de muchos sufíes distinguidos, a menudo le preguntaban por qué no les enseñaba más rápido.*

Es la misma pregunta que me hacen aquí, una y otra vez. Mucha gente viene a mí y me dice: «¡Osho, haz algo rápido!».

Yo puedo entender tu deseo, puedo entender tu sed, lo estás anhelando. Pero no se puede hacer nada rápido. No hay atajos. Los atajos sólo los prometen los falsos maestros. No hay atajos. El crecimiento es arduo y no se puede hacer nada por ir más rápido de lo que tú lo puedas absorber. Tu capacidad de absorción tiene un cierto límite, tu inteligencia tiene un cierto límite. Cuando absorbes algo, tu capacidad de absorber aumenta, luego puedes absorber un poco más. Cuando absorbes ese poco más, tu capacidad se hace todavía mayor, y de nuevo se puede hacer un poco más. Y así es como funciona. El crecimiento es lento.

El crecimiento no es como las flores de estación. El crecimiento es lento. Es como los árboles grandes que necesitan ciertos años para crecer. Pero ellos pueden mantener un diálogo con las estrellas. Las flores de estación sólo duran unas semanas. Vienen rápido y se van rápido. Son como los sueños, no son reales. Ellas sólo están aquí en apariencia. Sé un verdadero cedro del Líbano. Se necesita tiempo, es duro. Cuando empiezas a ascender hacia el cielo, las nubes, la Luna y las estrellas, es duro. Es duro porque tienes que desarrollar raíces, raíces profundas en la tierra. El árbol crece en la misma proporción; si crece treinta metros hacia el cielo, tiene que crecer otros treinta metros bajo la tierra. Unas raíces así necesitan su tiempo.

Tú no ves las raíces. Las raíces son invisibles. Cuando vienes a un maestro, el maestro ve tus raíces. Él ve cuántas raíces tienes. Si de repente crecieras demasiado deprisa y las raíces no están preparadas para resistir ese tamaño, caerías, te derrumbarías. No podrías crecer en absoluto. Y una vez que has caído es muy difícil volver a enraizar.

Por eso ningún maestro puede enseñarte más rápido.

Hay que dejar esa manía de la velocidad. No es necesaria. Cada paso tiene que ser disfrutado y celebrado.

Justo anoche una joven *sannyasin* vino a visitarme. Ella tomó *sannyas* en su país. Yo le mandé un nombre, Yatra. Yatra significa peregrinaje. Anoche vino y estaba un poco perpleja y preocupada. Me dijo: «No me ha gustado mucho el nombre, ¿simplemente peregrinaje? ¿No meta?».

Ella representa la mente Occidental: lo importante es la meta, no el peregrinaje. Aquí en Oriente nuestra perspectiva es completamente diferente. El peregrinaje es lo importante; la meta tan sólo es una excusa para el peregrinaje. ¿A quién le importa la meta? Cada momento que se pasa en el camino es tan precioso, es tan glorioso, cada árbol y cada pájaro con los que te cruzas son tan infinitamente preciosos, ¿a quién le importa el camino? Cada momento es la meta. Pero yo puedo entender su preocupación. Debe haber empezado a pensar: «Peregrinaje, peregrinaje, peregrinaje…

¿Entonces, dónde y cuándo acaba esto?». No acaba en ninguna parte. De hecho, si acabara en alguna parte, sería muy triste. ¿Qué harías entonces? ¿Qué sería lo siguiente? Estarías atascado con Dios sentado en frente de ti y tú sentado frente a Dios; estarías como marido y mujer: atascados. ¿Qué harías después? No hay ningún otro Dios ni lugar adónde ir.

No, Dios no es una meta; Dios es un peregrinaje. Eso tiene que quedar bien entendido.

La idea de la meta es la idea de la mente egoísta. Y, naturalmente, cuando piensas en la meta, piensas en llegar rápido.

¿Qué sentido tiene? ¿Por qué ir en carreta? ¿Por qué no ir a la velocidad de un jet?

Y hay maestros falsos como Maharishi Mahesh Yogui, que dice que su método funciona a la velocidad de un jet. No hay ningún método, ninguna *tariqa*. Pero eso atraerá gente porque la gente quiere velocidad. La gente quiere que ocurra algo inmediatamente. Así que promete que, con diez o veinte minutos por la mañana y diez o veinte minutos por la tarde, se iluminarán en dos o tres semanas. No se iluminarán, pero a quién le importa su iluminación. Ya han pagado la cuota, ahora se pueden ir cuando quieran, ¡se pueden ir al infierno! Han pagado la cuota... Y hay más tontos, que seguirán viniendo. Se puede entender siempre los tontos, son una clientela muy segura.

La velocidad es antiespiritual. La misma idea de la velocidad es antiespiritual. ¿Por qué no disfrutar cada momento de la vida? Si lo hacemos, cada momento se convierte en una meta en sí mismo, cada momento es intrínsicamente valioso; no puede ser sacrificado por ninguna otra cosa. Cuando te diriges a una meta no miras a los lados; los árboles están ahí y están esperando que les hagas una pequeña caricia, y los pájaros están cantando, cantando para ti. Y tú te das prisa. ¿Cómo vas a mirar aquí y allá? Y allí un niño te sonreía, y tú no te diste cuenta. Y una mujer lloraba, y no viste sus lágrimas. Y una rosa florecía, y tú tenías tanta prisa que no pudiste verlo.

Sí, puedes ir a la velocidad de un jet, pero ¿adónde? Te perderás todo el peregrinaje. Y si te pierdes el peregrinaje no hay meta, no hay otra meta. La vida es su propia meta.

A Shah Firoz, recordado como el maestro de muchos sufíes distinguidos, a menudo le preguntaban por qué no les enseñaba más rápido.

Él contestaba: «Porque incluso la voluntad más aplicada, hasta un cierto punto de comprensión, no es absoluto enseñable».

Sólo se puede enseñar hasta cierto punto, luego hay que esperar hasta que la enseñanza sea absorbida. Cuando alguien está enfermo, le das cierta cantidad de medicina. No puedes darle toda la medicina, todo el tratamiento, de golpe. Eso lo mataría. En vez de otorgar salud perjudicaría. Sólo se puede dar cierta cantidad. La cantidad, cuánto puede ser absorbido, lo decidirá la capacidad de la persona. Cuando haya absorbido esa dosis, habrá recuperado un poco de salud y luego podrá absorber un poco más… y así sucesivamente. Así es exactamente la cuestión.

«Porque incluso la voluntad más aplicada, hasta un cierto punto de comprensión, no es en absoluto enseñable».

Así que uno tiene que esperar hasta que crezca de nuevo, hasta que se abra un poco más, hasta que esté preparado, hasta que tenga un poco más de espacio, y entonces de nuevo puede ser enseñado. «Él está presente en el cuerpo, pero en todas las demás formas está ausente».

Cuando el buscador viene al maestro por primera vez, viene tan sólo como un cuerpo. «Él está presente en el cuerpo, pero en todas las demás formas está ausente».

Así que tienes que empezar con *sharia*, porque tú estás en el cuerpo. La gente viene y me dice: «¿Qué sentido tiene que cambiemos las vestimentas? ¿No podemos hacernos *sannyasins* interiormente?

¿Qué necesidad hay de llevar vestimentas naranjas, el mala y un nuevo nombre? ¿No podemos hacernos *sannyasins* interiormente?». Seguro, pero tendrás que esperar. Estás usando la palabra «interior» sin saber siquiera lo que significa. Tú nunca has estado en el interior. Tú has vivido en el cuerpo, con el cuerpo. Éstas son la clase de personas que le dan mucha importancia a su vestimenta. De hecho, lo que están haciendo es poner excusas para proteger sus vestimentas: ¿qué sentido tiene cambiar de vestimenta? Son los mismos.

Una mujer india quería tomar *sannyas*, pero decía: «Estoy dispuesta a todo, pero tengo trescientos saris y los adoro, son mi único amor. Puedo dejar a mi marido si tú me lo pides, incluso puedo dejar a mis hijos —ya estoy cansada y harta—, ¿pero trescientos saris? Imagínate». Yo conozco a la mujer. He estado en su casa y sé que realmente ella tiene una gran colección de saris preciosos, de los más caros. Y dedica horas a escoger cuál ponerse cada día.

¡Era un problema para mí también!; cuando íbamos a una lectura, el marido y yo esperábamos sentados en el coche, él tocaba el claxon… y ella no venía. Y entonces decía: «Debe de estar escogiendo un sari».

Pues bien, ella decía: «¿Qué sentido tiene cambiar la vestimenta? ¿Es que uno no se puede iluminar con cualquier otro color?». Eso no es más que argumentación. Y conozco muy bien a esa mujer; ella es un sari, nada más. Dentro del sari no encontrarás a nadie. Ella es sólo su cuerpo. Se queda mirándose al espejo durante horas; son muy ricos, así que no necesitan trabajar. Ella sólo tiene que hacer una cosa: quedarse delante del espejo. Una vez, yo le dije: «Hasta el espejo tiene que estar harto de ti».

Un día, Mulla Nasruddin estaba cazando moscas, y cazó tres. Le dijo a su mujer: «He cazado tres. Una es macho y dos con hembras».

La mujer, sorprendida, dijo: «¿Cómo sabes que hay un macho y dos hembras?».

Él contestó: «¡Dos estaban sobre el espejo y una estaba sobre el periódico!».

Así son las cosas. Tú me preguntas: «¿Qué sentido tiene cambiar la vestimenta?». Tú eres sólo vestimenta y nada más, por eso tengo que cambiarla.

Las cosas empiezan con *sharia*. Luego, poco a poco, tendrás que ir desarrollando una psicología a través de *tariqa*. La gente va por ahí con la falsa idea de que ya tiene una psicología. No es verdad. Tú no tienes una psique, sólo has oído hablar de ella. Tú sólo tienes un comportamiento, todavía no tienes una psicología. Por eso Gurdjieff solía decir que la psicología tenía que nacer, la ciencia todavía no ha nacido, la psicología está esperando nacer. El hombre no tiene una mente alerta; ¿cómo va a haber una psicología? Como mucho, podrá haber un ingenio, un mecanismo, una ciencia del comportamiento, pero no podrá haber ninguna psicología. Sólo un Buda puede tener una psicología. Por el momento tú sólo tienes un patrón de comportamiento. Eso es todo.

Él dice: «El discípulo está presente en cuerpo, pero en todos los demás sentidos está ausente». Así que hay que hacer que esté presente en otro sentido. Sólo así, lentamente, la enseñanza puede entrar profundamente en él. Primero hay que crear el camino, hay que crear la psique, hay que crear la mente.

Ésta es una de las más paradójicas tareas de un maestro. Primero tiene que crear una mente y luego tiene que destruirla. Primero tiene que construir un puente desde la circunferencia al centro, y luego tiene que destruir el puente, porque si no tú empiezas a ir de nuevo a la circunferencia. Crear el puente, y luego destruir el puente tras de ti.

Entonces un día uno se queda en el centro. Uno se convierte en un sufí. Uno tiene que llegar a *tasawwuf*.

También contó esta historia.

Había una vez un rey que quería hacerse sufí.

El sufí al que él había planteado la cuestión dijo: «No puedes estudiar con el elegido hasta que no hayas superado el descuido».

Descuido significa ausencia de atención, falta de consciencia, falta de alerta.

«¡El descuido —dijo el rey—. ¿Acaso soy descuidado con mis obligaciones religiosas? ¿Acaso no me preocupo por la gente?».

¿Puedes encontrar a alguien en todo mi reino que se pueda quejar por mi descuido?».

Pues bien, éste es el típico hombre de *sharia*. Dice: «He cumplido todas mis obligaciones, mis responsabilidades, mis deberes. Y soy fiel a mi mujer, a mis hijos, a mi gente, a mi país. Nadie tiene ninguna queja. ¿Has oído alguna vez que alguien se quejara por mi falta de alerta, de consciencia, de responsabilidad? ¿Quién te ha dicho que yo no soy atento?».

Esto es lo que dicen los que van los domingos a la iglesia: «Yo soy religioso». Eso es lo que dicen los hindúes porque cada mañana realizan su *puja*. Eso es lo que dicen todos aquellos que siguen los rituales. El mahometano piensa que lo es porque hace su *namaz* cinco veces al día. Lo puedes hacer cincuenta veces al día, eso no te hará mahometano. Seguirá siendo un ritual. Puedes realizarlo, puedes realizarlo a la perfección, puedes repetir las palabras exactas del Corán, pero aun así tú todavía no estarás presente. Si no estás en ello con todo tu corazón, si no lo haces con sentimiento, será como un disco grabado.

Hace unos días hablé de lo que los sufíes llaman el estado de *ghafla*, inconsciencia. Gurdjieff tomó la idea del hombre durmiente de los sufíes. Gurdjieff solía decir que el hombre es una máquina. El hombre está dormido, el hombre no existe, porque no hay consciencia. Esta idea sufí es de un enorme valor.

El estado de *ghafla* —inconsciencia— tiene que ser transformado en un estado de zikr, recuerdo. Es a eso a lo que el sufí se refiere cuando dice: «Majestad, no puede estudiar con el elegido hasta que no haya superado el descuido».

«¡El descuido!», dijo el rey.

Debe haberse enfadado. Debe haberlo sentido como una ofensa hacia él, como una queja.

El sufí dijo: «Ésa es precisamente la dificultad».

¿Cree que por cumplir sus obligaciones, sus deberes, ya es un hombre de consciencia?

«Ésa es precisamente la dificultad —dijo el sufí—. Porque la atención está tan marcada en algunas cosas, que la gente imagina que debe formar parte de su naturaleza».

Y a no ser que la consciencia llegue a formar parte de tu misma naturaleza, a no ser que la consciencia sea tan profunda que incluso cuando estés durmiendo seas consciente, no sirve de nada. Normalmente las personas parecen estar alerta, pero están dormidas. Caminan por la calle, van a sus trabajos, hacen sus tareas, regresan a casa, tienen hijos, tienen una mujer, forman una familia, y mueren. Y permanecen en el estado de *ghafla*, permanecen dormidos.

Se puede decir que un hombre es consciente cuando incluso durmiendo en lo más profundo todavía permanece transparentemente alerta. Sólo entonces, dicen los sufíes, ese hombre ha alcanzado el *zikr*, recuerdo. Y en este recuerdo del ser de uno, uno empieza a sentir a Dios, a experimentar a Dios; se abren puertas y ventanas.

Pero las personas diligentes, los que cumplen sus obligaciones, los que van a la mezquita, al templo o a la iglesia, normalmente piensan que son personas religiosas. Ése es precisamente el problema.

He oído...

Un granjero llamó al veterinario porque su mula estaba muy enferma. El veterinario vino con su maletín negro y le tomó el pulso a la mula, la temperatura y todas las cosas que se hacen cuando se examina a una mula enferma.

Después de examinarla, el veterinario dijo: «Esta mula está muy enferma, hay que darle estas pequeñas píldoras blancas inmediatamente. Estas píldoras blancas son muy potentes y curan prácticamente cualquier cosa que pueda tener una mula enferma. Pero para estar seguro, cuatro horas después dale una de estas píldoras rojas. Son muy fuertes, lo curan todo».

El granjero y el doctor se encontraron dos semanas más tarde y el doctor le preguntó al granjero cómo estaba la mula.

Bueno, le di la píldora blanca como usted me había dicho, doctor. Y nunca en mi vida había visto tal reacción en una mula. Rompió a coces la puerta del establo y la valla y se escapó hacia el campo a toda velocidad. Pensé que había perdido mi mula».

«¿La perdiste?», preguntó el doctor.

«Déjeme decirle, doctor, que si yo no hubiera tenido la agudeza de tomarme la píldora roja, la mula se hubiera ido muy lejos».

Y este hombre pensará que él es agudo, este hombre pensará que tiene consciencia.

En los momentos que surge la crisis todo el mundo funciona como si estuviera alerta, luego se pone a dormir de nuevo. Eso es lo que ocurre. Si alguien viene de repente con una espada y salta hacia ti, por un momento tú te pones alerta; el susto te sacará de tu noche de tinieblas. Por un momento abrirás los ojos; por un momento olvidarás tu olvido; por un momento olvidarás que eres una persona dormida; por un momento, empujado por la espada, por la muerte, por la posibilidad de peligro, te pondrás alerta; pero sólo por un momento. Luego el estado de alerta volverá a desaparecer.

Es algo que les ocurre algunas veces a los montañeros mientras escalan. Cuando se enfrentan a un verdadero peligro, cuando la vida y la muerte se están mirando cara a cara —un mal paso y se habrían ido para siempre—, entonces sienten que en ellos surge una nueva clase de alerta. Ésa es la razón por la que mucha gente se siente atraída a la escalada. El montañismo algunas veces proporciona dicha. Es la misma razón por la que mucha gente se siente atraída por el juego, cuando lo arriesgas todo, por un momento te pones alerta. Por eso la gente se siente atraída por los juegos arriesgados, como las carreras de coches. Cuando estás realmente en peligro, el peligro te obliga a ponerte alerta.

Pero la razón por la que la gente se siente atraída por esos juegos arriesgados —el montañismo, las carreras de coches, las apuestas, etcétera— es por la satisfacción que sienten en esos cortos momentos de alerta. El hombre que ha practicado una *tariqa*, para volverse alerta no necesita escalar montañas, competir en carreras de coches o apostar.

Puede ponerse alerta sin que ninguna situación externa le obligue a ello. Puede ponerse alerta sin ninguna causa externa. Y entonces su dicha es infinita. Eso es lo que los hindúes han llamado *sat-chit-anand* la gloria es suya.

Pero la consciencia debería convertirse en la propia naturaleza de tu ser.

«Yo no puedo entender esa clase de frases —dijo el rey—, y quizá me estás juzgando no apto porque no puedo descifrar tus adivinanzas».

«En absoluto —contestó el sufí—, pero un futuro discípulo en realidad no puede mantener un debate con su futuro maestro».

Recuérdalo. Puedes mantener un diálogo con tu maestro pero no un debate. El debate, la discusión, en sí mismos, impiden el discipulado. Pero sí puede haber un diálogo; la cualidad del diálogo es diferente.

¿Cuál es la diferencia entre debate y diálogo? La diferencia es que al diálogo no vas con ningún prejuicio, no vas con ninguna obsesión tuya propia. Pones a un lado tus conceptos. En el diálogo quieres comprender, no discutir. No mantienes una defensa egoísta. En el diálogo estás abierto, estás dispuesto a escuchar, a aprender; estás dispuesto a ser transformado.

En la discusión, en el debate, estás resistente. Vas con una armadura, estás dispuesto a la pelea. Uno no puede pelear con su maestro; si lo haces, ni tú eres un discípulo ni el maestro es tu maestro.

«... Un futuro discípulo en realidad no puede mantener un debate con su futuro maestro. Los sufíes trabajan con el conocimiento, no con argumentaciones».

Ésta es una afirmación tremendamente potente: «Los sufíes trabajan con el conocimiento...». Es cierto, pueden mostrarte el camino para saber, pero no discuten porque no proponen ninguna filosofía. No tienen ninguna filosofía. Son gente muy no-filosófica, casi antifilosófica. No te dan un dogma; no proponen ni una simple regla. Son médicos. Te dan una medicina, y esa medicina te abrirá los ojos. Te darán una *tariqa*, y esa *tariqa* te cambiará, cambiará tu química. Y entonces serás capaz de ver algo que nunca antes habías visto.

Discutiendo, tu química no puede ser cambiada, y si tu química no cambia no puedes estar convencido de algo que todavía no has conocido. Dios es desconocido. Para conocerlo necesitarás una química diferente. Los sufíes te proporcionan el conocimiento de cómo hacerlo; conocimiento acerca de *tariqa*, acerca del método. Pero no proporcionan conocimiento acerca de reglas.

«Pero le daré una muestra de su descuido...».

Los sufíes siempre están dando demostraciones; son gente muy práctica, muy científica. Dicen: «En este momento sería difícil. Puedo discutir, pero no servirá de nada, te daré una demostración. Puedes ver por ti mismo si eres un hombre cuidadoso o descuidado».

«... Si se somete a un examen y hace lo que yo le pida».

El rey aceptó el examen, y el sufí le pidió que Contestara «te creo» a todo lo que se le dijera en los siguientes minutos.

Éste es un pequeño experimento de zikr, de recordar. El rey debe recordar —independientemente de lo que diga el sufí— que tiene que contestar «te creo». El rey pensó: «Esto es muy sencillo. Este hombre parece un poco tonto. Si un hombre puede convertirse en sufí tan fácilmente, si puede empezar en el camino tan fácilmente...». El rey restaba receloso.

«Si eso es un examen para convertirse en sufí, es demasiad fácil»,
contestó el rey.

Debe haberlo dicho de una forma que ridiculizara al maestro sufí.
Pero el maestro no contestó.

Entonces el sufí empezó el examen. Le dijo: «Yo soy un hombre de más allá de los cielos».

«Te creo», dijo el rey.

Escucha... Cada frase es significativa.
Primero el sufí dice: «Yo soy un hombre de más allá de los cielos». Pues bien, esta frase no tiene ningún sentido, es una frase muy filosófica. No se puede ni probar ni negar. Está diciendo tonterías absurdas, pero el rey puede recordar decir «te creo», porque no hay nada en juego. Por eso a la gente le gusta la metafísica, la discusión filosófica. Le gusta porque no hay nada en juego. ¿Qué importa? Si alguien dice «vengo de más allá de los cielos», de acuerdo, está bien. El rey no va a ser cambiado por ello, el rey no tiene nada que arriesgar en ello.
Por eso la gente va a escuchar grandes discursos acerca de Dios, el alma, las reglas esotéricas, los cuerpos astrales, los cuerpos sufíes, y los disfruta mucho, para esa clase de gente, la teosofía ha proporcionado una literatura extensa. Siempre están hablando de cosas que no importan.

Mulla Nasruddin me dijo un día: «Mi mujer y yo nunca discutimos».

¡No lo podía creer! Me parecía casi imposible que un marido y una mujer no discutieran. Así que le pregunté: «Mulla, ¿cómo te las arreglas?».

Él me contestó: «El día que nos casamos decidimos una cosa: yo sólo hablaría de asuntos elevados e importantes, y ella se ocuparía de las cosas triviales».

Yo le pregunté: «¿Por ejemplo?».

Y él dijo: «Por ejemplo: la casa o el coche que tenemos que comprar, la escuela a la que tenemos que mandar a los niños, el tipo de ropa que debo llevar, la clase de negocios que tengo que emprender; esas cosas triviales. Mi mujer se ocupa de ello».

Y le volví a preguntar: «¿Y cuáles son los asuntos elevados e importantes?».

Él contestó: «Por ejemplo: si Dios existe o no, si debe o no continuar la guerra en Corea; cosas así, cosas importantes. Yo decido las cosas grandes y ella decide las cosas pequeñas».

El rey no tiene problemas. Ésta es una cosa importante, deja que este sufí lo diga.

El sufí dice: «Yo soy un hombre de más allá de los cielos».

«Te creo», dijo el rey.

El sufí continuó.

«La gente común intenta conseguir conocimiento, los sufíes tienen tanto que intentan no usarlo».

Ahora empieza a bajar un poco. Todavía es una afirmación importante, pero no tanto como la primera. Pero el rey todavía no ha sido tocado. Se mantiene fuera del terreno del rey.

«Te creo», dijo el rey.

Entonces el sufí dijo: «Soy un mentiroso».

«Te creo», dijo el rey.

Debe haberse sentido muy contento al decirlo porque eso exactamente era lo que quería decir. Cuando el maestro dijo «Vengo de más allá de los cielos» y luego «Los sufíes tienen tanto conocimiento que mientras que la gente común busca conocimiento, los sufíes tratan de encontrar maneras de no usarlo porque tienen demasiado», interiormente debe haber estado pensando que ese hombre era un mentiroso. Y el sufí lo comprendió.

Dijo:

«Soy un mentiroso».

Lo que está haciendo es un gran experimento en lectura del pensamiento. Eso es exactamente lo que el rey estaba pensando: que era un mentiroso. Pero el rey todavía no se daba cuenta; no lo comprendía.

«Te creo», dijo el rey.

El sufí siguió: «Yo estaba presente cuando tú naciste».

Ya se está acercando, pero empieza desde el principio, desde el grito primigenio. Dice: «Yo estaba presente cuando tú naciste». Ahora está llegando al rey, pero empieza desde el principio, desde el ABC: «Cuando naciste». Puede que todavía no haya mucho en juego. Aunque hubiera estado presente, ¿qué importa?

«Yo estaba presente cuando tú naciste».

«Te creo», dijo el rey.

«Y tu padre era un campesino», dijo el sufí.

«¡Eso es mentira!», gritó el rey.

Ya se ha olvidado por completo. Ésta era la primera frase que realmente hablaba de él —de hecho, ni siquiera de él, hablaba de su padre—, pero se estaba acercando demasiado. Ya se ha olvidado. Sólo ha tardado un minuto en olvidar que tenía que contestar «te creo». Y todavía no había mucho en juego, tan sólo un simple prejuicio. ¿Qué tiene de malo que tu padre sea un campesino? Tan sólo un pequeño prejuicio: «Yo pertenezco a una gran familia de reyes. Mi padre fue rey, el padre de mi padre fue rey; ¡nosotros siempre hemos sido reyes!».

«Yo estaba presente cuando tú naciste».

El sufí se iba acercando. Hasta que tocó la frontera.

«Y tu padre era un campesino».

Y todavía no había dicho nada acerca de él; si el sufí hubiera dicho: «¡Tú eres un ladrón!», puede que el rey hubiera desenfundado su espada y saltado sobre el sufí.

«¡Eso es mentira!», gritó el rey.

El sufí lo miró con tristeza y dijo: «Siendo tan descuidado que no puede recordar ni siquiera durante un minuto que tiene que contestar «te creo» sin que entre en juego ningún prejuicio, ningún sufí podría enseñarle nada».

Una preciosa parábola. Medita acerca de ella.

Y esto es exactamente lo que pasa con la mayor parte de la humanidad. No puedes recordar ni siquiera durante un minuto. Un día intenta hacer un pequeño experimento que Gurdjieff solía llevar a cabo con sus discípulos, una versión moderna de este mismo experimento. Ponte a mirar un reloj y observa la manilla que marca los segundos, tan sólo por un minuto. Únicamente tienes que recordar una cosa: estoy mirando la manilla del segundero... estoy mirando la manilla del segundero... estoy mirando la manilla del segundero. E intenta recordar sólo eso. Y te sorprenderás. Cuando hayan pasado siete ocho o diez segundos, ya te habrás olvidado. Luego vuelves a salir de tu sueño, recuerdas durante algunos segundos más, y de nuevo te olvidas. En tan sólo un minuto te habrás olvidado por lo menos tres o cuatro veces. No serás capaz de recordar ni siquiera una cosa tan simple.

Y no se trata de ningún prejuicio. Nadie está diciendo que tu padre es un mendigo o un ladrón. Nadie está diciendo que tu madre es una prostituta, nadie está diciendo que tú eres un bastardo, nada de eso. Tan sólo una simple frase —«estoy mirando la manilla del segundero»— y volverás a dormirte una y otra vez. Volverás a empezar a pensar en otra cosa una y otra vez, perderás la atención. Los sufíes dicen que si un hombre no tiene atención no se le puede enseñar nada. Así que lo primero que hay que enseñar es atención. Y para aprender atención se necesita mucho tiempo, porque tú has vivido muchas vidas sin atención. Es algo que se ha metido muy profundo en tu sangre, se ha metido en tu propia textura, en cada célula de tu cuerpo; cada fibra de tu psique está llena de sueño.

Este suelo tiene que romperse. Una vez que este dormir se haya roto, entonces... entonces el discípulo estará listo para aprender. Depende de lo alerta que estés. El maestro sólo puede enseñar hasta ahí.

Una pequeña parábola...

En una pequeña aldea en Oriente había un artesano que se sentaba en su pequeño taller y con su mano izquierda sacaba una hebra de lana del paquete que había sobre su cabeza. Torcía la lana para hacer una hebra más gruesa y se la pasaba a la mano derecha. La mano derecha liaba la lana en una madeja grande. Cada vez que su mano derecha enrollaba la lana, como si se tratara de un acto reflejo, el viejo, en un tono casi inaudible, decía: «La illaha illa'llah». No podía hacer ningún movimiento brusco o la lana se rompería y tendría que hacer un nudo y empezar de nuevo. El viejo tenía que estar presente todo el tiempo o la hebra se rompería. Esto es alerta, esto es zikr; esto es vida. Sufí significa atención en la vida, atención en un plano más elevado que en el que vivimos normalmente.

Este viejo era un hombre sencillo, pero le enseñó su oficio a su hijo, y su hijo se lo enseñó a sus hijos, y de esta forma se creó una *silsila*, una tradición de maestros y discípulos.

De un fenómeno tan pequeño creó consciencia. Tú puedes crear consciencia en lo que sea que hagas. Sólo tienes que utilizarlo como un método. Si vas caminando, camina; pero plenamente alerta, recordando que estás caminando. Si estás comiendo, come; pero plenamente alerta de que estás comiendo. Si estás tomando una ducha, deja que cada gota de agua caiga sobre ti plenamente alerta, atento.

Los hindúes lo llaman *sakshin*, el testigo. Los budistas lo llaman *samyak smriti*, correcta-atención. Kabir y Nanak lo llaman *surati*, recordar, y los sufíes lo llaman *zikr*: pero se trata de la misma *tariqa*.

Capítulo 4

El canto silencioso

Un hombre fue a ver a Bahauddin Shah y le dijo: «Primero he seguido a este profesor y luego a ese otro. Después he estudiado esos libros, y luego aquellos. Siento que aunque no sé nada de ti y de tus enseñanzas, esta experiencia me ha estado preparando poco a poco para aprender de ti».

El Shah contestó: «Nada de lo que has aprendido en el pasado te servirá aquí. Si te quedas con nosotros, tendrás que abandonar todo orgullo por el pasado. Lo cual es una forma de autofelicitación».

El hombre exclamó: «¡Esto es, para mí, la prueba de que tú eres el grande, el real y verdadero maestro! ¡Porque nunca antes nadie se había atrevido a negar el valor de lo que yo he estudiado!».

Bahauddin dijo: «Ese sentimiento es indigno en sí mismo. Aceptándome tan entusiastamente y sin comprender, te estás elogiando a ti mismo por poseer percepciones que, de hecho, tú no posees».

Un joven preguntó por qué, según parece, la vida no tiene ningún significado. Porque el significado no existe *a priori*. En la vida no existe ningún significado; uno tiene que crearlo. Sólo lo descubrirás si lo creas. Antes tiene que ser inventado. No es algo que está ahí en el suelo como una piedra, es algo que tiene que ser creado como una canción. No es un objeto, es una trascendencia que tú aportas por medio de tu consciencia. No lo esperes. No es algo que venga con sólo esperarlo. Uno mismo tiene que convertirse en un laboratorio, tiene que convertirse en un vientre materno, tiene que parirlo.

Ésta es una de las cosas más importantes que hay que aprender; de no ser así, no conseguirás captar el significado. La gente está equivocada. Piensa que el significado existe ya en alguna parte. No es así. Buda creó el significado y luego lo descubrió. Por eso su significado nunca será el tuyo. El significado siempre es individual. Cada uno tiene que creárselo para sí mismo, no se puede tomar prestado.

Ésa es la diferencia entre la verdad científica y la verdad religiosa. La verdad científica es una cosa muerta. Cuando es descubierta por uno, es descubierta por todos. Si Newton descubre algo —por ejemplo, la ley de la gravedad—, tú ya no necesitas descubrirlo una y otra vez. Entonces se convierte en una propiedad colectiva. Puede que Newton haya trabajado durante muchos años para descubrirlo, puede que haya dedicado toda su vida a ello, pero ahora cualquier niño lo aprende en la escuela en cinco minutos. No tendrá que pasar por los inconvenientes. La verdad científica es una cosa muerta—, es una cosa. Por eso, una vez descubierta, es descubierta para siempre. Cuando una persona la descubre, se convierte en propiedad de todos.

La verdad religiosa no es una cosa. Es un significado que tiene que ser descubierto por cada uno, cada uno tiene que abordar la exploración. La verdad de Buda desaparece con Buda. La verdad de Mahoma desaparece con Mahoma. Fue la fragancia de una flor que se abrió en el corazón de Mahoma; ¿cómo va a permanecer el aroma cuando la flor se ha ido? Ahora el Corán está muerto, igual que el Dhammapada, igual que el Gita, e igual que todas las escrituras. La escritura sólo está viva cuando la flor está ahí. Con la flor, la fragancia está viva; cuando la flor se va, todo se va.

La verdad científica se puede aprender. Puedes aprenderla en la escuela y aprenderla de un profesor. La verdad religiosa no se puede aprender. Tiene que ser creada no aprendida. No puedes aprenderla de un profesor. No se puede enseñar. No hay manera de enseñarla. Tendrás que ir a un maestro, no a un profesor; y la diferencia entre un profesor y un maestro es que un profesor trabaja con cosas muertas y un maestro vive su verdad.

Si estás en presencia de un maestro, empezarás a vibrar, a pulsar. La verdad no se te puede dar, pero sí puedes oler su perfume. Y entonces puedes empezar a buscarla en tu propio interior, en tu propio ser. Tiene que evolucionar. Tiene un crecimiento. El significado es un crecimiento. Tendrás que dedicarle toda tu vida.

Así que no preguntes por qué la vida no tiene significado. No lo tiene porque tú no lo has creado todavía. Para mí lo tiene. Yo lo he creado. Pero mi significado no puede ser tu significado. Incluso si te lo diera, en la propia transición el niño moriría. Lo que recibirías sería un cadáver. No hay forma de transferirlo.

Los sufíes son muy particulares acerca de esta cuestión, por eso niegan el conocimiento. Ellos dicen que no hay conocimiento posible. Saber es posible, pero el conocimiento no es posible. ¿Cuál es la diferencia entre saber y el conocimiento? Según el diccionario, no hay ninguna diferencia, pero en la existencia hay una gran diferencia. El conocimiento es una teoría, saber es una experiencia. Saber significa que abres los ojos y ves. El conocimiento significa que alguien ha abierto los ojos, ha hablado acerca de lo que ha visto y tú simplemente has recogido la información. El conocimiento es posible aunque estés ciego. El conocimiento es posible... Sin ojos se pueden aprender muchas cosas acerca de la luz, pero si estás ciego no es posible saber qué es la luz. Saber sólo es posible si los ojos están sanos, si puedes ver. Saber es tu auténtica experiencia, el conocimiento es seudosabiduría.

No dependas del conocimiento, porque, si no, seguirás sin encontrar el significado. El conocimiento sólo puede ofrecerte una falsa promesa. Nunca se cumple. El conocimiento sólo puede darte seudomonedas falsas. No valen para nada. Ten cuidado con ellas. El conocimiento te puede hacer sentir muy, muy bien, porque realza tu ego. Empiezas a sentir como si supieras. Pero recuerda, es «como si», no es real. Porque cuando sientes «yo sé», el «yo» se refuerza.

Antes de que un hombre pueda llegar a ser un hombre de sabiduría tiene que abandonar todo conocimiento. Ésa es la verdadera renuncia. He visto personas renunciando a sus hijos; lo cual es una tontería, porque los niños no se interponen en el camino a Dios. He visto personas renunciando a sus esposas, a sus maridos; lo cual es estúpido, porque Dios está presente en el marido y la esposa. Dios vive en ellos. Cuando renuncias a tu mujer estás renunciando a Dios: Dios en la forma de tu mujer. Cuando renuncias a tu marido estás renunciando a Dios que ha venido en la forma de tu marido.

He visto personas renunciando a sus hijos, esposas, maridos, pero nuca he visto a la gente renunciar a sus conocimientos, que son la verdadera obstrucción, el verdadero obstáculo; la única barrera que existe.

Mira... un hombre renuncia a su vida, se va a los Himalayas, pero si nació jaina, seguirá siendo jaina. Se lleva el conocimiento. Si nació hindú, seguirá siendo hindú. Incluso en lo más profundo del Himalaya, sentado sólo en una cueva, sigue siendo hindú. Si eres hindú, si todavía formas parte de la sociedad llamada hindú, no estás en los Himalayas.

¿Cómo puede un sólo hombre ser hindú? Para ser hindú, uno necesita pertenecer a algo; para ser hindú, uno necesita una sociedad; para ser musulmán, uno necesita una secta, una masa. Hinduismo, islam, cristianismo, jainismo, budismo, todos ellos son nombres de diferentes tipos de masas.

¿Y tú dices que has dejado el mundo? ¿Entonces por qué te has traído esta masa y esta pertenencia? ¿Y qué significa que te llames a ti mismo hindú? Significa que cargas con cierto tipo de conocimiento, conocimiento impartido por los Vedas, el Gita. Y si crees que eres musulmán, entonces será un conocimiento impartido por el Corán. Tú no has renunciado al conocimiento.

Los sufíes dicen que si quieres renunciar a algo, renuncies al conocimiento. Ésa es la valentía más grande; porque cuando renuncias al conocimiento, el ego empieza a desaparecer. El ego muere por sí sólo. No puede existir. En el momento que dices «yo no sé»... ¿Has sentido la pureza de ese momento? ¿Has sentido la inocencia de ese momento? ¿Has sentido el silencio de ese momento? Cuando dices «yo no sé» estás haciendo una de las mayores afirmaciones que un hombre puede hacer, y esto es el principio.

El primer paso del sufismo es llegar a saber que no sabes. Y esto no debería ser una mera idea, debería ser una experiencia vivida. No deberías limitarte a decirlo, no debería estar sólo en tus labios, debería estar en lo más profundo de tu corazón. Deberías sentirlo en las entrañas: «Yo no sé».

¿Tú qué sabes? ¿Conoces a Dios? ¿Conoces la verdad? ¿Sabes algo de la muerte? ¿Sabes algo de la vida? Es cierto que Dios está en ti, que ha vivido en ti desde el mismísimo principio —el principio sin principio—, pero tú todavía no lo has conocido. La verdad está en todas partes. Tú estás rodeado de verdad, vives en el océano de la verdad, pero no sabes nada de ella. Tú eres tan ignorante acerca de la verdad como el pez lo es acerca del océano.

Pero crees que sabes por haber leído un libro, porque puedes recitar el Corán, el Gita, la Biblia. La gente cree que recitar, recordar, es saber; no sólo eso, sino que además cree que es el único saber que existe. El recuerdo, la memoria, no es saber. ¿Qué sabes por recordar algo? Un loro puede hacerlo, una máquina puede hacerlo, y de un modo mucho más eficiente que tú ¿Qué valor tiene eso? Un ordenador puede recordar al completo los Vedas, el Corán, la Biblia y todas las escrituras, y además puede presentar todos sus conocimientos cuando se lo pidas. Pero un ordenador no tiene consciencia, atención, alma.

El hombre que confía demasiado en su memoria y piensa que es sabiduría empieza a desaparecer como hombre y al final se convierte en un mecanismo. La memoria es mecánica.

Por eso los sufíes dicen: si quieres renunciar a algo, renuncia al conocimiento que has almacenado en la memoria. Ése es el verdadero muro. Es la idea de que sabes lo que te impide volverte inocente, lo que te impide volverte como un niño. Si eres un hindú, ¿cómo vas a ser inocente? Ya has sido corrompido, ya has recogido una opinión. Ya han entrado en tu mente las escrituras, las ideologías, los conceptos, las filosofías. Ya te has vuelto astuto. Eres listo. ¿Cómo vas a ser inocente?

Cuando un niño nace y abre los ojos por primera vez, ¿es cristiano, es musulmán, es hindú? Esos ojos son los ojos reales. Pronto empezará a acumularse el polvo. Pronto empezaremos a meter ideas en la inocente consciencia del niño. Pronto el espejo se ensuciará tanto que ya no reflejará la realidad.

Hay que deshacerse de esa basura. La memoria tiene que ser usada, pero uno no debería identificarse con ella. Yo no estoy diciendo que tienes que deshacerte de la memoria, sólo hay que deshacerse de la identificación.

Y te sorprenderás. Cuando uno se deshace de la identificación puede utilizar la memoria mucho más eficientemente que antes, porque entonces sólo es un mecanismo que puedes usar cuando lo necesites. Pero mantente alejado, distante, puro. Mantente niño.

Jesús solía decir: «Hasta que no seas como un niño, no entrarás en el reino de Dios». Un día, estando él en un mercado entre la multitud, alguien le preguntó: «¿Quiénes serán dignos de entrar en el reino de Dios? ¿Quiénes serán los elegidos?». Y Jesús miró a su alrededor... Naturalmente, el rabino de una aldea que estaba presente pensó: «Tiene que señalarme a mí, ¿yo seré digno?». Pero Jesús no lo señaló. Tampoco señaló al hombre rico del lugar que estaba allí. También el profesor estaba allí y tampoco lo señaló. Ni al asceta. Sus ojos se posaron sobre un niño que estaba entre la multitud, completamente inocente. Tomó al niño en sus brazos y, mostrándole a la multitud, dijo: «Aquellos que sean inocentes como un niño, como un espejo, sólo ellos podrán entrar en el reino de Dios».

Así que no debería sorprendernos que los rabinos estuvieran muy enfadados con él. No debería sorprendernos que los hombres cultos estuvieran en contra de él. No debería sorprendernos que los sacerdotes religiosos estuvieran en contra de él. Es lógico que se reunieran para destruir a este hombre inocente, a este sufí, Jesucristo. Los sufíes hablan mucho de Jesucristo, y lo hacen de un modo mucho más amoroso que los cristianos, porque su comprensión acerca de Jesús es más profunda. La comprensión cristiana es dogmática. Los sufíes son gente con una visión, y la tienen porque han llegado a conocer el momento del no-saber. Recuerda esta expresión «el momento del no-saber». Alcánzalo. El camino empieza desde ese momento.

Así que un maestro tiene que quitarte todos tus conocimientos. Tiene que destruir todo tu ego de opiniones, filosofías, credos. Tiene que ser muy duro. Tiene que golpearte con un martillo. Cuando desaparecen los conocimientos, cuando se abren las nubes y el sol de la consciencia brilla en todo su esplendor, empiezan a ocurrir las cosas, empiezan a ocurrir los milagros.

El primer milagro es que cuando no sabes empiezas a saber. Cuando tus ojos dejan de estar llenos de opiniones se vuelven claros, transparentes. Alcanzas la visión.

Pero antes de que entremos en esta preciosa parábola de uno de los más grandes maestros, Bahauddin Shah, hay que entender unas cuantas cosas, especialmente con relación a la mente moderna.

La mente moderna de ahora se siente más insignificante de lo que jamás se había sentido, porque en los siglos pasados vivió en una especie de estupor, de sueño. Había mucha ortodoxia. La convención era fuerte y pesada. La influencia de la religión era muy grande, muy poderosa y dictatorial. Durante siglos la gente ha vivido en la creencia. Este siglo se ha atrevido a abandonar las creencias. Esas creencias daban a la gente la sensación de que la vida tenía un significado. Ahora esas creencias han desaparecido. Eso es bueno. Es bueno que las creencias hayan desaparecido. Esta época es la primera época de agnosticismo. Por primera vez, el hombre ha madurado, ha madurado en el sentido de que no se basa en creencias, en supersticiones. Hemos abandonado toda creencia supersticiosa.

Así que ha surgido una especie de vacío. Las creencias han desaparecido, y con las creencias también ha desaparecido la falsa sensación de significado. Se ha establecido un vacío. Hemos hecho la parte negativa, hemos demolido el viejo edificio, ahora hay que hacer la parte positiva; tenemos que levantar un edificio nuevo. El viejo templo ya no existe, ¿pero dónde está el nuevo templo? Las creencias han sido destruidas, ¿pero dónde está la confianza? La creencia ha desaparecido —eso está bien—, pero no es suficiente. Es necesario pero no suficiente. Ahora tendrás que crecer en la confianza.

Déjame que te explique esas dos palabras. La creencia es prestada; es dada por otro: tus padres, tu sociedad, tu sacerdote, tu político, ellos te la dan. Empezamos en cuanto nace el niño: lo circuncidamos o lo bautizamos. Hacemos algo. Empezamos a condicionarlo inmediatamente. Antes de que se dé cuenta, las creencias ya han entrado en su sangre, en sus huesos y hasta en la médula. Antes de que se dé cuenta y pueda pensar con claridad, ya está envenenado. Las creencias ya están en el inconsciente. Ya ha sido condicionado. Él no es libre para pensar.

Por eso las religiones tienen tanto interés en enseñar religión a los niños. Les interesa que aprendan inmediatamente. Lo primero que quieren que se haga es que se enseñe religión al niño. Los psicólogos dicen que la única posibilidad de enseñar al niño religión es haciéndolo antes de que tenga siete años. Después de esa edad cada vez se irá haciendo más y más difícil enseñarle porque empezará a cuestionar, empezará a discutir. Lo asaltarán las dudas, se volverá escéptico. Hasta los siete años, el niño simplemente confiará en sus padres. Él cree que todo lo que hacen está bien. No tiene dudas. Se trata de un fenómeno natural. El niño tiene que confiar en la madre. El niño es un ser tan desvalido que no puede sobrevivir por sí solo. Confiar en los padres es una necesidad para su supervivencia. Y él confía.

Las religiones utilizan esa confianza natural para condicionar al niño. La madre lo lleva a la iglesia o al templo, al sacerdote o al rabino, y el niño sigue a la madre, al padre, a la familia. A través del ambiente familiar empieza a introducirse un sutil condicionamiento. Cuando el niño sea lo suficientemente mayor para poder pensar, para poder formular, ya estará condicionado. Esos condicionamientos se habrán introducido tan profundamente que luego no podrá deshacerse de ellos fácilmente. El maestro necesitará golpear con un martillo. Necesitarás a alguien a quien ames más que a tu padre, a quien ames más que a tu madre. Necesitarás un maestro; es la única manera. El maestro puede llegar a las capas profundas de tu ser donde arraigó el condicionamiento y destruirlo. Si el maestro no se convierte en alguien más importante que tus padres, no es posible, no es psicológicamente posible.

Por eso Buda dice: «Hasta que no destruyas y mates a tu padre y a tu madre, no puedes venir a mí». Una extraña afirmación. Jesús dice: «Si no odias a tu padre y a tu madre, no puedes seguirme». No suena muy, muy bien. Jesús, el apóstol del amor y la paz, y Buda, el ser humano más compasivo que jamás haya caminado sobre la faz de la tierra, ¿hablando de odiar?; y no sólo odiar, sino matar.

¿Qué quieren decir? No se refieren a tus padres reales, se refieren a esos padres que se han introducido en lo más profundo de tu ser, que se han convertido en tus cimientos. Esos cimientos tienen que ser destruidos. Cuando esos cimientos sean destruidos, te volverás a convertir otra vez en un niño. Cuando ese condicionamiento haya sido abandonado, de repente te volverás a convertir en un niño, volverás a ser inocente. Y esta vez estarás en una situación mucho mejor porque no estarás desvalido, volarás con tus propias alas, e inocente como un niño.

Éste es el significado de *sannyas*. Éste es el significado de la iniciación. Esto es a lo que se refieren los sufíes cuando dicen que alguien se ha hecho *sadhaka*, discípulo.

En esta época, poco a poco, la creencia ha ido desapareciendo. pero en su lugar no ha aparecido nada.

Debes haber oído hablar de Ludwing Feuerbach, un pensador alemán. Él parece ser el heraldo de la mente contemporánea. Según Feuerbach, Dios es el infinito deseo del corazón humano. Él dice: «No hay Dios. Dios no existe como realidad objetiva. Es tan sólo la satisfacción de un deseo. El hombre quiere volverse omnipotente, omnipresente, omnisciente. El hombre quiere volverse Dios; ése es el deseo del hombre, el deseo de volverse infinito el deseo de volverse inmortal, el deseo de volverse absolutamente poderoso».

Éste fue el primer martillazo sobre la creencia en Dios: que Dios no es objetivo; que Dios no existe; que Dios es sólo una proyección de la mente humana; que Dios no tiene ontología, que sólo es un sueño psicológico. Que el hombre piensa en términos de Dios porque se siente a sí mismo muy impotente. Necesita algo que lo haga sentirse completo. Necesita una idea que lo haga sentir que no es un extraño; que hay alguien que mira por él en este mundo. Dios no es otra cosa que un padre proyectado. El hombre quiere tener algo en que apoyarse. No es más que un puro deseo. No tiene realidad.

Luego vino Karl Marx. Según Marx, Dios es un intento ideológico para alzarse sobre la realidad dada. Marx dice que, como la gente es pobre, desgraciada y padece tantos sufrimientos, necesita un sueño; un sueño que le pueda dar esperanza. La gente vive en la desesperanza, en una aflicción tan grande, que si no puede soñar que alguna vez, en el futuro, todo será perfecto, no sería capaz de soportar esta intolerable realidad. Así que Dios es el opio.

La religión es el opio de las masas. Es una droga. Ayuda, consuela. Es una especie de tranquilizante. Tu dolor es tan intenso que necesitas un analgésico; la idea de que, es cierto, el presente es desgraciado, pero mañana todo irá bien.

Marx dice que por eso las bienaventuranzas de Jesús se han hecho tan importantes: «Benditos los pobres». ¿Por qué? ¿Por qué «benditos los pobres»? Porque «heredarán el reino de Dios». Así los pobres pueden tener esperanza. Aquí son los pobres pero heredarán el reino de Dios. Y no sólo eso, Jesús también dice: «Los primeros serán los últimos, y los últimos serán los primeros». Así el hombre pobre se siente verdaderamente feliz. Olvida su pobreza. Allá será el primero. El significado de Jesús para esas frases es muy diferente, pero Marx piensa que sólo son droga.

Y Marx también parece muy lógico. Cuando la gente es desgraciada sólo tiene una forma de soportarlo: imaginar un futuro mejor. Si estás en un hospital y piensas que mañana te darán el alta, que te irás a casa y todo habrá salido perfectamente, que sólo es cuestión de unas cuantas horas más, puedes soportarlo mejor.

Este mundo es sólo cuestión de unos años, no te preocupes. Dentro de poco te espera el Paraíso. Y cuanto más pobre seas, más elevado será tu puesto en el Paraíso. Y dispondrás en abundancia de todo aquello de lo que aquí careces. ¿No tienes una mujer hermosa? No te preocupes. En el Paraíso todo el mundo tendrá todas las que quiera; y las más hermosas que puedas imaginar. Son muy hermosas y nunca envejecen, nunca se hacen viejas, sus cuerpos son dorados y siempre tienen dieciséis años. Nunca traspasan esa edad. Eso es lo que sueñan los hombres.

Aquí no puedes conseguir alcohol; o incluso si puedes, es difícil y caro. Además, los políticos siempre están pensando en su prohibición. Pero en *firdaus*, en el Paraíso, hay arroyos de vino, de alcohol, de todo tipo. Puedes beber todo lo que quieras, puedes bañarte, puedes empaparte en él.

Estos sueños no son más que consuelos para los explotados, los oprimidos. Por eso, Marx dice que la religión es tan sólo una artimaña... un truco para explotar a la gente, un truco para someterlos, un truco para que no puedan rebelarse. Él golpeó con gran dureza las viejas creencias.

Y el tercero que golpeó fue Friedrich Nietzsche. Él dijo: «Dios no es más que una debilidad de las ganas de amar». Cuando una persona o una sociedad envejece, se vuelve corrupta, aburrida y agonizante, empieza a pensar en Dios. ¿Por qué? Porque se está acercando la muerte y no hay más remedio que aceptarla. Habrá que renunciar a la vida, la vida se escurre entre los dedos, no se puede hacer nada para evitarlo, pero se puede aceptar la muerte. Dios es un truco para aceptar la muerte. Y la muerte sólo la aceptan aquellos que se han vuelto débiles, los enclenques.

Nietzsche solía decir que la propia idea de Dios procede de una mente femenina. Él solía decir que Buda y Cristo son afeminados. No son realmente masculinos. Son demasiado blandos. Son personas que han aceptado la derrota. No luchan por la supervivencia. Cuando una persona deja de luchar por la supervivencia se hace religiosa. Cuando el deseo de poder ya no funciona, uno empieza a encogerse y morir, uno empieza a pensar en Dios y en cosas por el estilo. Dios está en contra de la vida. La vida es el deseo de poder. La vida es lucha, una lucha constante. La vida es un conflicto y uno tiene que vencer. Cuando la gente se vuelve demasiado débil y no puede vencer, sus derrotadas mentes empiezan a volverse religiosas. La religión es la derrota.

Feuerbach, Marx, Nietzsche, entre los tres crearon una atmósfera en la que se podía declarar que Dios está muerto y el hombre es libre. Ésta es la situación en la que tú has nacido. Si eres contemporáneo, ésta es la situación. Tú tienes más afinidad con Feuerbach, Marx y Nietzsche que con Patanjali, Kapila y Kanad. Éstos están lejos. Nosotros no pertenecemos a su época, ellos no pertenecen a la nuestra. Hay demasiada distancia. Nuestros verdaderos profetas son: Feuerbach, Marx, Nietzsche, Freud, Darwin; y esta gente ha destruido todo el tejido, toda la estructura, los patrones de creencias. Y me gustaría que entiendas que le han hecho un gran servicio a la humanidad.

Pero no me malinterpretes. Ellos han limpiado la consciencia humana de creencias por completo, pero eso sólo es la mitad del trabajo. Ahora se necesita algo. Es como si estuvieras proyectando un jardín y quitaras todas las malas hierbas y todas las piedras y dejaras el suelo preparado; y luego simplemente esperaras y no pusieras rosales ni sembraras nuevas semillas. Esa gente le ha hecho un gran servicio a la humanidad. Han arrancado todas las malas hierbas. Pero un jardín no se hace sólo arrancando las malas hierbas, no puede estar completo. Arrancar las malas hierbas forma parte de la preparación de un nuevo jardín, pero no es el jardín en sí. Luego tienes que poner las rosas. Faltan las rosas, por eso falta el significado.

La gente se ha quedado atascada. Ahora son comunistas, freudianos o fascistas. Y creen que esta parcela de terreno limpia, en la que no crecen las creencias, en la que no brotan deseos de lo desconocido y del más allá, es el jardín. Y miras alrededor y no hay nada. Es un desierto. Esta gente ha limpiado el terreno pero lo han convertido en un desierto.

El hombre se ha vuelto muy, muy ansioso. Se ha creado la ansiedad. La ansiedad ha sido reprimida durante siglos ajustándose al partido, a la religión, a la secta, a la sociedad. La ansiedad ha estado encadenada durante miles de años. El hombre ha funcionado como un esclavo. Ahora, el candado se ha roto, el hombre ya no es un esclavo, y toda la ansiedad, la represión de miles de años, anda suelta. El hombre se está volviendo loco.

Lo que esa gente ha hecho puede tornarse en una gran liberación o puede tornarse en una pérdida. Depende. Si utilizas esta situación correctamente y empiezas a cultivar rosales en tu corazón, pronto sentirás un gran agradecimiento hacia Feuerbach, Marx, Nietzsche, Freud y todas esas personas que han destruido la creencia, que han destruido la vieja religión. Ellos han preparado el camino para una nueva clase de religión; más crecida, más madura, más adulta.

Yo estoy totalmente de acuerdo con ellos, pero no me detengo con ellos. Si te detienes, tu destino será la falta de sentido. Es cierto; que no exista Dios es bueno —el Dios de las creencias—, pero entonces empieza a buscar lo que hay en tu interior. Entonces embárcate en una exploración, te tropezarás con Dios. Y ese Dios será el Dios de tu experiencia.

Ellos han creado una situación en la cual tú puedes decir: «yo no sé» —eso es el agnosticismo—; ahora utiliza esto como un trampolín para saltar a lo desconocido. Estás preparado para entrar en lo desconocido. El conocimiento ya no te ata. Nadie te encadena los pies. Por primera vez eres libre. ¿Qué haces ahí? Antes estabas ahí porque te hallabas encadenado, pero ahora que ya no hay cadenas, ¿por qué sigues ahí? Ve hacia delante. ¡Explora! Toda la existencia es tuya. Explórala sin ningún concepto, sin ningún prejuicio, sin ninguna filosofía *a priori*. Explórala con la mente abierta y te sorprenderás al descubrir que Dios existe.

Pero será un Dios completamente nuevo, totalmente nuevo, absolutamente nuevo. Este Dios será el Dios que se llega a conocer, no el Dios en el que se cree. Éste será el Dios vivo que late en tu corazón, que respira, que florece en los árboles, que canta canciones en los pájaros. Éste será el Dios de las montañas, los ríos y las estrellas. Éste será el Dios de la vida. No será el Dios que existe en alguna parte en el cielo, no, éste será el Dios que existe aquí y ahora; en mí, en ti, en todos. Éste es el Dios equivalente a existencia, sinónimo de existencia.

Pero este Dios sólo puede venir a través del saber, no del conocimiento. El conocimiento ha sido destruido, y eso es bueno. Estas tres personas —Feuerbach, Marx y Nietzsche— han hecho un buen trabajo despejando todo el desatino de siglos, pero recuerda, ni siquiera ellos se beneficiaron de ese trabajo. Nietzsche murió en un manicomio, y si te quedas estancado en Nietzsche estarás esperando a la locura y nada más. Nietzsche hizo un gran servicio, fue un mártir, pero se quedó estancado en su propia negatividad. Destruyó las creencias, pero luego nunca fue a explorar. ¿Qué queda sin las creencias? Algo queda. No se puede decir que no queda nada. Algo queda. ¿Qué es? Él nunca entró en la meditación. Es cierto que el pensamiento, el pensamiento lógico, puede destruir las creencias. Pero no puede guiarte a la verdad.

A la verdad sólo puedes entrar a través de la puerta de la meditación o a través de la puerta del amor, *marifa* o *mahaba*, o bien por el saber o bien por el amor, o bien siendo un amante, un *ashik*, un *bhakta*, un devoto, o bien siendo un yogui, *dhyana*, un meditador. Ésos son los dos únicos caminos, a través de la inteligencia o a través del sentimiento. Ésas son las dos puertas a Dios.

El hombre tiene que crear ahora el significado. El significado ya no es dado por la sociedad, por la iglesia; ya no es dado por nadie.

Martin Heidegger dice: «Cuando uno se ha dado cuenta de la falta de significado de la existencia, surge una gran ansiedad, angustia, congoja. Esto ocurre al abrir lo que durante siglos había mantenido cerrado el sometimiento a la conformidad y al condicionamiento. Una vez que esta liberación ha ocurrido, uno puede actuar; pero no según las normas dadas por alguien o algo. Uno tiene que apoyarse en uno mismo».

Heidegger tiene razón. Tienes que apoyarte en ti mismo. Ahora no puedes apoyarte en nadie. Ninguna escritura servirá de nada. Los profetas se han ido. Aquí no hay mensajeros. Tendrás que apoyarte en ti mismo. Tendrás que volar con tus propias alas. Tendrás que volverte independiente. Heidegger lo llama «resolver». Tendrás que llegar a una solución, a la resolución de que «yo estoy sólo y no hay ninguna ayuda de ninguna parte. ¿Ahora, que voy a hacer? Yo no sé nada. No existen creencias que me den un mapa. No hay ningún mapa y estoy rodeado de lo inexplorado. Toda la existencia ha vuelto a ser un misterio».

Es una gran suerte para los valientes porque ahora la exploración vuelve a ser posible.

Esto es lo que Martin Heidegger llama resolver. Esto es lo que los hindúes han llamado *sankalpa*. Ahora tienes que resolver. Él lo llama resolver porque, al hacerlo, el individuo se vuelve resoluto, el individuo se vuelve individual. Uno tiene que ser uno mismo, uno tiene que decidir adónde ir, qué hacer y quién ser; sin Dios, sin convenciones, sin leyes, sin mandamientos, sin normas, sin principios. Ése es el significado del famoso lema existencialista: «La existencia precede a la esencia; es decir, la naturaleza humana esencial no existe. El hombre crea lo que es, el hombre se proyecta a sí mismo».

El significado tiene que ser proyectado, el significado tiene que ser creado. Eres tú quien tiene que cantar tu significado, quien tiene que danzar tu significado, quien tiene que pintar tu significado, quien tiene que vivir tu significado. Llegará a través del vivir, empezará a penetrar en tu ser a través de la danza, vendrá a ti a través de la canción. El significado no es como una piedra en el suelo, es algo que tiene que florecer en tu ser. Tiene que convertirse en un loto interior.

Ahora esta preciosa parábola.

Un hombre fue a ver a Bahauddin Shah y le dijo: «Primero he seguido a este profesor y luego a ese otro. Siento que aunque no sé nada de ti y tus enseñanzas, esta experiencia me ha estado preparando poco a poco para aprender de ti».

Cuando te acercas a un hombre como Bahuddin te estás acercando al peligro, te estás acercando al fuego, te estás acercando a la muerte.

Este hombre seguramente ha estado yendo de un profesor a otro. Profesores hay millones, maestros hay muy pocos. Puedes encontrar profesores a docenas fácilmente, son baratos. Yendo a un maestro estás asumiendo un riesgo.

Este hombre le dice a Bahuddin —como debe haberles dicho a los otros profesores—: «Primero he seguido a este profesor y luego a ese otro». La gente es así. Cree que eso es algo muy glorioso. La gente viene a mí y me dice: «Primero he ido al gurú Maharajá y luego a Muktananda y luego a este y al otro; ahora he venido a ti». Creen que son grandes peregrinos, creen que son grandes buscadores. Enumerando todos esos nombres se sienten muy bien. Lo único que demuestran es que todavía son estúpidos.

Un verdadero buscador no se preocupa por los profesores, no se apega a los profesores. Aunque vaya a un profesor, se dará cuenta de que lo que imparte no son más que enseñanzas, y escapará lo más rápido posible. Y no irá por ahí presumiendo de ello porque no es algo de lo que se pueda presumir.

Uno tiene que encontrar, uno tiene que ir a tientas en la oscuridad. Pero cuando buscas la puerta a tientas, algunas veces llegas a un rincón de la habitación y te das contra la pared y te quedas estancado y te duele la cabeza, luego tropiezas con algún mueble y luego esto y lo otro, y por fin llegas a la puerta... Cuando llegas a la puerta, ¿vas por ahí contando las veces que has tropezado? ¿En qué rincón? ¿Con qué mueble? ¿Las veces que te has golpeado en la cabeza? No. Todo eso carece de sentido. Cuando encuentras la puerta, todos los tropiezos en la oscuridad se han acabado. No hay nada de qué presumir.

De hecho, cuando dices que has ido a Muktananda o al gurú Maharajá o a Sai Baba o a este o al otro, lo único que estás diciendo es que tú no tienes ojos para ver. Lo único que estás demostrando es tu falta de inteligencia. Eso es lo que me pasa a mí. La gente viene y me cuenta esas cosas.

Los estúpidos están divididos en tres grupos; todos los tipos de gente están divididos en tres grupos. El primero lo forman los que funcionan a través de su mente. No es que sea muy grande pero aun así funcionan a través de ella; los estúpidos intelectuales. Siempre que alguien dice que ha estado con Prabhupada, entonces sé que se trata de un estúpido intelectual. El segundo lo forman los que son estúpidos pero emocionales. Los que funcionan a través de la emoción. Éstos irán al gurú Maharajá. Se convertirán en premis, amantes. Y la tercera posibilidad: los estúpidos con voluntad, obstinación, o que buscan algún poder. Éstos irán a Satya Sai Baba... milagros. Estarán interesados en la magia.

Cuando vienes a mí diciendo que has estado aquí y allá, lo único que estás haciendo es mostrar todas las tonterías que has hecho en el pasado.

El segundo tipo, las mentes mediocres, también se dividen en tres grupos. Si la mente mediocre funciona como intelecto, entonces irá a Sri Aurobindo. Si funciona a través de la emoción, entonces irá a Muktananda. Y si funciona a través de la voluntad, entonces seguirá a algún hatha yogui. Seguirá a algún gimnasta y empezará a torturar su cuerpo. O puede que se haga seguidor de un jaina muni. Será una especie de masoquista. Disfrutará torturándose a sí mismo. Usará la tortura para sentirse poderoso.

Y luego están los inteligentes, los realmente inteligentes. Ellos también tienen tres enfoques. Si una persona realmente funciona a través de su inteligencia, irá a Krishnamurti o a Ramana. Si es una persona de sentimientos, encontrará algún maestro como Meher Baba. Y si es una persona de voluntad, encontrará un maestro como Gurdjieff.

Pero si has encontrado al maestro no necesitas venir a mí. Cuando encuentres al maestro, no irás a ninguna parte. Tu viaje se habrá completado. Sólo debes seguir buscando si todavía no has encontrado al maestro. Así que diciendo que has estado con éste y con el otro, lo único que demuestra es que todavía no has encontrado. Eso no demuestra que ahora seas mejor, simplemente demuestra que has estado tropezando aquí y allá y que todavía no has encontrado. Simplemente demuestra que echas algo de menos, pero no lo has encontrado. En realidad no es tu currículo, porque este ni siquiera ha comenzado todavía.

Cuando encuentras a tu maestro, se acabó, parada y fonda. Has encontrado la puerta. Entras a través de ella. Ya no vas a ningún otro lugar. Así que, si todavía no has encontrado, todos esos sitios a los que has ido no tienen ningún sentido.

Este hombre visita a Bahuddin y le dice:

«Primero he seguido a este profesor y luego a ese otro».

¿Qué está diciendo? Está diciendo: «Yo no soy un hombre común, soy un gran buscador». Se está presentando a sí mismo y mostrando su currículo. «No deberías tomarme por una persona corriente. Yo soy un gran buscador, un gran devoto. He estado con tal y cual maestro». Ésa es su idea. Pero él no conoce a Bahauddin, él no sabe lo que Bahauddin pensará de esto.

«Después he estudiado esos libros, y luego aquellos».

Algunos incluso enumerarán los libros que han leído.

Precisamente hace unos días recibí una larga lista de alguien con un puesto muy elevado en Nepal. Me manda una lista de libros: «He leído estos libros. ¿Cuál es tu opinión?». ¿Por qué debería yo tener una opinión acerca de los libros que tú lees? «Si tú crees que falta algún libro, ¿podrías sugerir...?», me pregunta. Yo he sugerido que queme todos los libros. Los libros no servirán de nada. Pero por la forma de escribir la carta, él se sentía muy importante; como si hubiera estado haciendo algo grande, como si le hubiera hecho un servicio a toda la existencia leyendo esos trescientos libros. Debe haber adquirido muchos conocimientos y, con los conocimientos, ego.

«Siento que aunque no sé nada de ti y de tus enseñanzas, esta experiencia me ha estado preparando poco a poco para aprender de ti».

Fíjate que tontería. Él dice: «Aunque siento que no sé nada de ti ni de tus enseñanzas, la experiencia de ir a un profesor y otro, y el estudio de estos libros, poco a poco me han preparado para aprender de ti». Él no sabe lo que Bahauddin puede enseñar; porque un maestro no tiene nada que enseñar. Un maestro destruye todas las enseñanzas. Un maestro retira todo lo que has aprendido; un maestro ya no tiene nada que darte para aprender. Él te introduce en un proceso muy diferente: el proceso de desaprender. Un profesor enseña. Un profesor te da mucho para aprender. Si quieres aprender, ve a un profesor; si quieres desaprender, ve a un maestro. El maestro te quita todo lo que tú sabes. Tiene que ser muy destructivo, porque sólo cuando se destruya todo lo que no sirve te será posible renacer.

El Shah contestó: «Nada de lo que has aprendido en el pasado te servirá aquí».

Tiene que haber sido un trauma para el gran buscador. Bahauddin dice: «Nada de lo que has aprendido en el pasado te servirá aquí». Nada, incondicionalmente. Él dice: «Nada de lo que has aprendido en el pasado te servirá aquí, porque nosotros no ayudamos a aprender. Aquí ayudamos a desaprender. Así que tienes que abandonar todo lo que sabes, independientemente de lo que sea».

Todo lo que sabes. Si un hindú viene a mí, tiene que abandonar sus Vedas; si un musulmán viene a mí, tiene que abandonar su Corán; si un budista viene a mí, tiene que abandonar su Dhammapada; si un cristiano viene a mí, tiene que abandonar su Biblia. No importa qué es lo que tenga que abandonar, porque tiene que abandonar todo lo que lleve con él.

Hay que deshacerse del condicionamiento. Quién ha causado el condicionamiento no es la cuestión. La mente tiene que llegar a un punto en el que pueda sentir un descondicionamiento; una libertad que traiga una visión, unos ojos que ya no están turbios con conceptos. La vida es muy colorida; las teorías son muy grises. Cuando tus ojos están llenos de teorías no puedes ver el color de la vida. La vida es nueva a cada momento, las teorías son siempre viejas. Cuando tus ojos están llenos de lo viejo, no puedes ver lo nuevo. La vida es muy, muy silenciosa; las teorías no pueden ver lo nuevo. La vida es muy, muy silenciosa; las teorías son clamorosas, ruidosas. Las teorías crean un mercado en tu cabeza y la vida es muy meditativa. A través de las teorías no podrás contactar con este eterno silencio.

Y déjame decirte —puede parecer paradójico pero es así—: incluso si escuchas sonido en la vida, será el sonido del silencio. Sólo el hombre hace ruido. Estos pájaros cantan silencio; estos árboles cantan silencio; estos ríos que se apresuran hacia el océano cantan silencio. El sonido no contiene ruido. Sí, hay sonido, pero el sonido nace del silencio. El sonido no contiene ruido. Sólo el hombre es ruidoso, charlatán. Ha sido el hombre quien ha introducido el lenguaje en la existencia; y con las palabras lo ha perdido todo. Se ha perdido en la jungla del lenguaje.

Un maestro te ayuda a quemar toda esa jungla de lenguaje. Te lleva a un espacio no-lingüístico.

Por eso Bahauddin dice:

«Nada de lo que has aprendido en el pasado te servirá aquí. Si te quedas con nosotros, tendrás que abandonar todo orgullo por el pasado. Lo cual es una forma de autofelicitación».

Bahauddin puede parecer muy duro. Uno siente que debería haber sido un poco más cortés con ese pobre hombre. Pero los maestros son duros; no pueden ser corteses contigo. No pueden seguir la cortesía ordinaria.

Tienen que ser rudos porque sólo te pueden conmocionar a través de la rudeza. Y sólo cuando estás conmocionado estás alerta. Sólo a través de la conmoción, poco a poco, te vas volviendo alerta.

Gurdjieff solía decir que la gente ha creado «absorbedores de conmoción» y los ha puesto a su alrededor. La cortesía es uno de esos absorbedores de conmoción. Es como un amortiguador. Te sientas en un automóvil, el automóvil tiene varios amortiguadores. Esos amortiguadores son útiles, absorben los baches. La carretera puede estar en mal estado, pero tú no sientes toda la brusquedad de los baches. Los trenes tienen topes, entre dos vagones hay topes. Si ocurre algo, esos topes absorben el choque.

El hombre ha creado muchos topes, muchos amortiguadores, muchos absorbedores de la conmoción. Cuando ves a alguien, cuando te encuentras con alguien en la calle, dices: «¡Hola! ¿Cómo estás? Buenos días». Eso es un amortiguador. Puede que no te encuentres bien. Puede que no te apetezca encontrarte con esa persona por la mañana temprano, pero tienes que decir: «Buenos días», tienes que decir: «Me alegro de verte». Eso es un amortiguador para ocultar el hecho real. Y el otro también dice: «Me alegro de verte». Ambos se sienten mal al verse. No se están viendo el uno al otro para nada, están eludiendo. Simplemente están soltando esas palabras para eludir una situación tensa, para eludir y suavizar una situación incómoda.

Pero el maestro tiene que golpearte para que te vuelvas alerta y despierto. No hay más remedio. Para llegar al despertar tienes que ser conmocionado. Así que el maestro nunca deja pasar una oportunidad. Siempre que tú ocasionas una oportunidad, si puede golpear, golpea. Seguro que golpea. Nunca pierde una oportunidad.

Este hombre debe haber sido conmocionado. Estaba siendo correcto, educado, no le estaba diciendo nada fuera de tono al maestro. Él simplemente estaba diciendo: «He estado con tal y cual maestro y he leído estos libros». Simplemente estaba diciendo: «Soy digno de tu atención. Por favor, puedes aceptarme. Estoy preparado. Todos mis estudios y preparación me han conducido hacia ti». Él no se podía esperar esto. La conmoción tiene que ser inesperada, recuerda. Si te la esperas, no tiene sentido. Si te la esperas, ya estás preparado para absorberla. Sólo cuando no te la esperas, cuando viene de pronto, desde un rincón del que nunca hubieras esperado que viniera, hace efecto en ti; si no es así, te preparas, te pones a la defensiva.

Así que un maestro no puede repetir. No puede utilizar la misma situación una y otra vez de la misma forma. Es diferente con cada discípulo;

porque cuando se convierte en una cosa estereotipada no causa conmoción, la conmoción es necesaria.

Tienes que abandonar el pasado y el orgullo por el pasado. Todo orgullo viene del pasado. Has nacido en una familia muy rica, has nacido en una familia aristocrática, has nacido en una familia muy famosa, has nacido en una familia muy noble. Has estudiado en Harvard, en Oxford o en Benarés. Eres *brahmin*, tu padre fue un gran erudito, tiene muchos títulos universitarios. El orgullo viene del pasado y un discípulo tiene que abandonar el pasado. Cuando abandonas el pasado, el futuro te abre sus puertas. Si te aferras al pasado, estarás mirando atrás. Y eso es lo que estás haciendo; por eso siempre tienes problemas y accidentes. Eres como un conductor que va conduciendo hacia delante y mirando hacia atrás. El accidente es seguro. Si algunas veces no ocurre, es un milagro.

La gente va mirando hacia atrás. Siempre va mirando al espejo retrovisor. Ven el camino que ya han recorrido y no ven el camino que está delante. Y hay que verlo. Si quieres evitar accidentes, tienes que verlo. Uno tiene que estar completamente libre del pasado, sólo así los ojos estarán abiertos al futuro. Recuerda, no se pueden ver las dos cosas a la vez.

El maestro pone el futuro a tu disposición, y eso sólo puede hacerse de una manera: quemando el pasado, por completo. Algunas veces cuando yo digo a mis discípulos «Abandonen el pasado», ellos preguntan: «¿Todo? ¿Por completo? ¿Crees que todo mi pasado es malo?». Lo que están diciendo es que hay cosas buenas que se pueden salvar; las cosas malas se pueden quemar. Pero esa no es la cuestión. Si salvas las cosas buenas, otra vez estarás mirando al pasado no se trata de elegir entre el pasado y el futuro, recuerda. No se trata de tener que escoger lo bueno y dejar lo malo; tienes que dejarlo en su totalidad. Sólo entonces los ojos se volverán hacia el futuro. Y el futuro es potencial, porque el futuro es el futuro.

Bahuddin está poniendo de relieve que decir: «He estado con éste y ese otro profesor, he leído éste y ese otro libro, he estado practicando yoga y haciendo zen, y he estado con Subid y todo eso», no es más que una forma de autofelicitarse. Está golpeado duramente.

El hombre exclamó: «¡Esto es, para mí, la prueba de que tú eres el grande, el real y verdadero maestro!».

El hombre también es extraordinario. Debe haber estado con muchos profesores y puede que algunas veces se haya tropezado con algún maestro. Está intentando vencer a Bahuddin. Fíjate, también para eso tiene un amortiguador. Dice: «De acuerdo, estás intentando golpearme, pero no puedes golpearme. También tengo una defensa para eso». De repente gira. Se pone a la defensiva de una forma muy sutil. Dice:

«¡Esto es, para mí, la prueba de que tú eres el grande, el real y verdadero maestro! ¡Porque nunca antes nadie se había atrevido a negar el valor de lo que yo he estudiado!».

Este hombre es realmente astuto, realmente listo, realmente posee conocimientos. De no haber estado hablando con un hombre de la categoría de Bahauddin, su engaño hubiera podido tener éxito. Si en Bahuddin hubiera habido incluso la más mínima mota de ego, este hombre lo habría engañado, lo habría conseguido.

Ahora parece completamente sincero. «Eso es exactamente lo que ha pasado —ahora veo al verdadero profesor, al verdadero maestro—. Te has atrevido a decir algo así». Normalmente los profesores persuaden. Son vendedores. Lo intentan. Siempre te dan la razón. Dicen: «Bien. Lo que has hecho es lo correcto». No te golpearán tan duramente porque lo que les interesa es conseguir discípulos. No pueden perder un cliente tan fácilmente. Si eres un tendero y un cliente entra en tu tienda, ¿vas a golpearlo? Tienes que persuadirlo, tienes que soportar sus tonterías, incluso tienes que aplaudirlas.

Si vas a un profesor, un profesor corriente, y dices que has estudiado esto y lo otro, él dirá: «Muy bien. Así es como debe ser. Eres un gran alumno». Si dices: «Puedo recitar los Vedas al completo», él dirá: «Muy bien. Entonces ya estás preparado. Así que no tendré que trabajar mucho contigo. Tú ya has hecho la mitad del trabajo». Te hará sentir muy bien.

Recuerda, sólo aquellos que no intentan explotarte en ningún sentido te golpearán. Los que quieren explotarte de alguna forma no podrán golpearte.

«¡Esto es, para mí, la prueba de que tú eres el grande,
el real y verdadero maestro!».

Ahora está elogiando a Bahauddin.

«¡Porque nunca antes nadie se había atrevido a negar el valor
de lo que yo he estudiado!».

Bahauddin dijo: «Ese sentimiento es en sí mismo indigno».

Vuelve a golpear duramente, incluso más duramente.

«Aceptándome tan entusiastamente y sin comprender, te estás elogiando
a ti mismo por poseer percepciones que, de hecho, tú no posees».

«No intentes engañarme», dice Bahauddin. «¿Qué crees que estás haciendo? ¿Crees que me estás elogiando? Te estás elogiando a ti mismo de una forma indirecta. Te estás elogiando a ti mismo, estás diciendo que eres muy perceptivo; y no lo eres. Estás intentando probar que puedes reconocer a un gran maestro cuando está frente a ti. ¿Cómo vas a reconocerlo? Tú estás ciego. Todos tus elogios son banales».

Bahauddin puede ver que el hombre está ciego y, sin embargo, está diciendo: «Tú eres la luz más resplandeciente». «¿Cómo vas a ver?

¿Tú no comprendes y me elogias tan entusiastamente?». Elogiar a un maestro toma su tiempo. Para elogiar a un maestro se necesitan años. Sólo a través de la comprensión... Si elogias a un maestro a través de la comprensión, él lo aceptará. Si sólo lo elogias desde el entusiasmo, no lo aceptará. Sólo puede aceptar tu visión, no tus adulaciones; porque lo único que hace el adulador es adularse a sí mismo indirectamente.

«Ese sentimiento es indigno en sí mismo», dice Bahauddin. «Aceptándome tan
entusiastamente y sin comprender, te estás adulando a ti mismo por poseer
percepciones que, de hecho tú no posees».

De hecho, lo que está diciendo es: «Yo soy alguien por haber reconocido a Bahauddin como un gran maestro».

Ésta es la categoría de un maestro y especialmente de un maestro sufí. Es muy difícil hacerse amigo de un maestro sufí. Es muy difícil poseer su gracia, su *baraka*. Es muy difícil hacerse digno de recibirlo en el corazón. Pero siempre ha sido así; porque si te vuelves digno de recibir a un maestro, habrás dado un gran paso hacia Dios. Te habrás hecho digno de recibir a Dios. Un maestro tiene que desnudarte por completo, porque ante Dios estarás completamente desnudo.

El maestro tiene que ser duro. Ésa es su compasión. Es duro por su compasión. Recuérdalo: cuando un maestro sea duro contigo, reconócelo como un acto de compasión hacia ti. Si no tiene compasión, será cortés. ¿Qué le importa?

Si yo sigo golpeándote despiadadamente en la cabeza, es sólo por una razón: porque quiero ayudarte.

Hace unos días dije algo acerca de la teosofía y una mujer escribió: «Tu comentario fue muy despectivo. La teosofía es una gran ciencia, ha ayudado a mucha gente. ¿Qué hay de Madame Blavatsky? Ella decía exactamente las mismas cosas que tú estás diciendo». Recuerda, yo no critiqué la teosofía, critiqué a esta mujer. ¿Qué tengo yo que ver con la teosofía? Madame Blavatsky no está aquí. ¿Qué sentido tiene? A quien estoy golpeando es a todos los que están aquí y piensan que son teosofistas.

Cuando digo algo en contra de Satya Sai Baba no estoy diciendo nada en contra de Satya Sai Baba. ¿Qué tengo yo que ver con Satya Sai Baba? Nada. Pero estoy golpeando a todos aquellos que piensan que están relacionados con Satya Sai Baba. Recuérdalo siempre. ¿Qué tengo yo que ver con Muktananda? Pobre hombre. Pero cuando digo algo de Muktananda te estoy golpeando a ti. Tienes que recordarlo siempre, porque si no me malinterpretarás.

Cuando Bahauddin le dice a este hombre que abandone todo su pasado le está diciendo: «Toda esa gente con la que has estado en el pasado estaba equivocada». No está diciendo: «Tienes que olvidar todas tus escrituras porque están equivocadas»; no, para nada. Él está sólo diciendo algo muy sencillo: que el orgullo por el pasado es cosa del ego y que un hombre no puede crecer a través del ego. Si quieres crecer, tendrás que abandonar todo el orgullo por el pasado.

Si estás aquí conmigo y quieres quedarte aquí conmigo, medita acerca de esta pequeña parábola. Eso te dará una pista de lo que estoy haciendo aquí y que voy a hacer una y otra vez. Mi martillo siempre estará destruyendo, de mil y una formas. Tu cráneo, tu cabeza. Si realmente te amo, tengo que decapitarte, tengo que destruirte; yo me he convertido en una crucifixión para ti; porque sólo después de la crucifixión viene la resurrección.

Capítulo 5

De la «*robopatología*» a la iluminación

Najrani dijo: «Si dices que 'casi puedes entender', estás diciendo una tontería».

Un teólogo, a quien le gustó esa frase, preguntó: «¿Puedes ofrecernos una analogía de eso en la vida cotidiana?».

«Seguro», contestó Najrani. «Es como decir que algo es 'casi un círculo'».

El hombre todavía no es hombre. Puede llegar a serlo, pero no lo es. El potencial está ahí, pero el potencial tiene que ser realizado. Todavía no es una realidad. Al nacer, sólo hemos nacido a una oportunidad de crecer. El nacimiento en sí no es la vida. Y quien crea que por haber nacido ya es un hombre, se está engañando a sí mismo. Ése es el pecado original. Ése es el único pecado que existe: pensar que ya eres aquello que puedes llegar a ser.

La vida tiene que ser descubierta, creada, realizada. Si no la realizas, sigues siendo, más o menos, una máquina. Ése es uno de los principios básicos del sufismo: el hombre tal como existe es una máquina.

La máquina se ha engañado a sí misma creyendo que es consciente. La consciencia es una promesa, pero uno tiene que explorarla. También es una tarea. La consciencia es una posibilidad pero también se puede fallar. No la des por segura. Todavía no es un hecho. Tú eres la semilla de la consciencia, pero tienes que desarrollarte. Una semilla puede quedarse en semilla y no llegar nunca a ser un árbol, puede que nunca sea capaz de florecer, puede que nunca esparza su fragancia por el mundo, puede que nunca sea capaz de ofrecerse a sí misma a lo divino. También existe esa posibilidad. Y recuerda, muchos fracasan; sólo llegan unos cuantos.

Eso produce cierta ansiedad: que el hombre es una promesa, que el hombre es una aventura, que el hombre todavía no es. En el tipo de persona erróneo produce ansiedad, pero en el tipo de persona correcto produce regocijo.

¿Cómo distingo yo el tipo de persona erróneo del tipo de persona correcto? Los cobardes son el tipo de persona erróneo. En los cobardes produce ansiedad. Sólo con pensar en lanzarse a una aventura, a un peregrinaje a lo desconocido, el cobarde se encoge. Deja de respirar. Su corazón deja de latir. Se vuelve sordo como una piedra a esta llamada, a este reto. Este reto se convierte en su enemigo. Ante él se pone a la defensiva.

Y el tipo de persona correcta para mí es el valiente. Para él esto no supone ninguna ansiedad, al contrario, supone emoción, un reto, una aventura. Dios lo ha llamado. Así que empieza a moverse, empieza a buscar e indagar. Si buscas, hay una posibilidad de encontrar; pero si no buscas, no hay ninguna posibilidad. Si empiezas a moverte, un día u otro alcanzarás el océano, como lo hacen todos los ríos. Pero si el movimiento, el dinamismo, la vida, el cambio, te da miedo, mucho miedo, te convertirás en una pequeña charca. Irás muriendo poco a poco. Te irás volviendo más y más sucio, embotado, estancado. Entonces toda tu vida estará enferma. Entonces tu vida entera será una patología. Y muchos, la mayoría, viven en una especie de patología.

Un pensador moderno, Lewis Yablonski, acuñó la palabra perfecta para esta patología; él lo llama «*robopatología*». Y al hombre que padece esa patología lo llama *robópata*. «Robot» significa máquina, autómata; el que vive una clase de vida mecánica, una clase de vida repetitiva; el que no tiene aventuras; el que lo único que hace es arrastrarse. El que satisface las demandas del día a día pero nunca satisface la demanda eterna, el reto eterno.

Irá a la oficina, a la factoría, volverá a casa, cuidará de su mujer y sus hijos, y hará mil y una cosas —y muy eficientemente—, pero nunca estará vivo, en él no encontrarás vitalidad. Vivirá como si ya estuviera muerto.

Robópata es una palabra preciosa. Los sufíes siempre han hablado de esta patología. Le han dado muchos nombres. Por ejemplo, ellos dicen que el hombre es una máquina. Gurdjieff introduce esta idea sufí en la consciencia occidental. Los sufíes dicen que el hombre está dormido. Los sufíes dicen que el hombre está muerto. Los sufíes dicen que el hombre todavía no es hombre. Los sufíes dicen que el hombre sólo cree que lo es, pero esa creencia es una especie de sueño. Puede que recuerdes que algunas veces sueñas que estás despierto. Sí, es algo que ocurre en los sueños.

Puedes soñarte a ti mismo despierto, puedes creer que estás despierto; y cuando sueñas que estás despierto, sientes como si estuvieras despierto. Sólo cuando realmente te despiertas por la mañana puedes comparar. Entonces te ríes porque es algo ridículo. Los sueños te engañan.

Los sufíes dicen que la gente no está despierta, sólo cree estar despierta. Y la propia creencia es una dificultad para su despertar. Si crees que ya estás despierto, ¿qué necesidad hay de hacer algo al respecto? No tendría sentido. Si un hombre siente que está sano, ¿qué sentido tendría tomar una medicina o seguir cualquier otro tratamiento? ¿Qué sentido tendría pasar por una dolorosísima operación? Él cree que está sano.

Los cobardes creen que están sanos porque le tienen miedo a la medicina, al médico, a la operación, al quirófano. Le tienen miedo a todo, sencillamente viven en el miedo, viven temblando por dentro. Lo único que hacen es protegerse a sí mismos. Toda su vida es una larga historia de protección, de defensa. No tienen tiempo para vivir ni energía para crecer.

Esta «*robopatología*» tiene que ser entendida. Es uno de los fundamentos del sufismo.

Algunas cosas... El *robópata* es una persona cuya patología supone un comportamiento y una existencia robótica. Lo único que tiene de hombre es el nombre. Podría haber sido una computadora. Puede que lo sea. El *robópata* es un humano que funciona insensiblemente, mecánicamente; en pocas palabras, como si estuviera muerto. Un robópata es un autómata. Su estado existencial no es ni siquiera inhumano. No es humano, y, sin duda, ni siquiera es inhumano; porque para ser inhumano antes tienes que ser humano. Su estado existencial sólo puede ser descrito como lo describen los sufíes, ellos lo llaman «*ahumano*». No tiene valor humano, ninguno. No es ni humano ni inhumano, es *ahumano*.

Ésas son las características de la enfermedad. Pondéralas, porque ésas son tus características, las de todo el mundo. A no ser que te ilumines, esas características te seguirán como tu sombra. Podríamos definir la iluminación diciendo que es salirse de la «*robopatología*», hacerse consciente por primera vez, abandonar lo mecánico, dejar de identificarse con lo mecánico, convertirse en un testigo, un estado de alerta, un despertar.

La primera característica es el dormir. Siempre encontrarás al *robópata* durmiendo. Camina, pero camina durmiendo. Habla, pero habla durmiendo. Hace muchas cosas, se ha vuelto muy eficiente haciendo las cosas ordinarias de la vida. Pero obsérvate a ti mismo y a los demás. Tú estás haciendo las mismas cosas una y otra vez. Con el tiempo no hará falta estar alerta con esas cosas, simplemente las harás. No necesitarás prestar atención.

Cuando empiezas a conducir, al principio, durante unos días, tienes que prestar atención. Por eso es tan problemático aprender cualquier cosa, porque para aprender cualquier cosa tienes que salir de tu sueño, aunque sólo sea un poquito. ¿Cómo ibas a aprender si no?

A los *robópatas* nunca les interesan las cosas nuevas. Aprenden unas pocas cosas y se quedan en ese círculo vicioso. Cada mañana es igual, cada tarde es igual. Cada vez que comen o hablan o hacen el amor, es igual. No son necesarios en absoluto. No hacen nada a través de la consciencia, sólo hacen gestos vacíos. Por eso hay tanto aburrimiento en la vida. ¿Cómo vas a mantener la emoción repitiendo las mismas cosas constantemente? Ésa es la primera característica: el dormir.

La segunda característica es el soñar, que es parte del dormir. Un *robópata* sueña constantemente; y no sólo por la noche, también lo hace durante el día. Sueña despierto. Incluso mientras está haciendo algo, en el fondo está durmiendo. Puedes verlo en cualquier momento. Si cierras los ojos y miras dentro, lo que verás será un sueño desplegándose. Siempre está ahí. Es como las estrellas: no desaparecen durante el día, tan sólo se vuelven invisibles porque la luz del Sol es demasiado brillante. Pero las estrellas están ahí, el cielo está tan lleno como por la noche, exactamente igual que por la noche. Cuando se vaya el Sol, volverás a ver aparecer todas esas estrellas de nuevo. No se habían ido a ninguna parte, estaban ahí, esperando que el Sol se fuera.

Los sueños se empiezan a ver por la noche. Esos sueños no desaparecen por el día. Se esconden en lo más profundo del subconsciente porque por el día tú estás ocupado con las mil y una cosas de la vida cotidiana. Puedes verlos en cualquier momento. Cierras los ojos, esperas un momentito y aparece el sueño. El sueño está siempre ahí. Tus ojos están llenos de sopor y tu mente está llena de sueños.

Y la tercera característica es el ritualismo. El *robópata* se queda en los rituales, nunca hace nada verdaderamente de corazón. Él saluda porque tiene que hacerlo o porque siempre lo ha hecho. En su saludo no habrá ni pizca de corazón. Besará a su mujer, pero sólo estará repitiendo un gesto vacío. En su beso no hay beso. Abrazará a alguien, pero sólo la piel y los huesos se tocarán; se mantendrá tan lejano como siempre. No estará ahí. de una cosa puedes estar seguro: él no estará ahí.

El ritual, por su propia naturaleza, carece de creatividad. La persona ritualista nunca es espontánea. Si quieres ser espontáneo, tendrás que estar alerta. La espontaneidad necesita un ingrediente imprescindible, y es la alerta. Si no estás alerta, no puedes ser espontáneo.

¿Y cómo vas a ser creativo? Siendo repetitivo, ¿cómo vas a ser creativo? Incluso los grandes creadores sólo son creativos en raras ocasiones. Incluso los grandes pintores repiten el mismo cuadro una y otra vez, e incluso los grandes poetas repiten el mismo poema una y otra vez.

En raras ocasiones algunas personas crean algo; y esos momentos de creatividad son momentos de dicha espiritual. Por eso la creatividad conlleva tanta dicha. Una persona creativa es una persona feliz; una persona no creativa es una persona desdichada.

Mucha gente viene a mí y me pregunta cómo ser feliz, dónde encontrar la felicidad. No podrán encontrarla a no ser que se vuelvan creativos. La felicidad no les puede ocurrir, sólo les ocurre a almas creativas. Crea algo. Hazte más espontáneo. Abandona las repeticiones. Que cada mañana sea una mañana nueva y que cada experiencia sea una experiencia nueva. No pienses que todo es viejo. Los *robópatas* piensan que no hay nada nuevo bajo el Sol; ¿por qué preocuparse si todo es igual?

En vez de vivir la vida, el *robópata* crea un ritual. Por ejemplo, si reza, reza ritualmente. Aprende cierta oración, y la repite una y otra vez. Va a la iglesia y aprende un ritual. Puede que justo al lado de la iglesia haya un templo, pero él nunca irá al templo. Y a lo mejor el templo es más silencioso. O puede que haya una mezquita y esta sea más silenciosa. Las iglesias están llenas los domingos, porque los cristianos van a la iglesia los domingos; si realmente quieres rezar un domingo, la iglesia es el último lugar. Si quieres rezar, deberías encontrar un templo o una mezquita donde habrá silencio y más Dios. Pero un cristiano no puede ir a esos sitios. Él no está interesado en la oración ni en Dios, él sólo está interesado en cierto tipo de ritual. Ese ritual lo hace sentirse cristiano.

Estos ritualistas causan grandes problemas en el mundo. Luchan. Discuten acerca de cuál es el mejor ritual. Los rituales no son más que rituales; qué más da que el ritual sea bueno o malo. El ritual como tal es malo, feo. La espontaneidad es buena, el ritualismo es malo.

Hace unos días leí una historia... Sedgewick, el hijo mayor de una respetable familia de Boston, una tarde entró en el despacho de su padre y le dijo algo que lo dejó estupefacto. Quería irse a vivir abiertamente con su novio a Beacon Hill.

«¡Diablos!», exclamó su padre. «Nuestra familia llegó aquí con los peregrinos y nunca hemos tenido un escándalo de ese calibre».

«No puedo evitarlo», dijo Sedgewick, «lo amo».

«¡Pero por el amor de Dios, hijo!», le gritó el padre. «¡Él es católico!».

Pues bien, ése es el verdadero problema. Ése es el escándalo. Eso es lo duro para el padre.

La mente ritualista siempre es así. No comprende el verdadero problema. Nunca afronta el verdadero problema. Siempre crea un problema irreal porque es más fácil resolver un problema irreal. Recuérdalo. Te queda la agradable sensación de haberlo resuelto.

Por eso a la gente le encanta resolver pasatiempos, crucigramas y cosas así. Resolver un crucigrama te da la sensación de que has resuelto algo. Es estúpido. Resolviendo un crucigrama no se resuelve nada. Tu vida continúa tan sin resolver, tan complicada y confusa como siempre, pero resolver el crucigrama te da la sensación de que al menos has sido capaz de resolver algo. Aparte de eso, no sirve para nada. La vida es un gran pasatiempo; si quieres resolverlo, resuélvelo.

¿Por qué crear pequeñas, diminutas, nimias, dificultades y pasatiempos para luego resolverlos? Te producen una buena sensación. Te permiten eludir la propia vida. La vida es muy grande y peligrosa. Por otra parte, resolver un crucigrama no implica ningún peligro. Si lo resuelves, bien. Si no lo resuelves, no pasa nada.

La gente se dedica a observar la vida de los demás. Van a ver películas para contemplar los romances de otra gente; van a ver espectáculos de danza, otra gente danzando; van a ver lucha libre, otra gente luchando. Las personas se han convertido en espectadores. Se sienten como si formaran parte de la danza o del romance que están observando, como espectadores, muertos y aburridos. Su vida es nula. Si observas sus vidas, verás que están repitiendo los mismos movimientos una y otra vez.

He oído...

El rabino Greenberg se murió y fue al cielo. Allí sólo había tres personas leyendo bajo una tenue luz. Uno estaba leyendo *Playboy*, otro *Gallery* y el otro *Génesis*.

Entonces decidió ver cómo era el infierno. Llegó a los dominios del Diablo y resultó ser un bar de copas donde sonaba toda clase de música. Había una banda Dixieland de ocho miembros y una banda swing de treinta miembros, y toda la gente estaba bailando.

El rabino Greenberg regresó al cielo y pidió una audiencia con Dios. «No lo entiendo, Señor», dijo. «Aquí en el cielo sólo hay tres personas y las tres están leyendo. Abajo en el infierno todo el mundo está bailando y divirtiéndose. ¿Por qué no podemos tener eso aquí en el cielo?».

Y el Señor contestó: «Yo no puedo contratar a una banda sólo para tres personas».

Si tus supuestos santos están yendo al cielo, el cielo tiene que ser un sitio aburrido. Evítalo. Si por casualidad entras en él, ¡escápate! Si tus mahatmas están yendo al cielo, entonces es mejor elegir el infierno. Allí encontrarás gente un poco más viva; gente que baila, que canta, que está alegre. Si quieres leer el *Playboy*, lo puedes hacer aquí; ¿qué sentido tiene ir al cielo y ponerse a leer el *Playboy*?

Pero ese *Playboy* también es indicativo: indicativo del *robópata*. A él no le interesan las mujeres reales; las mujeres reales son peligrosas. Lo que a él le interesa es la pornografía. Incluso cuando haga el amor con su mujer estará pensando en otras mujeres: actrices, chicas Playboy, cosas irreales, cosas falsas, cosas de plástico. Incluso cuando está haciendo el amor con una mujer real, lo está eludiendo. La gente elude lo real.

Y los pornógrafos y la gente obsesionada con la pornografía son los mismos que van a la iglesia. Es lo mismo. Si hubiera un Jesús real, lo matarías. Pero si Jesús está muerto, lo adoras. Eso es pornografía, pornografía espiritual. La gente adora lo muerto y elude lo vivo; porque con lo vivo tienes que estar vivo, ése es el problema. Con lo muerto te sientes completamente feliz; tú también estás muerto, así que se produce una comunión entre lo muerto y lo muerto. Con lo vivo te sientes culpable, con lo vivo te sientes perdido, con lo vivo te sientes celoso. Con lo vivo sientes que tienes que hacer algo, y tú no quieres serlo. Tú quieres matar el tiempo de alguna forma, pasar el tiempo. Lo que la gente hace es pasar el tiempo.

Y la gente tiene mucho interés por los rituales. Un auténtico orador se dirige al interior; un orador ritualista es simplemente un demagogo. Estar frente a un verdadero maestro es estar frente a la muerte y a la vida; ambas van juntas, siempre juntas. Adorar a un maestro muerto —a un Jesús, a un Buda— no te supone ningún esfuerzo. Puedes inclinarte a los pies de una imagen y seguir igual. Pero para inclinarse a los pies de un verdadero maestro hay que dejar el ego a un lado. Tu ego pondrá mil y una dificultades para que no te inclines, para que no te rindas. Por eso la gente se hace cristiana, hindú, musulmana; todas esas religiones no son más que rituales.

Los robópatas viven una vida de formalidades. Incluso su supuesto comportamiento íntimo y emocional es ritualista y programado. Todas sus actividades son preenvasadas. Nunca hacen nada bajo el estímulo del momento. En el camino de vuelta a casa, van pensando lo que le van a decir a su esposa. Camino de la oficina, preparan lo que le van a decir a su jefe. Siempre están ensayando. Todo es un ensayo. Siempre están preparando algo. Y naturalmente, cuando todo está demasiado preparado, se pierde el momento. No escuchas lo que se está diciendo, no ves lo que está presente. Tú sigues viéndolo todo bajo el prisma de lo que has preparado.

Yo fui profesor en una universidad durante muchos años. Sorprendentemente, los estudiantes solían contestar a preguntas que no habían sido formuladas. Ellos se preparaban los temas que creían que podían ser preguntados. Y, aunque se preguntara otra cosa, respondían lo que se habían preparado.

Y no lo hacían conscientemente, no. Como ya tenían preparada la respuesta, leían la pregunta de forma que se ajustara a la respuesta. No podían permitirse el lujo de leer la pregunta tal como era; eso sería peligroso. Porque a lo mejor el tema que se preguntaba no era el que ellos se habían preparado, que era el único que se sabían. Empezaban a escribir la respuesta inmediatamente; ni siquiera se preocupaban de leer la pregunta. Un ligero cambio en la pregunta y toda su respuesta sería errónea, pero ellos no se daban cuenta de ese ligero cambio.

Y así es como funciona toda su vida.

El *robópata* es muy dogmático. Siempre está aparentando estar seguro acerca de todo. No puede permitirse la duda. La duda produce temblor. Él cree, nunca sospecha; porque si dudas, tienes que investigar. ¿Y quién sabe dónde te llevarán tus dudas? Por eso hay tantos creyentes y tan poca religión en el mundo. Demasiados creyentes. Todo el mundo parece ser creyente: unos creen en su cristianismo, otros en su islam, otros en su hinduismo. Todo el mundo es creyente.

Pero, sin embargo, el mundo es completamente irreligioso; ¿qué está pasando? Con tantos creyentes, el mundo debería estar rebosando religión. Pero ese creer no es confianza, no es fe; es puro dogmatismo. Su único propósito es acallar la duda, reprimir la duda. Cuando hablas con un *robópata*, tienes que estar muy alerta; no debes tocar sus creencias, porque si lo haces se enfadará. No se enfadará contigo. Simplemente se asustará; le estarás quitando el suelo bajo sus pies. Él siempre ha creído que sabía y ahora vienes tú a perturbarlo. A la gente no le gusta ser perturbada. Eso le produce ansiedad.

La gente está muy fija en sus ideas. La vida va cambiando, pero las ideas no cambian nunca. Fíjate... Tú todavía llevas la carga de las ideas que te fueron dadas en la infancia, y esa vida ya no existe. La vida se ha movido, el Ganges ha fluido, ha pasado mucho agua, y tú todavía sigues creyendo en tus creencias de la infancia, conceptos juveniles, infantiles. Sigues cargando con ellos. Por eso la gente no crece.

Un *robópata* es alguien orientado al pasado o al futuro. Nunca está en el presente. El pasado está bien porque ya no se puede hacer nada con él. El pasado está acabado y completo. Así que el *robópata* se siente muy cómodo con el pasado. El pasado está muerto, las cosas ya han ocurrido, ahora ya no se puede cambiar, no se pueden alterar. El *robópata* se siente cómodo con el pasado, y con el futuro puede desear y tener esperanza, pero con el presente se siente muy incómodo, el presente hace que se sienta muy intranquilo. El presente es problemático. El pasado ya pasó, no hay por qué preocuparse por él; ya está establecido. Con el futuro puedes tener esperanzas y puedes establecerlo en tu mente de acuerdo con tus esperanzas. El futuro no te causará problemas. El futuro no te va a decir que eso no es posible. Puedes soñar con ello.

Pero el presente es el espacio más peligroso. Tú quieres una cosa, pero la vida te da otra. Siempre hay conflicto. Tú querías que alguien viniera a recibirte y no vino a recibirte. Si se hubiera tratado de un deseo en el futuro, no hubiera habido problema. El futuro no puede venir y decirte que no. El pasado está establecido, sabes que está establecido. Ya ha ocurrido. Ya no es relevante. Es fácil clasificar el pasado, y el futuro se puede proyectar fácilmente... el problema surge únicamente con el presente.

El presente no te hace caso. Tiene su propio ser. Por eso el *robópata* elude el presente. Y la mejor manera de eludir el presente es orientándose al pasado o al futuro.

Hay dos tipos de *robópatas*; el tipo más antiguo permanece con el pasado y el tipo más moderno permanece con el futuro; el católico se queda con el pasado y el comunista se queda con el futuro. Los llamados religiosos ortodoxos piensan que la edad dorada ocurrió en el pasado, en algún punto lejano, en la prehistoria; y los comunistas y los fascistas piensan que el futuro traerá la utopía, que esas cimas doradas están en algún punto lejano del futuro. Pero no son muy diferentes. Son dos aspectos diferentes de la misma «robopatología». Coinciden en lo fundamental: ambos quieren eludir el presente. Nadie quiere tratar con él, nadie está dispuesto a encararlo.

Y la vida sólo existe cuando encaras el presente. Entonces te vuelves consciente. Cuando empiezas a responder al presente, empiezas una nueva vida. Y la respuesta tiene que estar completamente libre de pasado y de futuro.

El *robópata* vive del pasado. Para él no existe el presente. No hay nada nuevo. La respuesta del *robópata* nunca es adecuada, no puede serlo. No es una respuesta a la situación presente, ¿cómo va a ser la adecuada?

Siempre será inadecuada. Su reacción es tardía. Padece un retraso cultural. Nunca está al día.

Recuérdalo bien, aquí hay mil personas sentadas, no creas que todas están viviendo el mismo momento, no creas que son contemporáneos. Puede que algunos todavía estén luchando en las cuevas diez mil años atrás, retraso cultural. Y puede que algunos estén soñando con el futuro. O te quedas retrasado o saltas adelante, y ambas cosas son erróneas. La única manera de ser auténtico y vital es estar aquí ahora. Éste es el único tiempo y éste es el único espacio. La realidad es aquí-ahora. Todo lo demás es mente. La mente vive en la memoria o en la imaginación. El *robópata* vive en la memoria o en la imaginación, pero nunca en la realidad.

El *robópata* es un conformista. Para el *robópata*, la conformidad es una virtud, el más elevado de los valores. Lo único que le preocupa es cómo conformarse con la gente, cómo formar parte de la multitud, de la masa. Y cualesquiera que sean los valores de la masa, él los sigue. Él es un seguidor, un imitador. Él nunca afirma su individualidad, nunca se rebela. Él es un ortodoxo de pura cepa. Confía en la masa, no en su consciencia. No tiene consciencia alguna. Si tienes consciencia, confías en ella, no sigues a la masa ciegamente.

La masa es la consciencia más inferior. Seguir a la masa es como un ciego siguiendo a otro mucho más ciego que él. Un individuo tiene alguna posibilidad de despertar, la masa no tiene ninguna. Algunas veces un individuo se ha despertado —un Buda, un Krishna, un Cristo, un Mahoma, un Mansoor—, pero nunca se ha oído que una masa se haya iluminado. No ha ocurrido nunca ni ocurrirá. La masa no tiene alma. La masa está absolutamente muerta.

Sólo los individuos viven, pero los conformistas ponen su individualidad por debajo de la masa. Al conformista sólo le preocupa una cosa: cómo convencer a la gente de que está viviendo conforme a sus ideas e ideales de la mayoría, cómo conseguir que la gente tenga una buena opinión de él. Toda su virtud, toda su moralidad, se basa en que los demás tengan una buena opinión de él.

«El comportamiento nuevo o diferente es visto por el *robópata* como extraño y estrafalario. Los raros son despedidos; la originalidad es sospechosa. La tradición es la verdad. La obediencia es su religión. Su meta es ser parte de la masa. Quiere ser anónimo en la masa».

Él no quiere la responsabilidad de ser un individuo; porque para tener responsabilidad hay que tener consciencia. Es muy fácil deshacerse de la responsabilidad cuando formas parte de la masa. Una muchedumbre de musulmanes quema un templo, o una muchedumbre de hindúes mata musulmanes, o una muchedumbre de católicos asesina... Si te incluyes en la masa, no tienes que asumir ninguna responsabilidad. Siempre puedes decir: «Yo no soy el responsable. Los hindúes iban a destruir la mezquita y yo los he seguido porque soy hindú. Pero no tengo responsabilidad individual. Yo no decidí hacerlo. Ya estaba ocurriendo. Yo simplemente estaba allí y tomé parte en ello». Y cuando una muchedumbre quema una mezquita o asesina personas, siempre podrás decir: «Ya lo estaban haciendo. Aunque yo no hubiera participado, hubiera ocurrido; qué más da que estuviera yo o no». Y con esa excusa evitas sentir el aguijonazo en tu consciencia.

Piensa... ¿podrías hacer lo mismo individualmente, tú sólo, por ti mismo? Te lo pensarás mil veces antes de decidir llevar a cabo un acto tan estúpido como quemar una mezquita o matar a una persona. Pero ya se sabe que las masas son capaces de hacer cualquier cosa. A través de los siglos se ha podido observar que los individuos raramente se encolerizan, siempre son las masas las que se encolerizan. En los individuos, la locura es un fenómeno raro, accidental, pero en las masas... la locura es lo más habitual en las masas. Son muchos los crímenes cometidos por las masas; muchos más que los cometidos por individuos.

Recuerda, el *robópata* vive dentro de la masa para no tener que preocuparse por ninguna responsabilidad. De esa forma siempre podrá decir «ellos». Podrá deshacerse de su «yo» en el «ellos». Podrá perderse en la masa, volverse anónimo, desaparecer. Nadie podrá atraparlo. Pero tú eres responsable.

El *robópata* vive preocupado por la imagen. Lo único que le preocupa es su imagen, lo que la gente pueda pensar de él; que crean que es bueno, santo y cosas por el estilo. En realidad no tiene ningún interés en transformar su vida. Él seguirá cualquier cosa que la gente crea aunque sean cosas estúpidas. Se puede ver fácilmente. Si la gente cree que ayunar es bueno, siempre habrá algún estúpido ayunando, porque sólo a través del ayuno pueden llegar a ser santos. Si la gente cree que el suicidio es espiritual, siempre habrá alguien que se suicide. En el jainismo el suicidio es permitido. Si alguien quiere suicidarse, no hay ningún problema, y además se convierte en un gran santo. ¿Por qué? Porque según ellos el mundo sólo es pecado. El hombre que quiere dejar este mundo pronto y rápidamente es un gran santo. Mucha gente se ha suicidado.

En Rusia, antes de la Revolución, había una gran secta religiosa cristiana. En esta secta los miembros solían amputarse los órganos genitales.

Se consideraba un acto religioso. Lo hicieron miles de personas. Las mujeres se amputaban los pechos, y eso se consideraba como una gran virtud.

Ha habido muchas sectas cuyos miembros se azotaban con un látigo. Se suponía que el que se azotaba cada mañana era un gran santo. Y se decidía quien era el más santo por la cantidad de veces que se azotaba al día. Son cosas estúpidas, neuróticas, pero que han ocurrido, que todavía siguen ocurriendo.

He oído...

Un discípulo murió y fue al purgatorio. Al llegar vio a su gurú que iba acompañado de una guapa y exuberante chica rubia. Inmediatamente corrió hacia él.

«Me alegro por usted, maestro», dijo el recién llegado. «Como veo, ya está recibiendo aquí un premio parcial mientras expía sus pecados».

«Ella no es mi premio», susurró el gurú. «Yo soy su castigo».

Tus llamados santos sólo pueden ser usados para eso, para castigar. Son gente fea, gente destructiva, gente estúpida; o son masoquistas o son sádicos, pero en cualquier caso, patológicos. Su único propósito es cómo tener una buena imagen a los ojos de los demás, eso es todo. Si hace falta ponerse cabeza abajo para parecer un gran santo, lo harán. Viven por y para la opinión pública.

Viven según lo ideal, viven para la imagen, no tiene una dirección propia. «No tienen dirección propia en su comportamiento. Lo deciden los demás. El facto definitivo para decidir es la opinión pública. Por eso su comportamiento es dominado por la imagen o por los requisitos de estatus establecidos por la sociedad».

Puedes observar esas características en ti y en los demás. Los *robópatas* son siempre idealistas, nunca realistas. Ellos eluden la realidad. Sus mentes albergan grandes ideas acerca de cómo debería ser el hombre. Nunca aceptan que, de hecho, el hombre es como es; para ellos el «debería» es más importante que el «es». No se dan cuenta de que el «es» es real y el «debería» no es más que imaginación. Ellos viven en el «debería» y albergan en sus mentes ideales imposibles, ideales que no pueden cumplirse, que son inhumanos; pero ellos intentan cumplirlos. Y en ese mismo empeño van volviéndose más y más duros, más y más muertos.

Todos los *robópatas* son perfeccionistas. Nunca están satisfechos. Siempre encontrarán faltas. Intentarán ser lo más intachables posible y siempre encontrarán faltas en los demás. Pues bien, si quieres ser intachable, no puedes ser original. El error viene con lo original. Si quieres hacer algo nuevo, debes aceptar que algunas veces puedes cometer errores. Si quieres ser intachable, tienes que tener una rutina muy pequeña y repetirla tantas veces que se vuelva completamente rígida y así poder hacerla a la perfección.

Ésa es la razón por la que mucha gente vive en el mínimo, no se pueden acercar al máximo. Con el mínimo pueden mantenerse perfectos, pero el máximo representa un peligro; en el máximo puede darse el error. La gente vive una vida muy limitada. Eligen vivir una vida pequeña, pero la vida tiene que ser multidimensional, es la única manera de que la vida sea rica.

El *robópata* en realidad es pobre. Puede tener tanto dinero como el que más, pero es pobre. Su vida es unidimensional. Siempre vive al mínimo, cerca del mínimo. Hace lo menos posible porque así puede ser más perfecto. Si haces muchas cosas, no puedes ser perfecto, como es natural.

El hombre real es rico. Comete muchos errores —por supuesto, nunca comete el mismo error dos veces—, pero se embarca en nuevas aventuras, siempre busca lo nuevo. Está dispuesto a perderse. El perfeccionista no está dispuesto a perderse. No puede aprender porque aprender causa problemas; por eso, como se puede ver, los niños aprenden mucho, los adultos no pueden. Los adultos se vuelven perfeccionistas, se vuelven *robópatas*. Los niños todavía no han sido entrenados para eso; están dispuestos a aprender.

Los niños aprenden deprisa. Los psicólogos han llegado a la conclusión de que un niño aprende más en sus primeros siete años que en el resto de su vida. A los siete años habrán aprendido la mitad de todo lo que aprenderán en toda su vida. Si un hombre vive setenta y siete años, aprenderán la mitad en los primeros siete y la otra mitad en los restantes setenta. Esto parece ser puro desperdicio de la vida.

¿Pero por qué el niño está tan dispuesto a aprender? Porque está dispuesto a cometer errores, no le preocupa su imagen. Él puede intentarlo. Aunque fracase, está dispuesto a fracasar. El que no está dispuesto a fracasar nunca lo intentará.

El *robópata* es necesariamente antialegría, antivida. No sólo es antialegría, es un asesino de la alegría. Si alguien se está divirtiendo, en sus ojos habrá una mirada de desaprobación. Si alguien está cantando y bailando, lo mirará como si estuviera cometiendo un pecado, un pecado grave. No puede aceptar la risa. La risa le parece un sacrilegio. Lo que él quiere es que todos estén serios y tengan caras largas. Lo que él quiere es que todo el mundo sea seriamente desdichado. Ésta es su idea de un hombre adulto. Eso no es un hombre adulto, en realidad es un estado patológico, enfermizo.

El hombre verdadero tiene la capacidad de reírse y la capacidad de llorar. El hombre verdadero tiene la capacidad de ser feliz y la capacidad de ser desdichado. Incluso en su desdicha hay cierta vida. Esos *robópatas* son desdichados, pero incluso su desdicha es aburrida, mortecina y mecánica. Su desdicha carece hasta de latido.

Recuérdalo, y evita cualquier idea que te haga antivida.

El padre Sullivan estaba terriblemente ocupado y le confesó al psiquiatra que estaba al borde de un ataque de nervios.

«Lo que necesita», dijo el doctor, «es romper por completo con su vida cotidiana. Póngase un traje y dese una vuelta por —bueno— un club de alterne».

Esa noche, con cierto recelo, el sacerdote siguió el consejo. Se sentó en el rincón más oscuro del club hasta que una camarera vino a su mesa. «¡Hombre, hola, padre!». Exclamó ella.

«¿Cómo... cómo te has dado cuenta de que soy sacerdote?», preguntó el clérigo.

«¿No me reconoce, padre?», dijo la chica sonriendo. «Soy la hermana Natalie. ¿Cómo está nuestro psiquiatra?».

El mismo psicoanalista los había mandado a ambos. Ella pregunta: «¿Cómo está nuestro psiquiatra?».

Uno de los mayores problemas a los que se enfrentan los terapeutas es cómo ayudar a la gente a ser más amantes de la vida, más afirmativos respecto a la vida; porque cuando afirmas la vida estás relajado, cuando empiezas a disfrutar la vida empiezas a estar vivo. La danza volverá a tus pies y la canción a tu corazón; y de nuevo volverán a ocurrir cosas.

La gente viene a mí —esa gente antivida— y me pregunta: «¿Qué clase de *ashram* es éste? La gente baila, canta, los hombre y las mujeres van cogidos de la mano; ¿qué clase de *ashram* es este? Puedo entender su problema. A lo mejor han ido al *ashram* de Vinoba o al de Shivananda. Los *ashrams* han existido en India durante siglos; *ashrams* vida-negativos donde sólo se reúne gente apagada y muerta, viejos al borde de la muerte, cansados, aburridos, acabados, gente en contra de la vida, en contra de cualquier clase de celebración. Así que vienen con esa idea acerca de los *ashrams*; con la idea de que un *ashram* tiene que tener un aspecto serio. Vienen con una idea preconcebida acerca de los *ashrams*: la idea de que un *ashram* tiene que parecer un hospital.

Esto no es un hospital, esto no es para gente apagada y mortecina, esto no es un cementerio. Esto es un templo donde celebramos —y por medio de la celebración, crecemos tremendamente—; un templo en el que celebramos el simple hecho de que la existencia nos haya dado el nacimiento; un lugar en el que nos sentimos agradecidos por esos pocos momentos, completamente preciosos, que la existencia nos ha dado, por su *baraka*, por su *prasad*. ¿Qué podemos hacer sino expresar nuestra gratitud siendo más amorosos, danzando, cantando? La existencia nos ha dado tanto amor, ¿qué podemos darle a cambio nosotros? ¿Cómo podemos pagar la deuda? Podemos dar este amor a otros seres humanos, a los árboles, a los pájaros, a los animales, al mundo. Tenemos que dar y compartir lo que la existencia nos ha dado a nosotros.

El *robópata* no tiene compasión. Es duro. Es duro consigo mismo y con los demás. Y en los momentos en que la «*robopatología*» llega a su clímax se convierte en un ser no compasivo. La compasión simplemente desaparece para él. No es ni compasivo ni no compasivo; esa virtud simplemente no existe para él. Él simplemente interpreta su papel; correctamente, por supuesto; él sigue órdenes ciegamente, por supuesto. Su mayor virtud es la eficiencia.

«Las actuaciones del *robópata* generalmente no son ni en contra ni a favor de los demás en términos de valores morales personales o principios. Él actúa esencialmente desde el planteamiento del cuál es el comportamiento más conveniente para mejorar o reforzar su estatus o su imagen en el sistema social».

Por eso los que han estado a las órdenes de Adolf Hitler dijeron en el juicio que ellos no eran responsables, que simplemente seguían órdenes. Su deber era obedecer, y ellos hacían su trabajo lo más eficientemente posible. El tipo de trabajo que tenían que hacer no era de su incumbencia.

Al hombre que soltó la bomba atómica sobre Hiroshima, la mañana siguiente le preguntaron cómo se había sentido. Él contestó: «No había nada que sentir. Solté la bomba, cumplí con mi deber, luego cené y me fui a dormir. Y dormí de maravilla». ¿Qué clase de hombre es éste? Cien mil personas habían muerto por su bomba, por su acto; ¿cien mil personas muertas y pudo dormir toda la noche perfectamente sin ni siquiera una pesadilla que lo molestara? ¿Qué clase de hombre es? ¿Y pudo cenar esa noche?

Pero intenta entenderlo. Es un perfecto *robópata*. Él dice: «Cumplí con mi deber»; como tú cumples con tu deber. Tú vas a la oficina y cumples con tu deber. Tú eres un funcionario y tienes que cursar una orden para crucificar a alguien, una sentencia de muerte; tú no sientes nada. Tú simplemente escribes la orden y la mandas a la persona correspondiente para que la firme, luego regresas a casa, cenas, saludas a tu mujer, hablas con tus hijos, un rato de televisión, y te vas a dormir. A ti no te concierne.

La misma respuesta que la de los oficiales alemanes, que cumplieron unas órdenes que resulta difícil de creer que una mente humana, un ser humano, pueda cumplir. Quemar a miles de judíos... pero lo hicieron a la perfección, lo hicieron eficientemente.

El *robópata* no tiene compasión, no tiene sentimientos, no tiene corazón. El *robópata* vive en constante hostilidad porque reprime la ira, el odio; reprime toda clase de emociones. A fuerza de reprimir toda clase de emociones negativas, llega un momento en que la represión de la ira acumulada es tal que la ira toma el mando; no es que esté iracundo con alguien en particular, simplemente se vuelve iracundo. Empieza a discrepar de todo el mundo, aunque no tenga motivos, sólo por antagonismo. El antagonismo se filtra en su sangre y sus huesos, se mete hasta la médula.

«La gente que es incapaz de actuar desde su espontaneidad y su creatividad desarrolla bolsas de venenosa hostilidad reprimida. Se vuelven duros, toscos y densos».

Nunca reprimas, si no estás de camino a convertirte en un *robópata*.

Los *robópatas* son santurrones, siempre se creen mejores que los demás. Lo único que les preocupa es cómo parecer mejor que los demás, cómo estar por encima. Su ego es muy sutil. Son los que se convierten en santos, monjes, *mahatmas*, y son origen de todo tipo de neurosis. Son los que se convierten en políticos, puritanos, moralistas. Están dispuestos a arrojar al mundo entero al infierno. Ellos son los que han inventado el infierno.

Y por último, el *robópata* es un ser alienado. «El *robópata* es alienado por sí mismo, es alienado por los demás, y es alienado por la naturaleza. Es alienado por sí mismo en el sentido de que su ego no es más que una función de demandas rituales. No tiene una autodefinición intrínseca». No sabe quién es, sólo sabe lo que los demás dicen de él. Así que él mismo se aliena. Él nunca se ha encontrado consigo mismo. Nunca ha mirado a su propio ser. Siempre se ha visto reflejado en los ojos de otras personas, siempre ha buscado su imagen en los ojos de otras personas. Nunca ha venido a su hogar. El *robópata* se aliena a sí mismo.

Es alienado por los demás, porque para él los demás no existen como personas, los demás existen como cosas. Su mundo es un mundo de «yo-ello», no es un mundo de «yo-tú». Él nunca tutea a nadie, nunca se enamora, nunca deja que su ego se funda en el ser de otra persona, nunca se acerca lo bastante como para tocarse con alguien. Se mantiene lejano, distante. Se mantiene por encima de los demás.

Y en las pequeñas cosas —no fumar, no beber, no comer eso o aquello—, en esas pequeñas cosas él adoptará una pose de santo.

¿Acaso el no fumar te convierte en un santo? ¿Así de fácil?

¿Simplemente con no fumar? ¿Acaso el no beber te convierte en un santo? ¿Acaso el hacerte vegetariano te convierte en un santo? Yo no estoy diciendo que no seas vegetariano ni que sigas fumando o bebiendo; lo que estoy diciendo es que esas cosas no te convierten en un santo. Las personas que siguen fumando y bebiendo y comiendo —cualquier cosa—, sin compasión en sus corazones, no son más que unos estúpidos. Los que no hacen esas cosas son personas inteligentes, pero no santos. Puede que fumar o beber sea malo para tu cuerpo, pero no es pecado.

Pero esos *robópatas* lo convertirán en un pecado, porque de esa forma es mucho más fácil para ellos ser santos. Siempre pueden decir: «Yo no fumo, yo no bebo, yo no como carne, yo no hago esto y lo otro», e inmediatamente se ponen en un pedestal más alto.

Y naturalmente, cuando no estás en armonía contigo mismo y con los demás, ¿cómo vas a estar en armonía con la naturaleza? Los *robópatas* han estado destruyendo la naturaleza. Son enemigos de la ecología. Y siguen destruyendo la naturaleza. Han borrado casi la mitad de la naturaleza de la faz de la Tierra. Son gente muy destructiva. Son destructivos consigo mismos, con los demás, con la naturaleza; ¿cómo van a conocer a Dios? ¿Cómo van a sentir a Dios? Ni siquiera han sentido a una rosa, ni el canto de un cuco, ni el sonido del río al pasar, no se han emocionado con la sonrisa de un niño, no han visto unas lágrimas de mujer. No han sentido ni su propia existencia.

Esto produce alienación. «Son alienados por los demás, porque normalmente se interactúa con los demás como si fueran objetos, no seres humanos. Objetos que desempeñan un papel, de sirvientes, jefes, empleados, empleadores, doctores, pacientes, etcétera».

Cuando un médico visita a un paciente no está interesado en el paciente como persona, sólo en su papel de paciente. Y tampoco el paciente está interesado en el médico como persona, sólo en su papel de médico. La esposa, el marido, el hijo, el padre, la madre; son todos papeles. A la gente no le importan los demás como personas, no le importa la realidad de la vida de los demás.

El hombre ha vivido hasta ahora en esta *robopatía*, y no puede seguir viviendo en ella.

Tú puedes saltar fuera de ella. Ese salto te hace religioso. Ese salto te lleva a la comprensión, te hace sabio, te hace iluminado.

Ahora esta pequeña historia.

Najrani dijo: «Si dices que 'casi puedes entender', estás diciendo una tontería».

Un teólogo, a quien le gustó esta frase, preguntó: «¿Puede darnos una analogía de eso en la vida cotidiana?».

«Seguro», contestó Najrani. «Es como decir que algo es 'casi un círculo'».

Hay personas que piensan que pueden comprender; quizá no comprenden exactamente, pero sí aproximadamente. Eso no es posible. La comprensión no es gradual, la comprensión es un flash repentino. La comprensión siempre es total, nunca parcial. No es algo que venga en porciones pequeñas, troceado en cubitos. No, la comprensión no es acumulativa. La comprensión no puede ser dividida en partes. Cuando viene, viene como una totalidad. O es o no es. O estás dormido o estás despierto. O estás iluminado o eres un *robópata*. De la «*robopatología*» a la iluminación hay sólo un salto, un salto cuántico.

Pero el *robópata* cree que, aunque quizá no esté tan iluminado como Buda, él también está un poquito iluminado. Esa creencia le ayuda a seguir durmiendo. Quizá no sea un gran meditador, pero está haciendo un poquito de meditación. Puede que no haya conocido a Dios, pero ha tenido algunos destellos. Eso no es posible. La frase de Najrani es una enorme importancia. «Si dices que «casi puedes entender», estás diciendo una tontería». No hay forma de hallarse en un estado de mente de «casi comprensión». Nadie puede conocer la verdad aproximadamente. Una verdad aproximada todavía es una mentira. Es como cuando calentamos agua; a noventa grados todavía es agua. Todavía es agua; caliente, pero la misma agua. Pero al llegar a los cien grados, de repente hay un salto. El agua se evapora. Es un salto cuántico, discontinuo.

No es que al principio el agua se haga un poquito vapor y luego un poco más y un poco más, no. Hasta cierto punto todavía es agua. A noventa y nueve coma nueve todavía es agua, y luego, en un instante, ya no es agua, se ha convertido en vapor. De hecho, decir «en un instante» no es correcto, ocurre sin tiempo. Es momento casi intemporal. Y cuando digo «intemporal», eso es exactamente lo que quiero decir. No pasa tiempo, es repentino. Eso es lo que quiere decir salto cuántico. O comprendes o no.

Me gustaría que quedara claro. La comprensión es indivisible; no es posible dividirla; no se puede tener un poquito más de ella. La preparación para la comprensión es gradual, pero el suceso es repentino, como un rayo. Un momento todo estaba oscuro, al siguiente momento todo es luz;

de golpe. La comprensión no tiene continuidad con la incomprensión, es discontinua.

Por eso te digo que acumulando conocimiento nunca llegarás a ser sabio. El conocimiento puede ser acumulado; puedes saber más o menos. Pero la sabiduría no es acumulativa. Es radical. Es una revolución. Es una explosión: desde lo conocido a lo desconocido, desde lo visible a lo invisible, desde lo material a lo espiritual, desde lo temporal a lo intemporal, desde el tiempo a la eternidad, desde la «*robopatología*» a la iluminación. Se trata de un giro de ciento ochenta grados, sin tiempo alguno; porque el tiempo es lo que pone los grados, la graduación.

El momento de la iluminación es un momento sin tiempo; no deberíamos llamarlo momento porque no lo es. Pero, por limitaciones lingüísticas, tenemos que hacerlo.

Los conocimientos son una cosa y la comprensión otra completamente diferentes. La comprensión está tan lejos de los conocimientos como la ignorancia; se parece más a la ignorancia que a los conocimientos. Está tan vacía de conocimientos como la ignorancia. Pero en la ignorancia hay un deseo de conocimientos; en la iluminación ya no hay deseo; ésa es la única diferencia. La persona ignorante tarde o temprano adquirirá conocimientos, porque hay un anhelo. Quiere tener conocimientos. Sufre por ignorancia. Le duele no saber. Quiere saber.

El hombre iluminado llega a saber que no hay forma de saber, que el misterio es absoluto, que el deseo de saber no tiene sentido, que nada puede ser conocido, que nunca ha sido conocida ni una sola cosa. En ese momento se vuelve inocente. La ignorancia ya no existe, porque la ignorancia sólo puede existir cuando se desean conocimientos. Cuando desaparece el deseo por los conocimientos, también desaparece la ignorancia; uno está absolutamente vacío de ambas cosas, de ignorancia y de conocimientos. Uno está en un silencio total. Todo se para, todo desaparece, y por primera vez hay consciencia, una consciencia total.

Cuando Najrani habla de comprensión se refiere a esa consciencia total. Por eso dice que no se puede tener una comprensión aproximada.

Un teólogo a quien le gustó esta frase preguntó...

Los teólogos son personas que siempre desean más conocimiento. Pregunta:

«¿Puede darnos una analogía de eso en la vida cotidiana?».

«Seguro», contestó Najrani. «Es como decir que algo es 'casi un círculo'».

Un círculo es un círculo o no lo es. No puede haber medio círculo. Medio círculo no es para nada un círculo. Sólo es un arco, una curva, no un círculo. Un círculo sólo lo es cuando está completo. La integridad es intrínseca a la propia idea del círculo. Sólo un círculo completo es un círculo, y sólo la comprensión absoluta es comprensión.

Por esa razón no hay forma de comparar a Buda, Mahoma, Mansoor, Cristo, Lao Tse, Zaratustra; no hay forma. No pueden ser comparados; todos ellos son círculos y todos están completos. No se puede decir que buda sea más círculo que Zaratustra, o que Zaratustra sea más círculo que Lao Tse. En lo que a la iluminación se refiere, ni puedes usar las palabras «más» ni «menos». La iluminación nunca es más o menos.

La gente me pregunta a menudo: ¿Quién está más iluminado, Buda o Mahavira? Están formulando una pregunta absolutamente estúpida. Nadie está más iluminado. Cuando uno está iluminado, el más y el menos han desaparecido. Cuando uno está iluminado, todas las comparaciones han desaparecido.

¿Cómo pueden dos ausencias ser más o menos? En una habitación en la que no estamos ni tú ni yo, ¿puede mi ausencia ser más que tu ausencia? Cuando yo no estoy en la habitación, la habitación está tan vacía como cuando tú no estás en la habitación. No puede ser que cuando yo no esté en la habitación la habitación esté más vacía y cuando tú no estés en la habitación esté menos vacía. Las ausencias no pueden ser más o menos.

Los egos pueden ser más y menos; la ausencia de ego no puede ser más o menos. Recuérdalo. Es una frase tremendamente importante.

La comprensión es un relámpago. Puedes prepararte para élla, pero mientras te preparas permaneces ignorante. Permaneces ignorante hasta el último momento. Y entonces de repente todo ha desaparecido. Y ocurre sin que haya ningún proceso, sin que pase ningún tiempo. Es algo completamente intemporal.

Y la última cuestión... Recuerda, en el mundo ha habido dos escuelas: una enseña el crecimiento gradual, la otra enseña la iluminación repentina. Y ambas son correctas; porque los que enseñan el crecimiento gradual sólo están hablando de preparación, de calentar el agua; y los que están hablado de la iluminación repentina, están hablando de lo último, cuando el agua ha llegado a los cien grados.

Ambas son correctas y no hay conflicto ni necesidad de crear ningún conflicto. Son absolutamente correctas, ambas y ambas juntas. Una pone el énfasis en la preparación; es verdad, porque ¿qué sentido tiene hablar de la iluminación repentina si no estás preparado? ¿Qué sentido tiene hablar de la evaporación si estás frío, bajo cero?

Primero caliéntate, por lo menos témplate, empieza a dirigirte hacia el punto de los cien grados. Los que hablan del crecimiento gradual simplemente se refieren a que la preparación tendría que ser gradual.

Y aquellos que hablan de la iluminación repentina están hablando de lo último. Dicen: «¿Por qué hablar de crecimiento gradual?». Hoy es el día perfecto. Eso es aceptado, se da por hecho. La verdadera cuestión es lo último: cuando ocurre, ocurre de una forma total. Simplemente te borra por completo. Tú desapareces, y luego aparece la comprensión».

Eso es lo que Najrani le dijo al teólogo, porque los teólogos son personas que pertenecen al mundo de los conocimientos, son personas que siempre piensan en términos de acumulación, de adquirir más conocimientos, de poseer más virtud, de poseer más de esto y lo otro; sus mentes son siempre avariciosas. Piensan en términos de grados, pero la comprensión es un estado de no-mente.

Si he hablado largo y tendido acerca de la «*robopatología*», es por una razón: porque es ahí donde tú estás. Y a no ser que salgas de tu «*robopatología*» nunca conocerás la bendición llamada comprensión, iluminación, nirvana.

Capítulo 6

Esta experiencia de infinita mutualidad

Un día, estando Rabiya sentada entre un grupo de contempladores, vino Hassan y le dijo: «Yo tengo la capacidad de caminar sobre el agua. Ven, vayamos juntos a aquel lago y llevemos a cabo nuestra discusión espiritual sentados sobre el agua».

Rabiya contestó: «Si deseas separarte de esta augusta compañía, ¿por qué no te vienes conmigo, volamos, nos sentamos flotando sobre el aire y hablamos?».

Hassan repuso: «Yo no puedo hacer eso, porque el poder que tú mencionas no se encuentra entre los que yo poseo...».

Rabiya dijo: «Tu poder de flotar sobre las aguas es cosa de los peces. Mi capacidad de volar por el aire es cosas de las moscas. Estas habilidades no pertenecen a la verdad real; puede que sean la base de la autoestima y la competitividad, pero no de la espiritualidad».

Los juegos del ego son muy sutiles. Y si uno está intentando abandonar al ego se vuelven más sutiles todavía. Y si uno ha decidido abandonarlo definitivamente, entonces el ego puede utilizar su última estrategia para protegerse a sí mismo que es fingir que ha desaparecido, disfrazarse de modestia, de humildad; de manera que «Ahora no hace falta luchar contra mí, yo no existo en absoluto».

El ego es uno de los problemas básicos que el hombre tiene que afrontar, porque si no nunca podrás deshacerte de él. Hasta que no te deshagas del ego no tendrás ninguna posibilidad de encontrarte con Dios. El ego funciona como una barrera entre tú y la realidad.

El ego funciona como una barrera porque es una de las cosas más irreales que existen. El ego no es una realidad, es una ficción. Se mantiene por medio del condicionamiento, de la hipnosis; se mantiene con mil y un apoyos. Es una ficción, porque la existencia es una. No puede tener millones de centros, sólo puede tener uno.

¿Qué es el ego? El ego es la idea de que «yo soy el centro del universo». Eso es el ego —simplificando al máximo—, la idea de que «yo soy el centro del universo». Es imposible que el «yo» sea el centro del universo, pero todos y cada uno tienen la idea de que «yo soy el centro del universo».

Otra de las cualidades del ego es que separa, el ego es una ficción que te separa de la totalidad. Te hace creer que eres independiente, que eres una isla. Y no lo eres. La existencia es un vasto continente, infinito. No hay islas. Tú no estás separado ni eres independiente.

Y recuerda, cuando digo que tú no eres independiente, no estoy diciendo que seas dependiente; porque la propia idea de la dependencia, de nuevo, introduce el ego. No hay nadie que sea independiente ni nadie que sea dependiente. Vivimos en interdependencia, en existencia mutua, en mutualidad. Somos parte los unos de los otros, miembros los unos de los otros. Los árboles penetran en ti, las rocas penetran en ti, los ríos penetran en ti; y tú penetras en los ríos, en los árboles, en las rocas. La estrella más remota está conectada contigo. Y cuando pestañeas, cambias la cualidad de toda la existencia. Todo está infinitamente interconectado. Entretejido. Nadie está separado.

Así que nadie puede ser independiente ni nadie puede ser dependiente. Independencia y dependencia son las dos caras de una misma moneda llamada ego. La persona real no es ninguna de esas dos caras. La persona real no existe como persona. No tiene fronteras. Existe como Dios, no como persona.

Hace unos días alguien me preguntó: «¿Qué significa *Bhagwan*? Significa experiencia de interdependencia. Significa experiencia de infinita mutualidad. Significa unidad con el todo. Significa: «Yo ya no estoy separado». Y si ya no estoy separado, yo no existo, porque yo sólo puedo existir si estoy separado. No es posible existir sin estar separado.

Por eso el ego crea, por un lado, separación y, por el otro, ansiedad, miedo: miedo a la muerte. La muerte no existe. ¿Cómo va a existir la muerte si yo soy uno con el todo? El todo nunca ha muerto, el todo siempre ha existido y siempre existirá.

El océano nunca muere. Sólo las olas vienen y van. Si la ola piensa que está separada del océano, padecerá una gran ansiedad. Porque entonces la muerte se está acercando; tarde o temprano, llegará. Está en camino. De ahí el miedo, la ansiedad... pero si la ola sabe que «no estoy separada, ¿cómo voy a morir? Para morir tienes que estar separado. Si soy una con el océano, ¿qué importa que exista como una ola o no? Lo que existe en mí es el océano. Estaba cuando yo llegué y seguirá estando después de que yo me haya ido. De hecho, yo nunca vine y nunca me fui, sólo fue una manifestación del universo»; entonces la muerte y el nacimiento desaparecen. Porque si no, el ego crea el miedo de que «me voy a morir» y vives constantemente con el corazón en vilo.

Nunca puedes estar cómodo con el ego. Tu angustia no es más que tu ego. «*Bhagwan*» no significa lo mismo que la palabra «Dios» —que ha sido ensuciada con asociaciones incorrectas—. *Bhagwan* significa la experiencia de la unidad, la experiencia de que «entre mí y el todo no hay una pared», de que «yo no tengo límites», de que «yo no existo, lo que existe es el todo». Si sientes las limitaciones, estás limitado, eres pequeño. Esas limitaciones te producen dolor, angustia: ser tan limitado, tan pequeño. Así que quieres hacerte grande.

Observa el mecanismo del ego. Primero te hace sentir muy pequeño; provoca una especie de inferioridad haciéndote sentir: «Yo soy tan pequeño y el mundo es tan grande, tengo que ser grande; grande en dinero, grande en poder. Tengo que ser presidente o primer ministro o el hombre más rico del mundo, tengo que ser Alejandro Magno, o algo por el estilo». Porque el ego hace que te sientas limitado y a nadie le gusta sentirse limitado. Entonces surge el deseo de hacerse más grande. Y te vas haciendo grande, pero cuanto más grande te vas haciendo, más egoísta te vas volviendo; porque vas con el ego.

Fíjate en lo absurdo de todo eso. Cuanto más grande te haces, más egoísta te vuelves; empiezas a pensar: «Ahora soy alguien». Y cuanto más egoísta te vuelves, más pequeño te sientes. Parece paradójico: cuanto más grande te haces, más pequeño te sientes. Y por eso el deseo de hacerte grande vuelve una y otra vez. Con el ego nadie puede hacerse grande. Es imposible.

Sólo abandonando el ego uno se hace grande de repente; grande no es la palabra, en realidad uno se hace infinito, porque entonces no tiene ninguna limitación. Entonces tus únicas limitaciones serán las de la existencia, si en la existencia hubiera alguna limitación, pero no hay ninguna. La existencia es ilimitada. No tiene límites ni en el tiempo ni en el espacio. En ambas dimensiones es infinita, infinitamente infinita. Pero no empieces a abandonar al ego. No se puede abandonar porque se trata de una ficción y no de un hecho. Si empiezas a abandonarlo, si empiezas a volverte modesto, si practicas la humildad, seguirás siendo egoísta, aunque de una forma nueva. Empezarás a sentir: «Soy el hombre más humilde del mundo, el más modesto».

Tres monjes estaban hablando. Uno de ellos, el monje trapense, dijo: «En lo referente al ascetismo, nadie puede competir con nosotros». Los monjes trapenses son realmente muy ascéticos; los más neuróticos de todos los monjes cristianos.

El segundo, el monje de otra orden católica, dijo: «Es verdad. Pero con nosotros nadie puede competir en lo referente al conocimiento de las escrituras».

Y ambos miraron al tercero, el monje baptista. Querían que declarara sus buenas cualidades. El monje dijo: «Nosotros no somos nadie en lo referente al ascetismo, ni en lo referente al conocimiento, pero cuando se trata de modestia, nosotros somos los mejores».

¡Modestia... y «somos los mejores»! Así es como funciona el ego. No lo puedes abandonar. Porque no existe, ¿cómo lo vas a abandonar? Sólo se puede abandonar algo que existe. No puedes luchar con él. ¿Cómo vas a luchar con algo que no existe? No lo puedes matar. ¿Cómo lo vas a matar si no existe?

¿Entonces qué se puede hacer? Sólo se puede comprender. Se puede observar su mecanismo: ve cómo funciona toda esta ficción. Una vez que has observado la ficción con todo detenimiento, de punta a punta, de la A a la Z, no es que abandones el ego; en esa misma observación el ego desaparece. De hecho, decir que desaparece no es correcto; nunca ha estado ahí. Te das cuenta de que creías en una no-entidad. Algo que nunca había estado ahí. Es como si alguien te hubiera convencido de que, en la habitación en la que estás, hay un fantasma. Ahora no puedes dormir. No es porque haya ningún fantasma, es por la idea de que hay un fantasma y si te quedas dormido puede haber algún peligro: el fantasma puede saltar sobre ti, puede sentarse sobre ti, te pueden chupar la sangre o algo así. Uno no se puede fiar de los fantasmas. Uno nunca sabe lo que puede hacer un fantasma. No puedes dormir, no te puedes arriesgar a dormir.

Y cuanto menos duermes, más cansado te sientes, y más vas aumentando tu creencia en el fantasma; porque cuanto más débil te vas sintiendo, más fuerte se va volviendo el fantasma. A mitad de la noche, cuando todo el mundo se ha dormido y todo está en silencio, sentirás más miedo; ahora estás absolutamente sólo. Todo el mundo se ha quedado dormido. Hasta el tráfico se ha parado. Ahora no hay nadie. Si el fantasma viene, tú estás sólo. Aunque grites, nadie te escuchará. Ahora será peor. Una ratita que haga ruido al pasar, el piar de un pájaro desde un árbol, una hoja muerta arrastrada por el viento en la calle; ¡con eso es suficiente! Puedes perder toda tu lucidez.

Y desde el principio no había nada. Tú lo has creado todo. Te has metido en una idea y la idea se ha convertido en realidad. Pero no tienes que luchar con el fantasma, sólo tienes que darte cuenta de que el fantasma no existe. Sólo tienes que comprender. Tienes que ver el mecanismo: cómo te está manipulando la idea del fantasma. Y no es más que una idea: tu idea.

Con el ego pasa exactamente lo mismo. El ego es un fantasma. Es irreal. Es completamente irreal. Pero se ha arraigado profundamente en ti por ciertas razones. La primera es porque la sociedad lo necesita. Si no creara una especie de ego en ti, tú serías peligroso. Pero a través del ego puedes ser manipulado. Piénsalo —si no tienes ego alguno, nadie puede asustarte—, es imposible. Porque entonces tú no tienes muerte alguna. Y la muerte es lo único que puede asustarte.

Por eso Jesús no tenía miedo, Mansoor no tenía miedo. Muchos sufíes han sido asesinados. Cuando Mansoor estaba siendo crucificado, se reunieron cien mil personas para verlo. Alguien le preguntó —porque él estaba riéndose, riéndose como un loco—, alguien le preguntó: «¿Mansoor, te has vuelto loco? Estás siendo crucificado, ¿de qué te ríes? Esto es la muerte. ¿Es que no te das cuenta?».

Y Mansoor contestó: «Eso es lo que me hace gracia. Están matando a alguien que no existe. ¡Resulta tan ridículo que me causa risa!». Es como si alguien estuviera matando a una ola. Puede que la ola desparezca, ¿pero cómo vas a matar a una ola? Estará en el océano, aún estará ahí, igual que antes. Sólo ha desaparecido la forma, pero la forma no importa. Mansoor dice: «Están intentando matar a alguien que, en primer lugar, no existe, por eso me estoy riendo».

Muchos sufíes han sido asesinados y han aceptado la muerte con mucha dicha. ¿De dónde procede esa dicha, ese valor?

No se trata del valor del soldado. No, para nada. Es el valor de un hombre que se ha dado cuenta de que el ego no existe, de que «yo no existo, así que ¿cómo vas a matarme?». El valor de un soldado es diferente al valor de un santo. El valor de un soldado es un valor que mantiene con esfuerzo;

en el fondo tiene miedo, en el fondo está temblando como un niño. Pero ha sido entrenado durante años para ser bravo. Ha sido entrenado para ser bravo en el ejército; la bravura es una actitud entrenada. Ser bravo es un hábito suyo. Pero en el fondo anida la sospecha, en el fondo anida el miedo. Incluso los mejores soldados sienten miedo. Es natural.

La diferencia entre el soldado bravo y el cobarde no es el miedo; la diferencia es sólo que el soldado bravo va a la guerra, al frente, a la muerte, al fuego, a pesar del miedo. El cobarde no puede ir. Huye. Pero el miedo anida en ambos. El bravo sólo tiene una idea de bravura. Ha sido condicionado. Su ego ha sido reforzado de tal manera que tenga que ser bravo. Huir va en contra de su ego; escapar va en contra de su ego; eso es todo. Pero en el fondo está temblando como una hoja bajo una tormenta.

El valor de un santo es completamente diferente. No tiene nada que ver con el valor de un soldado. El santo sabe que no existe, así que ¿cómo vas a matarlo? Sabe que la muerte no existe porque nunca ha habido un nacimiento. Se ha deshecho de la falacia del nacimiento y con ella también ha desaparecido la falacia de la muerte. Se ha deshecho de la falacia del ego y con ella han desaparecido todas las otras falacias. Todas las otras falacias se sustentan de la falacia básica del ego.

¿Y cómo se deshace uno de él? Simplemente, observando sus caminos, cómo viene. Lo sacas por un lado, lo empujas por una puerta, y entra por otra, por la puerta de atrás, de una forma sutil para que no puedas reconocerlo.

La sociedad necesita al ego, la gente sería incontrolable sin él; el Estado lo necesita, si no la gente sería tan rebelde, sería tan auténticamente ella misma, que resultaría imposible producir la esclavitud, producir la «*robopatología*», producir a esos autómatas que se ven caminando por las calles, trabajando en las oficinas, en las fábricas, etcétera. Es una estratagema política.

Y además el «yo» es utilitario. Tienes que referirte a ti mismo de alguna forma. Sería confuso si empezáramos a usar nuestro nombre para referirnos a nosotros mismos.

Swami Ramateertha, un místico hindú, solía hacerlo. Él nunca usaba la palabra «yo», se llamaba «Ram» a sí mismo; ese era su nombre. Si estaba enfadado, decía: «Ram está muy enfadado».

Pero eso causó ciertas dificultades. La gente se empezó a preguntar: «¿Quién será ese Ram? ¿De quién estará hablando?».

Una vez, causó ciertas dificultades. La gente se empezó a preguntar: «¿Quién será ese Ram?»¿De quién estará hablando?».

Una vez, yendo por Nueva York, lo insultaron. Su aspecto, vestido por completo con ropa de color naranja, debe haber parecido raro en Nueva York; eso ocurrió hace sesenta o setenta años, cuando la gente de naranja no era conocida en absoluto. Fue el primer *sannyasin* que llegó a América. La gente se rio de él, se burlaron de él. Volvió a casa riéndose.

Su anfitrión le preguntó: «¿Qué pasa? ¿De qué te ríes tanto? ¿Qué ha ocurrido?».

Él respondió: «Insultaron a Ram, se burlaron de Ram y Ram lo disfrutó».

«¿Ram?», preguntó el anfitrión. «¿Qué es eso de «Ram»? ¿No es ése tu nombre?».

Se volvió a reír y dijo: «Yo no tengo ningún nombre. No puedo tener ningún nombre. Ni siquiera uso el «yo». Uso «Ram» en tercera persona. Para mí, Ram es tan lejano como para ti. Soy tan testigo de Ram como tú».

Pero eso causaría muchos problemas. No sería factible que todo el mundo empezara a usar su nombre en vez de «yo»; eso causaría confusión. El «yo» es importante, lingüísticamente útil. No hay nada malo en usarlo. Yo no te digo que dejes de usarlo, pero debe quedarte meridianamente claro que no es más que una palabra, útil, pero sin ninguna realidad que la respalde.

De hecho, si yo me hubiera cruzado con Swami Ram le hubiera dicho: «Evitando la palabra «yo» le estás dando demasiada importancia. La estás haciendo muy importante. Y no lo es. No hay necesidad de tenerle miedo. Uno sólo tiene que darse cuenta de que sólo es eso, una palabra, una etiqueta, muy útil, pero sin una realidad que la respalde, sin una sustancia que la sustente. ¿Por qué la evitas? El propio acto de evitarla indica que todavía podría darte miedo. Un poquito de miedo, de que, si utilizas la palabra «yo», puede que el ego regrese. ¿Acaso crees que usando la palabra «yo» estás quitándote el ego? Eso no servirá de nada. El ego también puede venir en tercera persona, Ram. Es muy sutil.

Primero la sociedad necesita crear un ego en ti porque así puede manipularte, dirigirte, muy fácilmente. ¿Cómo ocurre esto? Una vez que se ha creado el ego, se puede manipular al niño. Entonces puedes decirle que tiene que ser el primero de la clase; si no tuviera ego, no podrías provocar la ambición en él. Se reiría de la idea. «¿Por qué el primero? ¿Por qué yo y no otro? ¿Qué hay de malo en que otro sea el primero?».

Los niños pequeños no se dan cuenta porque todavía no tiene la idea cristalizada de los egos. Un niño todavía puede venir de la escuela y declarar felizmente que ha vuelto a suspender. Todavía no ha sido envenenado. Pero tarde o temprano... ¿cuánto tiempo puede sobrevivir sin ser envenenado? Todo el sistema de educación al completo es una argucia sutil para crear ego, por eso tanta competición, tanta ambición; sé el primero, gana la medalla de oro.

Y eso sigue y sigue. No acaba en la escuela, continúa. Hasta los viejos desean premios, condecoraciones, premios Nobel, y cosas así. Todavía son pueriles.

Una vez que la idea de «yo soy» ha entrado en tu corriente sanguínea, todo es posible. Ya te pueden crear el miedo de que si no haces esto perderás, si haces esto otro ganarás. Si haces esto, tendrás éxito; si haces esto otro, fracasarás. La idea del ego hace que la codicia y el miedo al castigo sean posibles. Toda esta sociedad se sostiene en la codicia y el miedo.

Cuando el niño haya aprendido los caminos de la codicia, toda su vida estará tras el dinero, el poder o el prestigio. Estará malgastando su vida en algo absolutamente insustancial. El dinero no es importante, recuérdalo, el dinero sólo es importante porque tú tienes la idea del ego.

Mucha gente abandona el dinero, renuncian al dinero. En India ocurre que la gente renuncia a su dinero piensa que ha renunciado a algo realmente esencial. No significa nada, porque el dinero es secundario. El dinero no gusta por ser dinero, el dinero gusta por el ego. Si tienes un millón de dólares, tu ego se siente henchido. Aunque renuncies al millón de dólares te vayas a los Himalayas, todavía te sentirás ufano pensando: «He renunciado a un millón de dólares. Mucha gente tiene un millón de dólares, ¿pero cuántos renuncian a ellos?». Ahora te sientes incluso más elevado. La misma idea de que muy poca gente puede renunciar a tal cantidad de dinero tan fácilmente agrandará su ego un poco más. Por eso los egos de los que renuncian son muy sutiles.

Si eres el presidente de un país y renuncias, dices: «Ahora voy a hacerme *sannyasin*, me voy a los Himalayas a meditar»; incluso estando en una cueva en los Himalayas disfrutarás con la idea de que nadie lo haya hecho jamás. Estás renunciando a ser presidente de un país; eres el monje más grande del mundo. El ego ha venido, te ha seguido como una sombra. Estará también allí, en la cueva de los Himalayas. No se puede escapar de él tan fácilmente.

El ego es un fenómeno sutil. Para abandonarlo se necesita mucha consciencia. Huyendo no te desharás de él. ¿Cómo vas a escapar de ti mismo? Ten en cuenta que este mecanismo está dentro de ti, no está fuera. Si estuviera fuera, podrías abandonarlo; pero está dentro de ti, se ha hecho parte de ti. Es tu propio estilo. Has vivido con él durante tanto tiempo que no sabes cómo vivir sin él. Así que cualquiera que sea la forma de vivir que escojas, el ego seguirá estando ahí, escondido detrás de ella.

La sociedad lo necesita, el Estado lo necesita, los padres, los líderes, los políticos, los sacerdotes lo necesitan; todo el mundo necesita el ego. El único que no lo necesita eres tú. Tú eres al único que le causa sufrimiento. Sólo por él pierdes el reino de Dios.

Así que tienes que estar muy, muy alerta, porque toda la sociedad, el Estado y todo el mundo están conspirando. Ellos quieren que tú tengas un ego.

Eres tú quien tiene que decidir si quieres o no quieres estar en este asunto. Eres tú quien tiene que ver lo que has ganado hasta ahora estando en este asunto. ¿Cuál es tu ganancia? ¿A qué has llegado?

¿Qué dicha has vivido? Puedes cambiar. Puedes volverte una persona del otro mundo, aunque en realidad no es tan del otro mundo. Puedes decir: «En este mundo no hay nada, este mundo carece de sentido. La muerte viene y se lo lleva todo. Tengo que buscar algún poder eterno». Pero eso también es poder... «El dinero de este mundo no es muy importante. Buscaré alguna otra clase de tesoro que sea eterno, que permanezca conmigo». Lo cual vuelve a ser otra vez egoísmo con nombres nuevos; poder espiritual, poder milagroso.

El supuesto hombre espiritual vuelve a caer en la misma trampa de tres formas diferentes. O bien se vuelve muy erudito, en cuyo caso su ego es el de «yo sé, y sé más que nadie». O bien se vuelve asceta. Se puede torturar a sí mismo, puede ser masoquista consigo mismo. Puede ayunar, puede estar suicidándose lentamente y decirle al mundo: «Soy el más grande de los *mahatmas*. Mira, he renunciado a todo, incluso a mi cuerpo».

Y la tercera forma de empezar a usar la energía psíquica como poder. Puede hacerse traficante de milagros. En la psique hay grandes energías. Se pueden desplegar todas. Y cuando empiezas a entrar de lleno en la meditación profunda, empiezan a desplegarse. El verdadero hombre espiritual no las usará en absoluto, porque sabe que se trata de una trampa, una trampa que te llevará de vuelta al lodo del mundo. Un verdadero hombre espiritual nunca utiliza ningún poder. Si alrededor de un hombre verdaderamente religioso alguna vez ocurren milagros, ocurren por sí solos. Él no es un hacedor.

Un hombre fue a ver a Jesús, tocó sus vestiduras y se curó. Quería darle las gracias a Jesús. Estaba agradecido, había estado enfermo durante años y los médicos le habían dicho que para su enfermedad no había remedio alguno; y ahora estaba perfecto. No se lo podía creer. Se postró a los pies de Jesús dándole las gracias y Jesús dijo: «Hombre, no es a mí a quien tienes que estarle agradecido. Dale las gracias a Dios. En realidad, date las gracias a ti mismo; lo que te ha curado ha sido tu propia fe. Yo no tengo nada que ver en ello».

Ésta es la calidad del verdadero hombre espiritual; si algo ocurre, él no es el hacedor. Es cierto que los milagros ocurren, pero no son hechos por nadie. Y cuando una persona empieza a hacerlos —como Satya Sai Baba y su gente—, cuando una persona empieza a hacerlos deja de ser espiritual, por completo. Ha caído al estatus de mago. Ahora ya no queda en él ni rastro de espiritualidad. De la misma forma que la gente quiere mostrar su dinero, él quiere mostrar sus poderes psíquicos. Pero ahí está el hombre espectáculo, así que pertenece al negocio del espectáculo, tanto como el que más.

Alrededor de un hombre espiritual ocurren milagros, milagros de verdad. Esos milagros no son de verdad —puedes producir ceniza, o un reloj suizo—, esos no son milagros, son trucos simples. Alrededor de una persona verdaderamente espiritual ocurren verdaderos milagros; las personas se transforman, cambian, empiezan a alcanzar nuevos espacios de ser. Las personas empiezan a entrar en nuevas dimensiones de alegría, de vida y de eternidad. Las personas empiezan a ser más amorosas y más compasivas. Empiezan a florecer. Llegan fragancias. Las personas empiezan a danzar. Por primera vez su corazón papita lleno de celebración. Ésos son los verdaderos milagros. Las personas empiezan a sentir que Dios existe, empiezan a confiar en que Dios existe. Empiezan a darse cuenta de quiénes son. Empiezan a perder su somnolencia. Sus ojos empiezan a abrirse. Las personas se vuelven completas, integradas, dejan de ser fragmentarias. Estos son los verdaderos milagros. Y ocurren.

Pero no son hechos; nadie los está haciendo. Si hay alguien que los esté haciendo, el ego todavía está ahí, y con el ego, el mundo; con el ego, toda la oscuridad.

Así que tienes que estar alerta. A nadie le gustaría que pierdas el ego. A tu esposa no le gustará, a tu marido no le gustará, a tus hijos no les gustará; porque una vez que el marido ha abandonado el ego, deja de tener ambición, y a la esposa no le gustará eso. Una esposa quiere que vayas a ganar dinero para comprar casas más grandes cada vez, tener más diamantes, más oro, más dinero en el banco, mayores pólizas de seguro y todo eso.

Cuando pierdes el ego, las ambiciones desaparecen. La ambición ya no te concierne, ya no te empujas a ti mismo a la locura. Por supuesto tendrás salud, ¿pero a quién le importa que el marido esté sano? No padecerás de úlcera, eso está bien, pero a las esposas no les importa si tú tienes úlcera o no. Lo que les importa es tener una casa más grande, dos casas; una en la ciudad y otra en el campo. Les importa más que tengas un yate, que tengas prestigio, poder, tirón. Si padeces de úlcera, es cosa tuya.

Una vez que el ego haya desaparecido, no padecerás de úlcera. La úlcera desparecerá. La úlcera es la huella de la ambición. Puede que desaparezca el cáncer, pero puede que eso sea absolutamente imposible, porque el cáncer es ansiedad crónica. Cuando hay más ansiedad de la que el cuerpo puede tolerar, el cuerpo empieza a dirigirse hacia la muerte. El cuerpo empieza a crear situaciones en las que puede morir fácilmente. El cáncer es un esfuerzo por morir; las cosas se han puesto insoportables, ya no tiene sentido seguir viviendo.

Quieres morir. El cáncer simplemente muestra tu deseo de muerte. Puede que no seas lo bastante valiente como para reconocerlo, pero tu inconsciente te está ayudando a morir fácilmente; por eso no hay cura para el cáncer. El hombre ha perdido la alegría de vivir. Y ha perdido la alegría de vivir por cosas inútiles.

Pero a las esposas lo que les importa es tener casas más grandes, un avión particular; puedes tener cáncer, está bien, te lo puedes permitir. También los hijos son interesados. Volverán loco al padre.

Y también al marido lo que le importa es que su esposa sea guapa; no porque la ame, sino porque ella es un objeto para mostrar, para sacar por ahí. puede alardear de que ella sea la esposa más guapa del mundo. A él, ella no le importa en lo más mínimo. Puede que no le haya visto la cara en muchos años, puede que mientras hace el amor con ella esté pensando en otra mujer, o puede que esté perdido en mil y un pensamientos, pero él quiere que la esposa se mantenga joven, quiere que la mujer se mantenga guapa, que se mantenga atractiva para poder sacarla en sociedad. Ella es algo que ayuda a su ego.

Naturalmente, cuando empiezas a salir con una mujer fea, el ego se siente muy dolido. «¿Así que esto es lo que has conseguido?». No hay ninguna otra cosa de interés; no hay ningún interés en absoluto por la mujer como persona, sólo por la personalidad; y eso también con fines mundanos.

Así son las cosas. Así que si empiezas a abandonar tu ego, nadie te va a ayudar, absolutamente nadie. Todo el mundo estará en contra porque lo que interesa a todo el mundo es que sigas siendo egoísta. Incluso la gente que te enseña a no tener ego; si realmente pierdes el ego, no se sentirán muy bien, porque entonces, ¿a quién van a enseñar ellos a no tener ego? Incluso el sacerdote que enseña a no tener ego se molestará si realmente pierdes el ego. No le gustará la idea en absoluto.

He oído hablar de un perro que era algo así como una especie de predicador. Solía predicar a los otros perros de la ciudad que Dios hizo a los perros a su propia imagen. «Fíjate», solía decir, «incluso la palabra inglesa «*dog*» (perro) se escribe con las mismas letras que la palabra «*God*» (Dios). Fíjate, es Dios a la inversa. Tan sólo cambiando la dirección *dog* se convierte en *God*».

Eso gustaba a los otros perros. Sólo había un problema: el predicador estaba absolutamente en contra de que se ladrara. Los sacerdotes siempre están en contra de algo que es completamente imposible de parar. Para los perros es imposible dejar de ladrar; eso iría en contra de su naturaleza. Ellos disfrutan ladrando, es su dicha, su poesía, su danza, su celebración. ¿Qué otra cosa pueden hacer cuando están felices? Ladrar. Las noches con luna llena ladran. La noche de luna llena es una gran fiesta para los perros. Se vuelven como locos. Es muy hermoso; ¿qué otra cosa pueden hacer?

Él estaba en contra de los ladridos. Los sacerdotes son listísimos para encontrar cosas que no se pueden dejar. Han descubierto el sexo; no puedes dejarlo. Ellos están en contra de él. Han encontrado el gusto, no puedes dejarlo. Están en contra de él. Han encontrado todas esas cosas que son difíciles de dejar. Están en contra de ellas. Tú no vas a dejarlas y ellos seguirán sermoneándote. «¡Déjalos a ellos!».

Sermoneaba día y noche. Cuando oía ladrar a un perro, iba inmediatamente y empezaba a sermonear. Y aunque sabían que tenía razón, los perros estaban hartos de él; ladrar no sirve para nada, ellos también lo sabían, no hacía falta convencerlos. Y además, él era muy lógico.

Pero un día decidieron: «Nuestro líder se ha hecho viejo, nunca le hemos dado ninguna alegría, deberíamos complacerlo y no ladrar aunque sólo sea por una noche». Se trataba del cumpleaños de un gran líder, así que pensaron: «Éste será un buen regalo. Dejémoslo que sea feliz por lo menos una vez. Hoy no vamos a ladrar en absoluto». Y así lo decidieron.

Era luna llena y resultaba muy difícil. Era casi imposible. Estaban tumbados en sus oscuros agujeros, aguantándose las ganas, en posturas de yoga. Reprimiendo, reprimiendo; y cuanto más reprimían, más venían los ladridos a sus gargantas.

El líder salió a dar una vuelta, y al rato se dio cuenta de que no se oía ni un ladrido. Se sintió perplejo. ¿Qué ha ocurrido? Iba a ser un regalo sorpresa, así que nadie le había dicho nada. ¿Qué ha ocurrido?

¿Es posible que los perros hayan cambiado? Empezó a preocuparse. «¿Entonces yo qué voy a hacer? Si realmente han dejado de ladrar, mi negocio se ha terminado. ¿Entonces qué voy a hacer yo?». Siguió caminando. Confiaba en la naturaleza de los perros; tenían que ladrar. Los conocía muy bien. Toda su vida había estado predicando y nadie había dejado de ladrar.

Algunas veces encontraba algunos discípulos que se quedaban un día o dos y luego escapaban diciendo: «Esto es demasiado. No queremos acercarnos a Dios. Por favor, déjanos seguir siendo perros».

¿Pero qué ha ocurrido? ¿Un milagro? Siguió caminando y caminando y se dio cuenta de que no se veía ni a un perro y que no se oía ningún ladrido. Así que no pudo predicar. Se estaba haciendo tarde, ya era medianoche, y por primera vez él mismo sintió una gran necesidad de ladrar. De hecho, no la había sentido antes porque nunca dejaba de hablar —por la mañana, por la tarde, por la noche—, así que no le quedaba energía para ladrar. Era la primera vez que no se había encontrado ni a un sólo discípulo al que predicar.

La energía se va acumulando, y surge una gran necesidad de ladrar. Él mismo se sorprendió porque no había ladrado desde hacía muchos años. Casi había olvidado cómo se ladraba. Sintió una gran emoción. Pensó: «No hay ningún perro alrededor, ¿por qué no intentarlo? ¿Qué hay de malo en ello?», y toda esa clase de pensamientos que nos vienen a todos. «Por una vez no pasa nada. No puede ser un pecado tan grande. No todos los perros van al infierno». Él sabía que era algo natural, pero había vivido una vida tan desnaturalizada, la vida de un sacerdote.

Así que se fue a un oscuro rincón de la calle y empezó a ladrar. De repente hubo una gran explosión en toda la ciudad. Todos los perros empezaron a ladrar. Todos estaban bullendo por dentro. Pero pensaban que el que había roto la promesa había sido uno de ellos; no podían pensar que el sacerdote haría una cosa así. Sería imposible. Lo conocían desde hacía años. Pero de todas formas, alguien había roto la promesa, así que ya no hacía falta reprimirse. Toda la ciudad explotó en ladridos. ¡Una explosión como nunca había habido!

Entonces salió el líder y empezó de nuevo a predicar que eso no estaba bien: «Lo único que nos impide ser los reyes del mundo son los ladridos; si no ladráramos, seríamos los reyes del mundo. Eso es lo único que destruye nuestro potencial».

A los sacerdotes que predican que abandones el ego no les gustará mucho que lo abandones, porque en el momento que abandones tu ego estarás más allá del control del sacerdote.

Así que si tomas esta dirección tendrás que hacerlo tú sólo, completamente sólo. Nadie te ayudará, todo el mundo estará en contra de ti. Pero a no ser que comprendas que el ego es tu infierno, no puedes ser feliz.

Ahora esta bonita historia.

Un día, estando Rabiya entre un grupo de contempladores,
vino Hassan y le dijo...

Rabbí al-Adabiya es una de las mujeres más raras en la historia de la humanidad. Sólo unos pocos nombres pueden estar a la altura de Rabiya, pero aun así, ella es rara, incluso entre esos pocos nombres: Meera, Teresa, Laila. Y esos son todos. Pero aun así, Rabiya es rara. Ella es un *kohinoor*, la mujer más preciosa que haya nacido jamás. Su visión es inmensa.

Hassan también es un místico famoso, pero a un nivel muy inferior. Y hay muchas historias de Hassan y Rabiya.

Un día Rabiya estaba sentada en su cabaña. Era por la mañana temprano, y Hassan vino a verla. Estaba amaneciendo y los pájaros estaban cantando y los árboles estaban danzando. Es una mañana realmente hermosa.

Él la llamó desde fuera: «¿Rabiya, qué haces ahí dentro? ¡Sal fuera! Dios ha dado a luz una mañana espléndida. ¿Qué haces ahí dentro?».

Y Rabiya se rio y dijo: «Hassan, lo de fuera sólo es la creación de Dios, dentro está el propio Dios. ¿Por qué no vienes dentro? Sí, es cierto que la mañana es preciosa, pero, comparada con el creador de todas las mañanas, no es nada. Es cierto que esos pájaros están cantando maravillosamente, pero, comparado con el canto de Dios, no es nada. Eso sólo ocurre cuando estás dentro. ¿Por qué no vienes dentro? ¿Todavía no has acabado con lo exterior, con lo de fuera? ¿Cuándo serás capaz de venir dentro?».

Estas historias son cortas, pero están llenas de significado...

Una tarde andaba buscando algo en la calle en frente de su cabaña. La gente, al verla buscar, se fue reuniendo; la pobre mujer estaba buscando algo. Le preguntaron: «¿Qué pasa? ¿Qué estás buscando?».

Ella contestó: «He perdido mi aguja». Y todos se pusieron a buscar.

Alguien preguntó: «Rabiya, la calle es grande, la noche está empezando a caer, pronto no habrá luz y una aguja es una cosa tan pequeña; si no nos indicas dónde ha caído exactamente, va a ser difícil que la encontremos».

Rabiya dijo: «No preguntes eso. No se te ocurra preguntarlo. Si quieres ayudarme, ayúdame, y si no quieres, no ayudes, pero no preguntes eso».

Todos pararon —todos los que estaban buscando— y dijeron: «¿Qué es lo que ocurre? ¿Por qué no podemos preguntar eso? Si no nos dices dónde ha caído, ¿cómo vamos a poder ayudarte?».

Ella dijo: «La aguja ha caído dentro de mi casa».

Ellos exclamaron: «¿Te has vuelto loca? ¿Por qué estás buscando la aguja aquí si se te ha caído dentro de la casa?».

Y ella contestó: «Porque aquí hay luz. Dentro de la casa no hay». Alguien dijo: «Por mucho que la luz esté aquí, ¿cómo vas a encontrar la aguja aquí si no la has perdido aquí? Lo correcto sería llevar luz dentro de la casa para que puedas encontrar la aguja».

Y Rabiya se rio: «Son muy listos para las cosas pequeñas. ¿Cuándo van a utilizar su inteligencia en su vida interior? Los he visto a todos buscando fuera, y yo sé perfectamente, yo sé por experiencia propia, que lo que están buscando se ha perdido en el interior. Esa felicidad que están buscando la han perdido dentro, y están buscando fuera. Su lógica es así porque sus ojos pueden mirar hacia fuera fácilmente, y sus manos pueden tentar hacia fuera fácilmente —porque la luz está fuera—, por eso están buscando fuera». «Si realmente son inteligentes, usen su inteligencia. ¿Por qué están buscando la felicidad en el mundo exterior? ¿La han perdido allí?».

Se quedaron muy pasmados y, entrando en su casa, Rabiya desapareció.

Hay muchas historias como esta, con una visión inmensa. Ésta también es una bella historia.

Un día, estando Rabiya entre un grupo de contempladores, vino Hassan...

En el sufismo contemplación es *zikr*; quiere decir estar en profundo recuerdo de Dios; no se trata de repetir un nombre, no se trata de recitar, ni siquiera de usar un mantra, se trata simplemente de estar sentado en silencio, absorbiendo. Y cuando estás al lado de una santa mística como Rabiya, ¿qué otra cosa puedes hacer? La fuente está fluyendo, puedes beber todo cuanto quieras. Debería de estar bebiendo la energía que Rabiya irradiaba, debían estar bebiendo la luz, debían estar bebiendo el silencio, la presencia. Eso es contemplación en sufismo.

En español la palabra no tiene la connotación correcta. Contemplación en español significa pensar, contemplar. En el sufismo no tiene nada que ver con el pensar. Esas personas no estaban sentadas ahí para pensar en algo. No estaban pensando en absoluto, simplemente estaban allí: lo que en India llamamos *satsang*, simplemente estar en presencia del maestro. Uno no hace nada en particular, uno simplemente está en la presencia, abierto, listo para recibir sin ideas de lo que va a ocurrir, sin expectaciones, simplemente abierto. Si del maestro viene algo, uno está preparado para recibirlo.

La *baraka*, la gracia, siempre está fluyendo desde el maestro. Si estás preparado, la recibirás. Si estás abierto, te llenarás de ella. Si estás cerrado, te la perderás. La misma presencia del maestro es una *baraka*, una gracia. En torno a su persona hay vibraciones expandiéndose constantemente. Y ni siquiera hace falta la presencia física del maestro. Si amas, puedes estar en otro planeta y no notar ninguna diferencia. Puedes beber de la fuente de tu maestro donde sea que estés.

Ésa es la fuente a la que Jesús se refiere. Un día llegó a un pozo. Estaba cansado. Había una mujer sacando agua del pozo, le dijo: «Tengo sed, dame un poco de agua».

La mujer lo miró y le contestó: «Yo provengo de una clase muy baja de la sociedad y, según la ley, las personas de tu clase no deberían ni siquiera tocarnos. Y mis vasijas y mis manos ya han tocado el agua». Jesús se rio y dijo: «No te preocupes, dame de tu agua. Si me das de tu agua, yo también te daré algo de mi agua. Te daré algo de mi agua. Te daré algo de un agua de una cualidad tal que calmará tu sed para siempre». La mujer miró a Jesús. Fue tan repentino, esa frase; ella retrocedió. La frase fue tan repentina, tan absurda, que debe haberle hecho pensar un poco. Y cuando un hombre como Jesús le pide a una mujer que le dé un poco de agua en el pozo, en realidad no le está pidiendo agua para él; simplemente quiere contactar con esa mujer.

De hecho, un hombre como Jesús no necesita nada de ti. Incluso si alguna vez te pide algo es sólo para darte, es sólo con la intención de darte algo, algo de un inmenso valor.

Y la mujer lo comprendió. Se inclinó y tocó los pies de Jesús, corrió a la ciudad y proclamó por toda la ciudad: «Vengan, he estado sacando agua del pozo durante toda mi vida y hoy me he encontrado con un hombre que ha calmado mi sed para siempre. Ha ocurrido con tan sólo mirarlo a los ojos. ¡Vengan a ver a este hombre!».

La mujer se convirtió en un apóstol, se convirtió en una mensajera. La mera presencia de Jesús, simplemente una mirada a los ojos, transformaron la cualidad de la mujer. Se despertó.

En zen a esta clase de despertar se le llama *satori*.

Estando Rabiya sentada entre un grupo de contempladores... hubiera sido mejor llamarlos meditadores que contempladores. Incluso la palabra «meditador» no es demasiado buena porque, de nuevo, en español significa pensar, meditar sobre algo. En español no existe un término para traducir *dhyana*, porque en Occidente no ha existido nada por el estilo; sólo pensar, concentrarse, meditar, contemplar, nada como *dhyana*. *Dhyana* significa estado de no-mente; *dhyana* significa sentarse en silencio sin hacer nada; *dhyana* significa un hueco, un hueco sin pensamientos, un intervalo en el que no hay pensamientos moviéndose. Cuando los pensamientos no están moviéndose, el maestro puede entrar. Cuando los pensamientos han parado, aunque sólo sea por un instante, de repente la energía del maestro se apresura hacia ti. A eso se llama *baraka*.

> *Un día, estando Rabiya sentada entre un grupo de contempladores, vino Hassan y le dijo: «Yo tengo la capacidad de caminar sobre el agua. Ven, vayamos juntos a aquel lago, y llevemos a cabo nuestra discusión espiritual sentados sobre el agua».*

Pues bien, eso es algo absolutamente estúpido por parte de Hassan. Pero él era un hombre del estilo de Satya Sai Baba. Él estaba más interesado en los poderes. Debe haber aprendido cómo caminar sobre el agua y quería que Rabiya lo viera. Quería algún tipo de certificado de Rabiya. Quería que Rabiya reconociera que se había convertido en un gran místico o algo así. No vio a la gente que estaba sentada allí, no vio que estaban haciendo allí. Tenía más interés en mostrar el poder que había conseguido.

Cuando en el crecimiento espiritual empiezan a surgir los poderes, no mostrarlos requiere un gran valor.

Se cuenta que un día un discípulo de Rinzai, un maestro zen, se encontró con otro discípulo de algún otro maestro y este le dijo: «Nuestro maestro es un hombre de milagros. Puede hacer todo lo que quiera. Yo he visto muchos de los milagros que ha hecho, los he presentado en persona. ¿Qué hay de tu maestro? ¿Qué milagros puede hacer él?».

Y el discípulo de Rinzai contestó: «El mayor milagro que mi maestro puede hacer es no hacer milagros».

Medita en ello. «El mayor milagro que mi maestro puede hacer es no hacer milagros». Cuando empiezan a surgir poderes milagrosos, sólo los débiles los utilizarán. Los fuertes no los utilizarán, porque saben que se trata de otra trampa. De nuevo el mundo está intentando atraerlos.

Ésa es la última trampa. Si puedes eludir las energías psíquicas, en silencio, observando, sólo puedes llegar a casa si pasas por ellas sin enredarte en ellas, sin quedarte aprisionado en ellas. Es una gran celada.

Este Hassan debe haberse tropezado con ellas y ahora quiere mostrarlas. Naturalmente, tenía que mostrárselas a Rabiya, la más grande mística de aquellos días.

«Yo tengo la capacidad de caminar sobre el agua.
Ven, vayamos juntos a aquel lago…».

Y puede que incluso esté pensando que Rabiya no posee ese poder.

«… y llevemos a cabo nuestra discusión espiritual sentados sobre el agua».

Ahora no cabe ninguna posibilidad de discusión espiritual alguna. La espiritualidad no sabe nada de discusión. La espiritualidad sabe de diálogo, pero no sabe nada de discusión. La espiritualidad no sabe de argumentaciones. En el sufismo no hay argumentaciones. Hay sabiduría, pero no hay argumentaciones. Un maestro puede compartir lo que sabe, pero no hay lugar para la discusión en ello.

Mientras estuve viajando por India durante muchos años solía ocurrir casi cada día. Había personas, personas con conocimientos — eruditos, escolares, hombres cultos— que me decían: «Quiero discutir algo contigo». Y mi respuesta siempre era: «Si tú sabes, cuéntame, compártelo conmigo. Estaré contento y feliz de escucharte. Si no sabes, entonces yo sé algo. Puedo compartirlo contigo. Entonces escúchalo. Si ambos sabemos, entonces no hay ninguna necesidad de hablar. Si ninguno de los dos sabe, ¿qué sentido tiene que hablemos? La discusión no tiene ningún sentido. Ésas son las únicas posibilidades: o bien ninguno de los dos sabe, entonces podemos enredarnos en argumentaciones sin llegar a ninguna conclusión. Así es como el hombre ha discutido a través de los tiempos; gran discusión, sin final. O ambos sabemos, entonces no tiene ningún sentido decirse nada».

Kabir y Farid, dos místicos, se encontraron y se sentaron en silencio durante cuarenta y ocho horas. ¡No se pronunció ni una palabra, ni una sola palabra! No hacía falta. Ambos se miraron a los ojos y encontraron la misma realidad. Ni una sola palabra. Eso mismo ocurriría si Jesús se encontrara con Buda, exactamente lo mismo. Si Zaratustra se encontrara con Lao Tse, ocurriría lo mismo. ¿Qué se puede decir? Tú sabes, el otro sabe, no hay manera de hablar. No hay nada de lo que hablar.

La tercera posibilidad es que uno sepa y el otro no, entonces el que sabe... Ese ha sido mi enfoque. Yo solía decirles a esas personas: «Si tú sabes, cuéntame. Yo te escucho. Si no sabes, entonces no seas tonto, no discutas. Yo estoy dispuesto a compartir todo lo que sé, así que recíbelo. Pero no veo que la discusión tenga ningún sentido».

Este Hassan debe haber sido un individuo egoísta. Primero quiere mostrar el poder milagroso que ha conseguido, después quiere discutir. La verdad es. No se puede discutir acerca de ella. O sabes o no sabes. No hay otra forma. Sólo hay dos simples alternativas: o sabes o no sabes. Si sabes, sabes; si no sabes, no sabes.

Rabiya contestó: «Si deseas separarte de esta augusta compañía, ¿por qué no te vienes conmigo, volamos, nos sentamos flotando sobre el aire y hablamos?».

Debe haber visto la estupidez de ese hombre. Debe haber visto el ego funcionando en ese hombre. Ahora se ha tropezado con un juguete. Siempre ocurre; cuando tropiezas con un juguete, crees que has caído sobre la verdad.

Ocurrió en tiempos de RamaKrishna... Vivekananda, que era un discípulo suyo, sintió gran poder la primera vez que tuvo un *satori*. Y en el *ashram* de RamaKrishna había un hombre inocente, muy simple, cuyo nombre era Kalu. Era tan inocente y tan simple, tan infantil, que Vivekananda solía tomarle el pelo. Vivekananda era del tipo intelectual, argumentativo. Y Kalu era un simple aldeano.

Y solía adorar... Su habitación era un templo, en ella había cientos de deidades; en India puedes comprar tantos dioses como quieras. Cualquier piedra se puede convertir en un dios. Pones color rojo sobre ella y se convierte en un dios. Así que tenía casi trescientos dioses en su pequeña habitación. No le quedaba espacio ni para dormir. Y tenía que adorar a esos trescientos dioses cada día; le solía tomar entre seis y ocho horas. Acababa con la adoración por la tarde, luego comía.

Vivekananda siempre le decía: «Eso es estúpido, es una tontería. Acaba con esto. Tira todos esos dioses al Ganges. Esto es una tontería. Dios está dentro».

Pero Kalu, que era un hombre tan simple, le decía: «Yo amo esas piedras. Son hermosas. ¿No ves esta piedra? Mira qué bonita es. Y la he encontrado a orillas del Ganges; el Ganges me la ha dado. ¿Cómo voy a volver a arrojarla de nuevo al Ganges? No, no puedo hacerlo».

El día que Vivekananda alcanzó su primer *satori* estaba sentado en una habitación que estaba al lado de la de Kalu. Con la primera subida de poder le vino a la mente la idea de que Kalu debía estar todavía adorando. Era por la tarde, pero tenía que estar adorando. Así que sólo por diversión se le ocurrió una idea, proyectó una idea en Kalu desde su habitación: «Kalu, ahora toma todos tus dioses y tíralos al Ganges». Sintió que tenía ese poder. Podía proyectar el pensamiento a la mente de otros.

RamaKrishna estaba sentado fuera. Se dio cuenta de todo este juego; lo que Vivekananda se trae entre manos. Debe haber visto el pensamiento siendo proyectado. Pero esperó. Entonces Kalu salió con un gran fardo; llevaba todos sus dioses en una bolsa grande. RamaKrishna lo paró y le dijo: «Espera, ¿adónde vas?».

Kalu dijo: «Ha llegado a mi mente la idea de que esto es una tontería. Voy a tirar todos estos dioses. Se acabó».

RamaKrishna dijo: «Espera. Llamad a Vivekananda». Vivekananda fue llamado y RamaKrishna le gritó muy enfadado: «¿Es esta forma de usar el poder?». Y a Kalu le dijo: «Regresa a tu habitación, vuelve a poner los dioses en su lugar. Esa idea no es tuya, es de Vivekananda».

Entonces Kalu dijo: «He sentido como si alguien me golpeara con una piedra, como si hubiera venido de fuera, pero yo soy un pobre hombre simple, no sabía qué estaba ocurriendo. Y la idea tomó tal posesión de mí que estaba temblando de miedo. ¿Qué estoy haciendo? Pero estaba como poseído».

RamaKrishna estaba tan enfadado con Vivekananda que le dijo: «A partir de ahora, me quedaré con tu llave. Sólo te devolveré esta llave justo antes de que te estés muriendo, exactamente tres días antes. No volverás a tener *satoris* jamás».

Y eso es lo que ocurrió. Vivekananda nunca tuvo otro *satori*. Lloró y lloró durante años, pero no los tuvo, no pudo tenerlos. Lo intentó tenazmente. Y luego RamaKrishna murió. Cuando RamaKrishna estaba muriendo, él estaba llorando y diciéndole: «Devuélveme mi llave».

RamaKrishna le dijo: «La tendrás exactamente tres días antes de morirte, porque al parecer eres peligroso. Tales poderes no pueden ser usados de esa manera. Todavía no eres lo suficientemente puro. Espera. Sigue llorando y meditando».

Y exactamente tres días antes de que Vivekananda muriera tuvo otro *satori*. Pero eso significaba que su muerte había llegado, que sólo le quedaban tres días.

Este Hassan piensa que ha conseguido un gran poder. Rabbi está de broma. Rabiya dice:

«... Si deseas separarte de esta augusta compañía, ¿por qué no te vienes conmigo, volamos, nos sentamos flotando sobre el aire y hablamos?».

Hassan repuso: «Yo no puedo hacer eso, porque el poder que tú mencionas no se encuentra entre los que yo poseo...».

Recuerda, se puede poseer poder, pero no se puede poseer a Dios; así que el poder nunca puede ser espiritual. En el caso de Dios, tienes que ser poseído por él, no puedes poseerlo. Si posees algo, entonces el ego estará ahí. ¿Quién es el que declara «yo poseo»? «Yo poseo dinero, yo poseo un puesto político, o yo poseo poderes espirituales»; pero el «yo» continúa poseyendo. El «yo» es posesividad.

El ego existe por medio de la posesividad. Por eso el ego se dedica a poseer. Quiere poseer lo más posible. Quiere poseerlo todo. Nunca está satisfecho. Lo que sea que poseas, en el momento que lo posees, pierde toda su importancia. Deseas más... siempre más. Podrías poseer el mundo entero, y aun así desearías más.

Se cuenta que un astrólogo contempló una vez la mano de Alejandro, y al verla dijo: «Señor, tengo que decirle una cosa. Será victorioso y se convertirá en el emperador del mundo, pero recuerde, sólo hay un mundo que conquistar». Y se dice que Alejandro se puso muy triste por la idea de que sólo había un mundo que conquistar.

¿Qué iba a hacer él después? ¿Qué pasaría con ese más, con esa mente que desea constantemente? Y todavía no se había transformado en victorioso; en ese momento lo único que había era la idea de que algún día saldría victorioso y sería el emperador de todo el mundo. El astrólogo dijo: «Pero entonces es cuando surgirá el problema, porque sólo hay un mundo, señor, ¿qué va a hacer entonces? ¿Dónde proyectará su más? ¿Dónde pondrá su esperanza? ¿Cómo desearás? Sin deseo, estará atascado».

Así es como funciona. Tú posees, luego viene el más.

Inmediatamente Rabiya lo hizo consciente de que no poseía el poder de flotar por el aire. E inmediatamente él se sintió inferior. Entonces ya no presumía. De repente estaba de nuevo en la tierra. Él dijo: «... Yo no puedo hacer eso, porque el poder que tú mencionas no se encuentra entre los que yo poseo». Se ha vuelto pobre de nuevo. Rabiya ha pinchado su globo con sólo ponerle el «más». El astrólogo hizo lo mismo. Debe haber sido un hombre muy, muy sabio. Pinchó a Alejandro; no había más mundos.

Se dice que en tiempos del gran emperador Akbar había un gran sabio, Birbal. Un día el gran emperador fue a su corte, dibujó una raya en la pared y les dijo a sus cortesanos: «Quiero que hagan algo. Quiero que encuentren una manera de hacer esta raya, que yo he dibujado en la pared, más pequeña, pero no pueden tocarla. Tienen que hacerla más pequeña, pero sin tocarla».

Parecía imposible. ¿Cómo vamos a poder hacerla más pequeña sin poderla tocar? Se puede hacer más pequeña tocándola, reduciéndola. Entonces vino Birbal y dibujó otra raya justo debajo de la primera, una raya más grande, sin tocar la primera raya, y esta se volvió más pequeña: comparativamente, relativamente.

¿Qué es pequeño? Nada es pequeño en sí mismo ni nada es grande en sí mismo. Todo es comparativo.

Rabiya dibujó una raya más grande. Ella dijo: «Si realmente quieres hacerlo, entonces vayamos al aire. Dibujó una raya más grande. Hassan debe haberse sentido muy pobre. En ese momento el ego no pudo presumir. Se sintió dolido. Dijo: «Yo no poseo ese poder».

Rabiya dijo: «Tu poder de flotar sobre las aguas es cosa de los peces».

No es algo que tenga mucho valor; de ser así, todos los peces serían santos espirituales.

«Mi capacidad de volar por el aire es cosa de las moscas».

Eso tampoco significa mucho, porque, si no, todas las estúpidas moscas serían grandes Budas.

«Estas habilidades no pertenecen a la verdad real; puede que sean la base de la autoestima y la competitividad, pero no de la espiritualidad».

Ésta es una gran lección que habría que recordar. Si en tu mente entra algo de competición, te estarás separando de Dios; porque el ego se crea con la competición. La competitividad no es más que un medio para crear el ego.

Sí, puedes tener una gran autoestima, pero cuanto más grande sea tu autoestima, más lejos estarás del ser universal. Cuanto más grande creas que eres, más te habrás alejado. Y recuerda, yo no estoy insinuando que lo que hay que hacer es ir por ahí diciendo: «Soy muy pequeño, sólo soy el polvo bajo tus pies». No, no estoy diciendo eso; porque eso también es una reivindicación.

El verdadero hombre espiritual no tiene la idea de ser grande o pequeño, no tiene esa idea en absoluto.

Cuando el emperador Wu le preguntó a Bodhidharma: «¿Quién eres tú?». Bodhidharma contestó: «No lo sé». Ésta es una respuesta espiritual. «No lo sé». Gran silencio. Indefinible silencio. Completo silencio. «No lo sé». El hombre de espiritualidad no sabe quién es. No hay forma de definir. De hecho, él ya no es. Se ha vuelto parte del todo, ha desaparecido en esta gran orquesta. Él es una simple nota en esta gran orquesta. Él tan sólo un pequeño color en la inmensa gama de colores de esta existencia. Ya no está separado. No es ni posee nada, ni poder de este mundo ni poder del otro mundo. Él no posee nada. Él es poseído por Dios.

Por eso el sufismo insiste en la rendición. Ríndete y sé poseído por Dios. No intentes poseer a Dios. No intentes atrapar a Dios. Muchos empiezan con esa idea, la idea de que tienen que poseer a Dios. Muchos buscadores van con el enorme ego que supone tener que buscar, es su ego lo que está en juego. Pero nunca encontrarán. Sólo puedes encontrar a Dios cuando tú has desaparecido. Cuando el buscador ya no existe, de repente sólo queda Dios. Y entonces empiezas a reírte; porque Dios siempre ha estado ahí. simplemente no podías verlo por ser demasiado buscador, por estar demasiado lleno de ti mismo. Él siempre ha estado ahí. Él es una realidad. No puedes poseerlo. No puedes tener a Dios en tu puño. De hecho, con el puño cerrado no puedes encontrarlo. Sólo puedes tenerlo con las manos abiertas. Él está cuando tu corazón es como una mano abierta, no como un puño. Entonces lo tienes. Entonces sólo él existe.

Ésta es una gran lección que hay que recordar. Tienes que comprender los caminos del ego. Este Hassan ha vuelto a caer en una de las sutiles trampas del ego. Ha abandonado el mundo, ahora posee poder espiritual. Ahora puede caminar sobre las aguas.

Una vez un hombre fue a ver a RamaKrishna. Era un gran yogui. Y le dijo lo mismo a RamaKrishna: «¿Puedes caminar sobre el agua? Yo puedo».

RamaKrishna se rio y dijo: «¿Qué sentido tiene? ¿Cuánto esfuerzo, energía y tiempo has desperdiciado en aprender eso?».

Él contestó: «Dieciocho años».

RamaKrishna le dijo: «Eso es una tontería. Por sólo dos paisas al barquero te lleva a la otra orilla. Por algo que sólo vale dos paisas, ¡dieciocho años! ¿Eres estúpido o qué te pasa?».

Este ha sido siempre el enfoque de una persona espiritual como RamaKrishna o Rabiya. ¿Qué sentido tiene? Aunque puedas caminar sobre el agua, ¿qué sentido tiene? ¿Qué importancia tiene para tus problemas en la vida? ¿Para qué te va a servir? ¿Cómo va a hacerte más feliz? ¿Simplemente caminando sobre el agua te sentirás más feliz? ¿Entonces por qué no eres igualmente feliz caminando sobre la tierra? ¿Flotando en el aire serías más feliz? ¿Quién te lo impide? ¿Por qué no puedes ser feliz ahora mismo?

Éste no es el enfoque espiritual, es el enfoque egoísta. Ten cuidado con el ego, porque el ego es la única barrera entre tú y Dios.

Capítulo 7

El conocimiento es una barrera

¿Por qué solía decir Gurdjieff que, si quieres deshacerte de la religión, vivieras cerca de un sacerdote?

Es sencillo. El sacerdote sólo es importante mientras no conozcas su corazón, mientras no conozcas su realidad. Si empiezas a conocer su realidad, te sorprenderás: el sacerdote es la última persona en creer en la religión. Él nunca cree, sólo aparenta. Su profesión es creer. El sacerdote es la única persona que sabe que Dios no existe, pero no puede decirlo porque todo su negocio depende de ello. Es su comercio secreto. Gurdjieff tenía razón.

Escucha estas historias. ¡Será suficiente!

Una mujer, miembro de la Iglesia católica, se acercó a su sacerdote y le dijo: «Padre, mi perro ha muerto, y yo quisiera saber si es correcto hacerle un funeral».

El sacerdote dijo: «Sí, creo que es correcto, si tú lo quieres».

«¿Y quién cree que podría celebrarlo?».

El sacerdote no estaba muy contento con la idea de este funeral, así que dijo: «Yo sé de un buen sacerdote presbiteriano calle abajo. Creo que él podría celebrarlo».

«Oh, gracias, padre, sólo una pregunta más. ¿Cuánto cree que debería pagar por él: doscientos, trescientos dólares?».

Los ojos del sacerdote se iluminaron, y pasando el brazo alrededor de su feligresa, dijo: «¿Por qué, amiga mía, por qué no dijo que su perro era católico?».

Otra...

Un diácono baptista había puesto un anuncio para vender una vaca.

«¿Cuánto pide por ella?», preguntó un posible comprador.

«Ciento cincuenta dólares», dijo el anunciante.

«¿Y cuánta leche da?».

«Cuatro galones al día», contestó.

«¿Y yo cómo sé que realmente dará esa cantidad?», preguntó el comprador.

«Oh, puedes confiar en mí», le aseguró el anunciante. «Soy un diácono baptista».

«La compro», replicó el otro. «Me llevo la vaca a casa y luego le traigo el dinero. Puede confiar en mí. Soy un anciano presbiteriano».

Cuando el diácono llegó a su casa le preguntó a su esposa: «¿Qué es un anciano presbiteriano?».

«Ah», explicó ella, «un anciano presbiteriano es algo así como un diácono baptista».

«¡Cielos!», exclamó el diácono, «¡he perdido mi vaca!».

Gurdjieff tenía razón. Si quieres seguir siendo religioso en el sentido antiguo, no te acerques nunca a un sacerdote, es mejor mantenerse a distancia. Si quieres hacerte realmente religioso, entonces ir y observar a un sacerdote lo más cerca posible es muy bueno. Eso te mostrará la realidad de los llamados sacerdotes y la realidad de las llamadas religiones. Eso aniquilará en tu mente el islam, el cristianismo, el judaísmo, el hinduismo.

Y por primera vez investigarás, empezarás a investigar qué es verdadera religión; más allá de los dogmas, de las iglesias y de los credos, más allá de los conflictos, más allá de las teologías. Empezarás a investigar qué es el verdadero Dios.

Y eso convierte a un hombre en un sufí, un buscador zen o un hasideo.

No lo tengo claro. ¿Ser sufí es cuestión de la voluntad? ¿Es una bendición?
¿O se trata de otra cosa?

Los sufíes tienen un hermoso refrán. Dice así: «A Dios no se lo encuentra buscándolo, pero aquellos que no lo buscan nunca lo encuentran».

Primero un hombre tiene que buscar, aunque luego también tiene que rendir su búsqueda; porque en la búsqueda todavía está el buscador. El buscador es el ego. Por supuesto, si nunca empiezas a buscar, nunca encontrarás. Tienes que estar sediento de Dios. Tienes que empezar a moverte, ir a ciegas en la oscuridad.

Pero no te vuelvas adicto a ir a ciegas. Llegará un momento en el que empieces a sentir que tu voluntad no está teniendo éxito. Pero ese momento sólo llega a través de la voluntad, del esfuerzo. Llega un momento en el que sientes que tu voluntad ha fracasado, que has sido derrotado por completo. En esa derrota total está la victoria. En esa completa derrota tú te rindes. En esa completa derrota empiezas a llorar. En esa completa derrota piensas: «Ya no puedo hacer nada más. Estoy acabado. He hecho todo lo que he podido». En ese momento, cuando estás en ese fracaso total, en ese sentimiento de derrota total, tú desapareces. Tú ya no estás ahí. el buscador ha desaparecido; a través de la búsqueda.

Buscar a Dios es buscar lo imposible. Buscándolo no puedes encontrarlo. Si pudieras encontrar a Dios buscándolo, entonces sería algo que pudieras poseer, entonces podrías tener a Dios en tus manos, entonces Dios sería de tu propiedad; entonces Dios no sería más grande que tú. Lo que puedes buscar tiene que ser más pequeño que tú, no puede ser más grande que tú. Lo bajo no puede buscar lo elevado, lo pequeño no puede buscar a lo grande.

No puedes poseer el infinito, lo eterno; eso es absurdo. Pero para comprender que es absurdo, uno tiene que empezar a buscar. No lo sabrá de ninguna otra forma. Uno empieza a desear a Dios... eso significa que uno se está moviendo, deseando, anhelando a Dios... eso significa que uno se está moviendo, deseando, anhelando lo imposible. Un día y otro la derrota es absolutamente segura. En esa derrota algo transmuta, se transforma. En esa derrota el buscador desaparece, desaparecerá: viene la rendición. Sin esa derrota, no puedes rendirte.

¿Cómo vas a rendirte? En tu interior seguirás pensando: «Podría haber tenido éxito». O incluso puedes pensar que esta rendición es algo que estás haciendo tú, que también eres el hacedor de esta rendición. Pero entonces no es rendición. La rendición es algo que sólo puede ocurrir en la derrota total. Sólo la derrota total, en la que no queda ni una sola esperanza, ni un sólo rayo de luz en la oscura noche del alma, te prepara para la rendición. Te lo has apostado todo, ahora no queda nada. Estás vacío.

En ese vacío... rendición. Ese vacío florece en rendición. En ese vacío tú no eres, llega algo nuevo. El buscador ya no está ahí, la voluntad ha desaparecido, pero la búsqueda está ahí, el anhelo está ahí; más aún, porque la energía que antes se empleaba en buscar también se ha convertido en anhelo. Ahora simplemente estás sediento, sabiendo perfectamente que no puedes hacer nada. Ese momento de desesperación total trae gracia; eso es lo que los sufíes llaman *baraka*, y los hindúes llaman *prasad*.

Cuando caes rendido y no puedes moverte ni un centímetro por ti mismo, cuando te conviertes de nuevo en un niño y lloras llamando a tu madre, la madre viene. Pero tienes que volver a estar desvalido.

La pregunta es importante. Tú preguntas: «No lo tengo claro. ¿Ser sufí es cuestión de voluntad?». Sí, al principio es cuestión de voluntad. Todos los viajes hacia Dios empiezan en la voluntad, pero nunca acaban en ella. El primer paso tiene que ser de voluntad; y el camino hasta tu derrota total será largo. La mitad del camino se hace con fuerza de voluntad y la otra mitad en la rendición. La voluntad conduce a la rendición.

Esto te puede parecer paradójico. Al final la voluntad acaba floreciendo en rendición porque es lo que te hace ver que por ti mismo no puedes hacer nada. Lo has hecho. Lo has visto fracasar. Así que el primer paso es de voluntad, la mitad del camino es de voluntad. Y cuando ha desaparecido la voluntad hay bendición, *prasad*, *baraka*.

Así que, en definitiva, la pregunta es si se trata de voluntad o rendición. Diré que son ambas y ninguna. La voluntad y la rendición son como las dos alas de un ave. Ambas ayudan, ambas se complementan entre sí. Incluso siendo opuestas entre sí se complementan. La propia oposición produce movimiento. Pasa exactamente igual con tus dos piernas: son opuestas entre sí. Gracias a su oposición se genera el movimiento y puedes moverte. La voluntad y la rendición son opuestas, pero en el fondo forman parte de un todo. Todo buscador empieza en la voluntad y acaba en la rendición.

¿No podemos amar y aceptar nuestra cabeza, nuestra mente y nuestro ego como parte de la vida? ¿Por qué rechazarlos?

Yo no te he dicho que los rechaces. ¿Cómo vas a rechazar algo que no existe? Sólo te he dicho que veas, que los observes. No te estoy diciendo que los rechaces; rechazados permanecerán, rechazados permanecerán en lo más profundo de tu inconsciente, reprimidos. Permanecerán. Rechazo significa represión. ¿Qué vas a hacer? Rechazados no desaparecerán, se esconderán en un oscuro rincón de tu alma y desde allí actuarán.

No, yo soy la última persona que te diría que los rechaces. Yo no digo «rechaza la oscuridad», yo sólo digo «trae luz». Trae una lámpara y mira a tu alrededor. ¿Dónde está la oscuridad? Desaparece. No está ahí para ser rechazada, no puede ser rechazada.

Observas a tu ego y empieza a desaparecer. No es que tú lo rechaces, no es que tú le hagas algo; con sólo una profunda mirada en él desaparece. Sólo existe porque no te has fijado en él.

Es como una sombra. Estás caminando y la sombra te sigue. Pero imagínate que estás sólo en un desierto o en un cementerio y te asalta el miedo de que alguien te está siguiendo, te echas a correr. Y cuanto más corres, más corre la sombra contigo. Entonces te asustarás aún más y la mente lógica dirá: «Corre más rápido». Así no podrás escapar.

¡Corre más! ¿Pero cómo te vas a escapar? Puedes correr todo lo que quieras, pero la sombra irá contigo.

Lo único que hay que hacer es pararse y darse la vuelta —un giro de unos ciento ochenta grados— y ver la sombra. No hay nadie. Es tu sombra. Sólo es una sombra. Una sombra no significa nada. No existe. Ese mismo momento la sombra ha desaparecido.

Al decir que desaparece me refiero a que ya no te afectará. Ya no tendrá ningún poder sobre ti. Ya no te asustará.

Tú dices: «¿No podemos amar y aceptar nuestra cabeza, nuestra mente y nuestro ego como parte de la vida?». Es imposible, porque el propio mecanismo del ego se basa en que la parte intenta aparentar, la parte empieza a declarar, que es el todo. Ése es el problema. El ego dice «yo soy el todo». El ego no está dispuesto a aceptar que sólo es una parte. El ego dice «yo soy el rey, soy el todo». ¿Cómo vas a amar al ego y aceptarlo como una parte? Eso es exactamente lo que el ego niega. Dice «yo no soy una parte, soy el todo». La parte proclamando ser el todo es precisamente de lo que se trata el ego. La cabeza proclama «yo soy el todo».

¿No podemos amar y aceptar nuestra cabeza, nuestra mente y nuestro ego como parte de la vida? No, no hay manera. Tendrás que observar al ego. Cuando desaparezca el ego sabrás que es el todo; es la única forma, porque como el ego siempre está aparentando ser el todo, tú nunca conocerás el todo.

Cuando el ego ha desaparecido, cuando ninguna parte proclama ser el todo, entonces viene el todo a la existencia y empieza a funcionar por sí mismo. Entonces hay un gran acuerdo, una gran armonía.

Y tú no puedes amar al ego, porque ¿quién eres tú? El ego dice que tú no estás separado. El ego proclama tu totalidad. El ego es tu identidad. Cuando preguntas: «¿No puedo amar al ego?». ¿Crees que tienes dos «yoes»? ¿«Yo» y el ego? ¿Quién va a amar a quién? Se trata de un truco del ego. La pregunta es del ego. El ego está tratando de engañarte. El ego está diciendo: «¿Por qué destruirme? ¿No puedes amarme?». Pero ¿quién eres tú? Si te conoces a ti mismo separado del ego, la cuestión no surgirá. Porque entonces has llegado a ser tu alma, has conseguido llegar a tu centro. Y en ese logro no hay ego, no queda nadie a quien amar.

Y si crees que puedes amar al ego, entonces no eres tú. Ése es el dilema. Si el ego es, tú no eres. Si tú eres, el ego desaparece. No pueden existir ambos juntos, son como la oscuridad y la luz, no pueden coexistir juntas.

Y tú preguntas: «¿Por qué no puede uno amar al ego?». El ego es el destructor de todas las posibilidades de amor. Mata al corazón. Hace que amar sea imposible. Hace que el amor desaparezca. Te convierte en un desierto, un páramo. El amor ya no crece en ti. ¿Cómo vas a amar al ego? Ahí no hay amor. Si empiezas a ser amoroso, verás que el ego desaparece. Si el amor empieza a fluir en ti, no encontrarás ningún ego en ti mismo. Entonces el corazón se convertirá en tu centro. A eso los sufíes lo llaman el despertar del corazón. Es cuando el corazón despierta. Y en cuanto el corazón despierta, la cabeza desaparece. La cabeza sólo puede funcionar mientras el corazón esté durmiendo.

Es —como Gurdjieff solía decir— como si el patrón de la casa estuviera durmiendo y el vigilante pretendiera ser el patrón. Si viene alguien y el patrón está durmiendo, el vigilante habla como si fuera el patrón. Luego, cuando el patrón se despierta y sale, el vigilante se convierte de nuevo en un sirviente. Deja de ser el patrón. No puede aparentar. El patrón está presente.

Es como en una clase de párvulos. Cuando el maestro se va, todos empiezan a gritar y a saltar y hacer mil y una cosas. Y luego, cuando vuelve el maestro, de repente todos están sentados en sus pupitres. Todos están leyendo muy concentrados, como si no hubiera habido ningún ruido, ningún caos. ¿Qué ha ocurrido? Su presencia ha causado una transformación.

Exactamente lo mismo ocurre dentro de ti. Cuando estás despierto, el ego desaparece. Entonces tu cabeza y tu mente se convierten en tus sirvientes. No puedes ni aceptarlos ni rechazarlos, sólo tienes que entenderlos. Y entonces todo ocurre por sí mismo.

¿Por qué olvidamos nuestra divinidad? ¿Qué significa eso?

Tú no la has olvidado, tú nunca la has conocido, así que ¿cómo la vas a olvidar? Para olvidarla, antes tienes que haberla conocido; y cuando se ha conocido, ya nunca se olvida.

Y tú eres divino, pero todavía no has conocido tu divinidad. De hecho, te es tan difícil de conocer porque eres divino. Está en el mismo núcleo de tu ser. Si se tratara de algo fuera de ti, ya lo habrías encontrado. Si fuera algo objetivo, podrías haberlo visto. Pero no está fuera y no es un objeto, es tu subjetividad. No es algo que pueda ser visto, es algo que está escondido en el que ve. Es un atestiguar. Hasta que no vayas detrás de ti mismo no te será posible conocerlo.

Hay tres cosas en el mundo. Una es el mundo del objeto; las cosas que te rodean. Cerca de él, según te vas acercando hacia ti mismo, está el mundo de los pensamientos, los sueños y los deseos. Eso también te rodea. Eso es lo que tú normalmente llamas el mundo interior, también está fuera. Hay dos tipos de exteriores, el que ves con los ojos abiertos y el que ves con los ojos cerrados. Pero ambos son exteriores porque todo lo que se pueda ver tiene que estar en el exterior. Para ser visto, tiene que estar en el exterior, tiene que ser diferente de ti. El objeto tiene que ser diferente del sujeto.

Y luego está la tercera, el mundo de tu núcleo interno, tu subjetividad, desde donde el ego está viendo. Llegar a eso es realizar la divinidad de uno. Uno tiene que convertirse en un testigo de objetos y pensamientos, y observando, poco a poco, llega el momento en que ocurre el cambio. Cuando no quedan ni objetos ni pensamientos en tu consciencia, cuando tu consciencia es pura, da un giro; un giro de ciento ochenta grados. Cuando no hay nada que ver, el que ve empieza a verse a sí mismo.

Recuerda, sólo estoy usando palabras, y ya no son adecuadas. «El que ve empieza a verse a sí mismo» no es la expresión correcta, porque, de nuevo, las palabras indican una división: el que ve y lo que ve. Y ahora no hay división, hay sólo tú y tú y tú; no hay algo que esté viendo y algo que sea visto. Es pura consciencia.

Divinidad significa pura consciencia. Primero tendrás que pasar del mundo de los objetos al mundo de los pensamientos, y luego tendrás que dar otro paso; tendrás que abandonar el pensamiento, deja que los pensamientos desaparezcan, deja que no haya nada. Y en esa nada ocurre el giro. Tú no puedes hacerlo. Tú sólo puedes hacer dos cosas: cerrar los ojos al mundo y cerrar tu consciencia al constante tráfico de pensamientos. Eso es todo lo que tienes que hacer. Luego la tercera cosa ocurre por sí misma. De repente eres consciente de que eres un Dios. Dios es consciencia.

Pero cuando eres consciente, en cierto sentido, has desaparecido, tú ya no estás ahí. El viejo ego ya no está ahí. No puedes ni decir «yo»; porque el «yo» depende de las cosas y los pensamientos, el «yo» está constituido por cosas y pensamientos. Cuando desaparecen todos los ladrillos de cosas y de pensamientos, el edificio del «yo» también desaparece. Hay puro vacío. Eso es lo que Buda llama *anatta*, no ego. En el mismo centro del yo, en la capilla más interna, no encontrarás tu ser; y así es como uno se encuentra a sí mismo. Cuando se pierde el yo, se encuentra el yo.

Por eso, en este punto todos los grandes maestros se vuelven contradictorios y paradójicos. Jesús dice: «Si quieres encontrarte a ti mismo, piérdete a ti mismo. Si quieres perderte a ti mismo, sigue aferrándote a ti mismo». Es muy paradójico. Los que se aferren, perderán, y los que estén dispuestos a perder, triunfarán.

Tú me preguntas: «¿Por qué olvidamos nuestra divinidad?». No, no la has olvidado —uno nunca olvida—; para empezar, nunca la has conocido; una vez que la has conocido, la has conocido para siempre. Pero yo no estoy diciendo que no seas divino. Eres divino.

Cuando decimos que alguien ha olvidado, la palabra «olvidado» se usa metafóricamente. No es muy real, factual. Nadie puede olvidar. Un Buda nunca puede transformarse en otra cosa que un Buda. No hay forma de olvidarlo. Una vez que se sabe, se sabe eternamente. Pero nosotros nunca lo hemos sabido; y lo hemos sido siempre. Lo hemos sido desde el principio. Pero no le hemos permitido a nuestra energía girar sobre sí misma.

A lo mejor conoces un antiguo símbolo egipcio de una serpiente enrollándose en sí misma, formando un círculo. La serpiente se está mordiendo su propia cola; eso es el saber. La serpiente se está mordiendo su propia cola, es un círculo completo, los dos extremos se encuentran.

Cuando giras sobre ti mismo, el círculo se completa. Por eso, en muchas tradiciones místicas, el círculo simboliza el triunfo final. Tú, en este momento, no eres un círculo, eres una línea. Una línea que sale de ti pero no vuelve a ti. El rayo de tu consciencia sale y sale, es lineal, unidimensional. Eso es el *samsara*, el mundo, la consciencia lineal. Tu consciencia se mueve en una línea; ha estado moviéndose así durante millones de años.

Cuando empiece a convertirse en un círculo, a dar la vuelta, a volver a casa y de repente un día se encuentre consigo misma, caiga en ella misma, entonces habrá sabiduría. Y esa sabiduría no se olvida jamás.

Ustedes son dioses pero no se han dado cuenta. Falta el reconocimiento, no es que lo hayan olvidado.

Yo he estudiado literatura religiosa durante muchos años y también he estudiado tus libros durante tres años. Y a través de todos estos estudios he progresado mucho en el camino. Osho, ¿podrías decirme qué es lo siguiente que debería hacer?

¿De qué estás hablando? ¿De caminos? ¿Sólo estudiando libros ya estás en el camino?

Eso no es posible. A través de los libros uno nunca viene al camino. A través de los libros uno sólo oye rumores acerca del camino; tan sólo rumores de que el camino existe, de que hay un camino, de que el camino es posible, de que, quizá, en alguna parte exista un camino; eso es todo. Los libros sólo pueden ofrecerte rumores, no pueden ponerte en el camino.

Y eso es lo que estoy diciendo cada mañana: que el conocimiento es una barrera, que aprendiendo uno nunca llega a Dios. Llega desaprendiendo; no volviéndose culto, sino volviéndose inocente. Uno tiene que quemar las escrituras, incluyendo mis libros. Uno tiene que quemarlo todo, el lenguaje, la palabra, el pensamiento. Sólo entonces llega uno al camino, nunca antes.

Y estás preguntando: «He progresado mucho en el camino. ¿Qué es lo siguiente?». Tú ni siquiera has soñado con el camino.

Una mujer estaba gravemente enferma. El médico, a quien había llamado el marido, entró en la habitación de la enferma y al minuto salió pidiendo un formón. El marido se sorprendió, pero tanta era su ansiedad que no le preguntó nada. Encontró un formón.

Minutos más tarde el doctor asomó la cabeza y preguntó: «¿Tiene usted un martillo?».

El marido estaba perplejo, pero no queriendo llevarle la contraria al médico, le dio un martillo. Cinco minutos más tarde volvió a salir el médico pidiendo un serrucho.

Pero el marido ya no se pudo contener y gritó histéricamente: «Doctor, primero en formón, luego un martillo y luego un serrucho.

¿Qué le está usted haciendo a mi mujer?».

«¿Qué mujer?», le preguntó el médico. «Estoy intentando abrir mi maletín».

Tú todavía no has abierto tu maletín. ¿De qué camino estás hablando? El doctor tan sólo está abriendo su maletín. Las escrituras no pueden ayudarte más que hasta ahí, y además es posible que lo que tú estés leyendo en las escrituras no sea, en absoluto, lo que pone en las escrituras.

¿Cómo vas a leer algo que tú no conozcas ya? Sólo se puede leer aquello que se conoce. Así que lo que la gente hace es leerse a sí misma en los libros. No leen los libros. Cuando lees mis libros no puedes leerlos.

En ellos sólo puedes leer algo acerca de tu propia mente. Los interpretarás a tu manera. Serás un intérprete.

Para entender lo que yo digo, tendrás que entrar en el estado de mente desde donde se está diciendo. Para entender a Cristo tendrás que alcanzar la consciencia de Cristo. Para entender a Krishna tendrás que alcanzar la consciencia de Krishna. Sólo aprendiendo, no serás capaz de entender; malinterpretarás. Todas tus interpretaciones serán erróneas. Serán tus interpretaciones, saldrán de tu ignorancia y de cualquiera de tus estupideces de todo tipo.

Al padre Sloan, que tenía un tic que le hacía guiñar un ojo, lo enviaron a una parroquia en Nueva York.

Sloan preguntó al taxista por un buen hotel —mientras guiñaba— y el taxista malinterpretó el guiño y lo llevó a un burdel.

El párroco le pidió a la madame una buena habitación — mientras guiñaba—. Y esta lo tomó de la mano y lo llevó a una habitación llena de chicas, y le pidió que eligiera.

Pero el padre Sloan dijo —mientras guiñaba— que no quería ninguna chica.

La madame se acercó a la escalera y voceó: «¡Eh, George, aquí hay uno para ti!».

La gente comprende sólo de acuerdo con su estado mental. Pero eso es natural. Se la puede perdonar.

Pero hazme caso, leyendo mis libros no has comprendido ni siquiera un fundamento simple que no me canso de repetir: que a través del conocimiento el saber no es posible, que a través del conocimiento la sabiduría no es posible.

Tu pregunta me recuerda una pequeña anécdota...

Farthington y Smythe, dos ingleses, se fueron de vacaciones a Irlanda. Farthington tenía reputación por su falta de tacto, así que Smythe le avisó de que no dijera nada disparatado de la Iglesia católica.

Una tarde se fueron a jugar a los dardos a un pub local donde por la radio se oía la noticia de que el Papa estaba enfermo. Inmediatamente todo el mundo se puso alrededor de la radio para escuchar.

«Bah, al cuerno con el Papa», dijo Farthington. «Sigamos con el juego».

Se despertó en el hospital con Smythe sentado a su lado. «Te había avisado de que no dijeras nada acerca de su religión», dijo Smythe.

«Sí, lo sé», respondió Farthington. «Pero no me dijiste que el Papa fuera católico».

¿Por qué sólo me acuerdo de Dios cuando estoy sufriendo?

Tú no te acuerdas de Dios. Cuando estás sufriendo, tu acordarte de Dios no significa nada. Sólo te acuerdas de Dios cuando buscas protección, cuando quieres evitar el sufrimiento. A ti no te importa Dios, a ti lo único que te importa es evitar el sufrimiento. Por eso cuando estás feliz te olvidas completamente de Dios. Pero debes saber que el recuerdo de Dios sólo puede ser en la felicidad, de ninguna otra forma. En el sufrimiento todo el mundo se acuerda de Dios; incluso los ateos. Por eso, cuando se hacen viejos, hasta los ateos se vuelven creyentes. Y cuando se acerca el momento de la muerte casi todos los ateos se vuelven creyentes; cuando llega el verdadero sufrimiento de la muerte, toda tu filosofía de ateísmo desaparece. Pero eso no es verdadera, auténtica oración, auténtico recuerdo.

Las personas religiosas auténticas son aquellas que se acuerdan cuando son felices, porque se acuerdan en agradecimiento. Cuando ves una rosa, ese sería el momento correcto para acordarse de Dios. La rosa es prueba suficiente para recordarlo, indicación suficiente, causa suficiente, una ocasión. Cuando ves a un niño riendo o a un pájaro volando por el cielo, cuando el pájaro está en el aire, cuando sale el sol, cuando una estrella solitaria está a punto de desaparecer; si sabes qué es la belleza, en esos bellos momentos te acordarás de Dios. Si sabes qué es el amor, cuando hagas el amor te acordarás de Dios. Si sabes qué es la alegría, cuando estés lleno de gozo te acordarás de Dios.

Esos son momentos en los que hay que dar las gracias. Y luego, incluso si te acuerdas de él en tu sufrimiento, será un recuerdo verdadero, es la única forma. Si sólo te acuerdas en el sufrimiento, no te acuerdas de Dios; simplemente quieres que te ayude. Simplemente quieres usar la palabra «Dios», quieres usar a Dios, eso es todo.

He oído.

Una mujer estaba muy triste porque se le había muerto su loro. Su marido, que era una buena persona, fue a la pajarería a comprar otro loro, pero no había nada que le sirviera; uno era demasiado caro, otro demasiado apocado, otro demasiado grande. Finalmente, el dependiente de la pajarería desistió y el cliente se iba. Pero al salir, vio a un loro que le gustó mucho.

«¿Cuánto cuesta éste?». Preguntó.

«Ese loro es muy especial. En realidad no se lo aconsejo, pero si usted quiere, cuesta doscientas libras».

«¿Por qué es tan especial?».

«Bueno, mire, señor, es el único loro en Gran Bretaña que pone los huevos cuadrados».

El cliente no estaba dispuesto a creérselo, pero el dependiente lo llevó a la trastienda y le enseñó un plato de huevos, todos ellos cubos perfectos.

«De acuerdo, me llevo al loro», dijo.

Mientras el dependiente le estaba extendiendo la factura, el cliente, pensando en su mujer, se sintió incómodo y dijo: «¿Supongo que el loro también puede hablar? ¿Sabe decir algo religioso, una oración o algo así?».

«Bueno, señor, puede… sabe llamar a Cristo. Pero hasta ahora sólo parece tener una expresión».

«Ah sí. ¿Y cuál es?».

«¡*Qui-quiri-crist*!».

En el sufrimiento tu recuerdo es así. No tiene nada que ver con Cristo, nada que ver con Dios. Déjalo; no tiene ningún sentido. Empieza un enfoque nuevo. ¡Acuérdate cuando estés lleno de dicha, bailando, cantando! Deja que Dios se asocie primero a tus momentos positivos. Desde ahí se hundirán hasta lo más profundo de tu corazón. Deja que Dios sea una celebración y no un asunto triste. Deja que Dios sea una gracia, una bendición.

Capítulo 8

La gente está dormida

Hassan le preguntó a Ajami:
«¿Cómo has alcanzado tu actual altura espiritual?».

Ajami contestó: «Blanqueando el corazón en meditación,
no ennegreciendo el papel con la escritura».

El hombre está dormido. No en el sentido ordinario, sino en el sentido metafísico. Incluso mientras crees que estás despierto, estás dormido. Con los ojos abiertos, caminando por la calle, trabajando en la oficina, sigues durmiendo. No sólo estás dormido en la iglesia, estás dormido en todas partes. Simplemente estás dormido.

Hay que romper este dormir metafísico, hay que abandonar por completo este dormir metafísico. Uno tiene que convertirse en una llama de consciencia. Sólo entonces la vida empieza a tener sentido, sólo entonces la vida adquiere sentido, sólo entonces la vida no es la llamada rutina, habitual, del día a día; la vida tiene poesía y un sinfín de flores de loto en el corazón. Y entonces hay Dios.

Dios no es una teoría, no es un argumento. Es una expresión importante en la vida. Pero la importancia sólo se puede sentir cuando no estás dormido. ¿Cómo vas a sentir la importancia de la vida estando dormido? La vida es importante, inmensamente importante. Cada uno de sus momentos es precioso. Pero tú estás dormido. Sólo unos ojos despiertos pueden ver esta importancia, vivir esta importancia.

Precisamente el otro día hubo una pregunta. Alguien preguntó: «Osho, tú estás diciendo continuamente que celebremos la vida. ¿Celebrar qué?». Puedo entenderlo. Su pregunta es interesante. Parece que no haya nada que celebrar. ¿Celebrar qué? Su pregunta es tu pregunta, es la pregunta de todo el mundo.

Pero la realidad es justo lo contrario. Todo es para celebrar. Cada momento es tan inmenso, tan fantástico, cada momento nos trae tal éxtasis... Pero tú estás dormido. El éxtasis viene, flota a tu alrededor y luego se va. La brisa viene, danza a tu alrededor y se va. Y tú sigues dormido. Las flores se abren y su fragancia llega hasta ti, pero tú estás dormido. Dios está cantando de mil y una formas, Dios danza a tu alrededor; pero tú estás dormido.

Tú me preguntas: «¿Celebrar qué?». ¿Qué no celebrar? Hay todo lo que uno pueda imaginar. Hay todo lo que uno peda desear. Y eso es más de lo que puedas imaginar. Hay en abundancia. ¡La vida es un lujo!

Imagínate a un ciego. Él nunca ha visto florecer una rosa. ¿Qué se ha perdido? ¿Lo sabes? ¿Puedes sentir alguna compasión hacia él por haberse perdido algo, algo divino? Él no ha visto el arcoíris. No ha visto un amanecer ni un atardecer. No ha visto el verde follaje de los árboles. No ha visto el color. ¡Qué anodina es su consciencia! Y tú que tienes ojos preguntas: «¿Celebrar qué?» El arcoíris, los atardeceres, los árboles verdes, esta colorida existencia.

Y, sin embargo, lo comprendo. Tu pregunta es importante. Comprendo que esta pregunta tiene su significado. El arcoíris está ahí, el atardecer está ahí, el océano, las nubes, todo está ahí; pero tú estás dormido. Aunque tengas ojos, nunca has mirado a la rosa. Has pasado a su lado, has visto la rosa. No estoy diciendo que no la hayas visto, tienes ojos, así que ves; pero no la has mirado, no has meditado en ella, no le has concedido ni un sólo momento de meditación, nunca has estado en armonía con ella, nunca has estado a su lado, sentado cerca de ella, en comunión, nunca le has dicho «hola», nunca has participado con ella. La vida pasa a tu lado, tú simplemente estás ahí, sin participar. No estás en concordancia con la vida, por eso tu pregunta es relevante. Tienes ojos y, sin embargo, no ves; tienes oídos y, sin embargo, no oyes; tienes un corazón y, sin embargo, no amas; estás profundamente dormido.

Es algo que hay que comprender, por eso lo repito una y otra vez. Si comprendes que estás dormido, ya ha entrado en ti el primer rayo de despertar. Si eres capaz de sentir que estás dormido, ya no lo estás, estás justo al borde de donde rompe el día: la mañana, el amanecer.

Pero lo primero y más esencial es saber que «estoy dormido». Si piensas que no estás dormido, entonces nunca despertarás. Si piensas que esta vida has estado viviendo hasta ahora es la vida de un ser despierto, ¿entonces por qué buscar formas de despertarte a ti mismo? Cuando un hombre sueña, y sueña que está despierto, ¿por qué iba a intentar despertarse? Él cree que ya está despierto. La mayor argucia de la mente es darte la idea de lo que no eres y ayudarte a sentir que ya lo eres.

Gurdjieff solía contar una parábola... Había un mago que también era pastor. Tenía que cuidar de miles de ovejas. Era un hombre muy tacaño, así que no quería sirvientes ni guardias. No quería pagar a nadie, pero tampoco quería que sus ovejas se perdieran o fueran cazadas por los lobos. Pero para él sólo era muy difícil cuidar de todas las ovejas. Era muy rico, tenía muchas ovejas.

Así que hizo un truco con las ovejas. Como era mago, las hipnotizó. Le dijo a cada una de las ovejas: «Tú no eres una oveja. No tengas miedo». Y a algunas les dijo: «Eres un león». A otras les dijo: «Eres un tigre». A algunas incluso les dijo: «Eres un hombre. Nadie te va a matar. No tengas miedo ni intentes escapar de aquí».

Las ovejas empezaron a creer en su hipnosis. Todos los días sacrificaba unas cuantas ovejas, pero las otras pensaban: «Yo no soy una oveja. Él sólo está sacrificando ovejas. Yo soy un león, yo soy un tigre, yo soy un lobo, yo soy esto y lo otro...». Incluso que eran hombres. A algunas les había dicho que eran magos; y ellas lo creyeron. La que sacrificaban siempre era una oveja. Ellas se mantenían distantes. No les preocupaba. Y así, poco a poco, todas fueron sacrificadas.

«Ésta es la situación actual», solía decir Gurdjieff.

Cuando alguien muere, ¿se te ha ocurrido pensar que es tu muerte? No, la mente sigue jugando el juego. La mente dice que siempre es el otro el que muere, nunca eres tú.

Algunas veces viene a verme un hombre anciano, muy anciano. Él siempre está preocupado por mi muerte. Pregunta: «¿Osho, si mueres, qué será de mí?». Tiene cerca de setenta y cinco años, ¡Osho se va a morir él no se va a morir! Hay muchas posibilidades de que él muera antes que yo, pero nunca pregunta acerca de eso. Siempre que viene hace la misma pregunta: «No me dejes. ¿Si tú mueres, qué será de mí?».

Así es como funciona la mente. Siempre es otro el que muere.

¿Has visto a la velocidad que la gente conduce sus coches? ¿Por qué? Todos piensan que los accidentes les ocurren a los demás. Incluso hay carteles que indican la cantidad de accidentes que ocurren cada día, la cantidad de gente que murió el día anterior, y sin embargo la gente sigue corriendo. ¿A quién le importa? Esas cosas les ocurren a los demás. «Los accidentes ocurren, es cierto, pero nunca a mí». Esa idea persiste. La parábola de Gurdjieff no es tan sólo una parábola.

Todo lo que es malo le ocurre a los demás, incluso la muerte. Tú no puedes concebir tu propia muerte. Y si no puedes concebir tu propia muerte, no puedes volverte religioso. Incluso pensar en ella parece imposible; ¿cómo puedo morir? ¿Cómo?

Tú te mantienes todo el tiempo separado del todo, sigues creyendo que tú eres la excepción. ¡Ten cuidado! Siempre que pienses que tú eres la excepción, recuerda, la mente te estará engañando. El mago de la mente te está haciendo un truco, y le ha hecho el truco a todo el mundo. Éste es el dormir metafísico. «La muerte no me va a ocurrir a mí... y yo ya soy lo que quiero ser... y todo está bien... y yo estoy despierto... y yo ya sé... así que, ¿qué es lo que hay que buscar?». Estas ideas falsas, estas absurdas ideas, han sido repetidas durante tanto tiempo que tú has sido hipnotizado por ellas. Tú te has hipnotizado a ti mismo. El mago no es alguien de fuera, es tu propia mente. Te quita toda tu significación. La significación sólo está en la consciencia, la significación es consciencia. Es algo así como una radiación. Cuando tú te enciendes con consciencia todo se enciende con significación.

Tú eres quien es reflejado en la existencia; la existencia funciona como un espejo. Si estás apagado y muerto, no hay nada que celebrar porque la existencia simplemente muestra tu cara apagada y muerta.

¿Celebrar qué? Si estás vivo, floreciendo, cantando una canción, danzando una danza, el espejo refleja una danza, una canción; hay mucho que celebrar. Cuando celebras, hay mucho más que celebrar. Y cada vez más y más. No tiene fin. Si no celebras, poco a poco te vas volviendo más y más muerto y apagado. Cada vez hay menos que celebrar. De repente, un día la vida es completamente insustancial.

Las personas están más alertas cuando son niños que el resto de su vida, a no ser que deliberadamente empiecen a buscar algún camino de consciencia, algún camino de meditación. A no ser que por accidente se acerquen a un maestro —un sufí, un zen, un hasideo—, se irán atascando más y más en el lodo del sueño. Los niños nacen despiertos y los viejos mueren profundamente dormidos, roncando. Si estás dormido, no hay celebración.

Pero ¿por qué? ¿Por qué el hombre está dormido? ¿Cuál es la causa raíz? Es una forma de evadirse. Hay muchos problemas en la vida. Obviamente están ahí. cuando yo digo que celebres, no estoy diciendo que no haya problemas. Hay problemas; tienen que ser afrontados, tienen que ser trascendidos. Y la celebración es una manera de afrontarlos.

Yo no estoy diciendo que no haya problemas, no te estoy contando cuentos de hadas, no te estoy diciendo que los problemas no existen, que en la vida todo es maravilloso, que sólo hay rosas y no espinas. Yo no te estoy creando un sueño, una utopía. Yo soy completamente realista y pragmático.

Pero la forma de sobreponerse a las espinas es celebrar la vida, celebrar esa flor. De hecho, esa flor es más preciosa porque hay mil y una espinas. Si todo fueran flores y más flores y no hubiera espinas, las flores no tendrían importancia. Si la mañana es tan hermosa, es por la oscuridad; si la vida tiene tanta dicha, es por la muerte; si la salud es importante, es por la enfermedad.

Yo no estoy diciendo que no haya nada por lo que preocuparse. Hay muchas cosas, pero no hace falta preocuparse por ellas. Pueden ser afrontadas. Pueden ser afrontadas sin preocupación alguna, pueden ser afrontadas por medio de la celebración. Sólo hay dos formas de afrontarlas: una es por medio de la preocupación y la otra es por medio de la celebración. La forma de la preocupación es la forma del mundo; la forma de la celebración es la forma de la religión. La forma de la preocupación produce sueño; hay tantas preocupaciones, ¿cómo deshacerse de ellas? Tú no lo sabes. No se puede resolver ni una sola preocupación. Por ejemplo, la existencia de la muerte. ¿Cómo vas a resolverla?

¿Qué puedes hacer para resolverla? Está ahí, desnuda frente a ti. Ni siquiera puedes evitarla, está ocurriendo a cada momento.

Hemos intentado evitarla a toda costa. Hacemos los cementerios en las afueras, hacemos nuestras sepulturas de hermoso mármol y, en ese mármol, escribimos hermosas máximas. Ponemos flores sobre nuestras tumbas. Estas cosas se hacen para que el trauma de la muerte sea un poco menos traumático. Cuando un hombre muere, decimos que su alma es inmortal. Eso es otra argucia. Yo no estoy diciendo que el alma no sea inmortal —lo es—, pero no para ti, lo es sólo para aquellos que se han despertado. Tú simplemente estás usando un consuelo. Para ti es un medio para evitar la muerte.

Maquillamos y vestimos bien al cadáver. Ahora en Occidente existe una profesión que se dedica exclusivamente a embellecer los cadáveres para que por lo menos en apariencia estén bien. Y a veces ocurre que el cadáver es embellecido tan eficazmente que tiene un aspecto más radiante que cuando el hombre estaba vivo.

Un hombre rico se compró un bonito Cadillac justo tres días antes de morir. Los médicos dijeron que la enfermedad había sido tan repentina que ya no se podía hacer nada y que moriría en veinticuatro horas. Así que dictó testamento. Dijo: «Acabo de comprar mi Cadillac. Era muy especial, hecho de encargo, y ni siquiera he podido conducirlo, así que quiero que me entierren en mi Cadillac».

Se siguió su voluntad. Se cavó una gran tumba, lo pusieron dentro del Cadillac y con una grúa metieron el Cadillac en la tumba. Todo el pueblo había venido para verlo. Todos estaban allí.

También vinieron dos mendigos y uno le dijo al otro: «Así es como se debería vivir. ¡Eso es lo que yo llamo vivir! ¡Eso es vida!».

Ocurre que estás tan muerto en vida que algunas veces tu muerte puede parecer muy, muy vida; comparativamente.

El problema de la muerte no lo puedes resolver. No hay forma. Entonces, ¿qué se supone que uno debe hacer? Con relación a la muerte, el sistema más fácil que el hombre ha encontrado es dormirse; no mirarla, evitarla. Nunca la mires cara a cara, a los ojos. Evítala. El evitar se ha convertido en el sistema del hombre.

Hay problemas; hay enfermedades, cáncer, tuberculosis, y muchas otras cosas más. Nadie está nunca seguro, nadie puede estarlo; porque la vida existe en la inseguridad. A lo mejor tienes un buen balance bancario, pero el banco puede ir a la bancarrota cualquier día o el país puede volverse comunista; puede ocurrir cualquier cosa. De repente tu mujer se enamora de un extraño y se va con él. Tienes un hijo en el que confiabas y se te hace hippie, ¡o *sannyasin*! ¿Quién sabe? La vida es insegura, no hay seguridad. Quizá pueda parecer que estás seguro, pero nada lo ha estado jamás.

Entonces, ¿qué hacer? Escapar al sueño. Crear una calima a tu alrededor que te impida ver claramente qué es qué. La gente vive con esa calima, esa metafórica calima, a su alrededor, como una niebla, para poder creer lo que quiera creer.

Un hombre iba conduciendo en su coche y vio a un joven hippie haciendo autoestop al borde de la carretera. El conductor, muy afablemente, paró y le abrió la puerta. Y el coche salió de nuevo a toda velocidad.

Empezó a llover. Y, al empezar a llover, el conductor apretó el acelerador. Los limpiaparabrisas no funcionaban. El hippie no veía absolutamente nada a través del parabrisa, así que le dijo al conductor: «Los limpiaparabrisas no funcionan y va a mucha velocidad. Yo no puedo ver nada y mis ojos están perfectamente bien y usted es ya mayor, ¿cómo se las arregla?».

El conductor se rio y dijo: «No te preocupes. Da igual que los limpiaparabrisas funcionen o no, de todas formas he dejado mis gafas en casa».

Cuando no ves, crees que nada importa. Creas una niebla a tu alrededor y entonces no ves. La muerte está ahí, tú no la ves; la inseguridad está ahí, tú no la ves; tu mujer te va a dejar mañana, tú no lo ves; tu marido se va a hacer poeta, tú no lo ves. Hay una niebla. Sigues dormido.

Dormir es evitar. Es una argucia de la mente para eludir los verdaderos problemas de la vida. Es una droga. Inventada por el hombre. Pero no sirve de nada. La realidad permanece tal como es. De hecho, se vuelve peor porque tú no te das cuenta. Tú podrías haber hecho algo, pero ahora ya no puedes porque has creado la niebla y no puedes ver. Los problemas no se resuelven con tu niebla y tu dormir, se multiplican. Pero, al no verlos, puedes consolarte con la idea de que no hay problemas.

Debes haber oído hablar del avestruz y su lógica. Ésta es su lógica: cuando el avestruz ve que un enemigo se acerca, mete la cabeza en el suelo, en la arena. Se queda ahí sin miedo en absoluto porque no puede ver. Sus ojos están cerrados bajo la arena, no puede ver al enemigo. Y su lógica es que si no puedes verlo, el enemigo no está.

Esta lógica del avestruz es muy humana. No te rías del avestruz. Eso es lo que tú has hecho, eso es lo que millones de personas han hecho, eso es lo que está haciendo el noventa y nueve por ciento de la humanidad. No veas al enemigo; simplemente sigue creyendo que todo va bien. Por lo menos en este momento no está pasando nada malo, todo está bien, así que ¿por qué preocuparse? Sigue viviendo en este estado drogado.

Pero ésa es la forma segura de no estar nunca con ganas de celebrar. No serás capaz de celebrar nunca porque la celebración viene a través de la trascendencia; cuando se han trascendido los problemas. Fíjate bien, estoy usando la palabra «trascendencia» no la palabra «solución». Ningún problema es resuelto jamás, ningún problema puede ser resuelto jamás; de hecho, llamarlos problemas no es correcto. No son problemas.

Intenta comprenderlo. ¿Es la inseguridad un problema? Lo llamamos problema, pero es sólo que la vida es así. No dices que el árbol es verde, así que el verde es un problema. Es simplemente que los árboles son así. No dices que el sol es tórrido, así que eso es un problema. No es un problema. El Sol es tórrido; es simplemente que el Sol es así. La inseguridad es un ingrediente básico de la vida. De hecho, la vida no puede existir sin inseguridad. Sin inseguridad la vida estaría muerta; la inseguridad es lo único que hace que siga vida, latiendo, esperanzada.

La inseguridad hace que la vida pueda cambiar. Cambiar es primordial. Si cambias, habrá inseguridad; si no cambias, no hay inseguridad; pero si no cambias, eres una roca. Una roca es más segura que un rosal. Naturalmente, porque una roca no cambia tan rápido. Puede permanecer igual durante millones de años, no hay problema. Pero para el rosal hay muchos problemas. Si se le deja de regar durante dos días, entonces las rosas empezarán a desaparecer, el verdor empezará a desaparecer, el rosal empezará a morir. O si el sol calienta mucho, si viene un loco, si entra un animal al jardín, puede morir por muchas causas. El rosal tiene que existir rodeado de muchas inseguridades; para la roca no hay problema. Pero el rosal cambia, por eso está vivo.

Los animales están menos vivos, el hombre está más vivo; o por lo menos potencialmente. Tiene el potencial de estar más vivo. Pero también su inseguridad es mayor. Sólo el hombre es consciente de la muerte. Pero ser consciente de la muerte se puede convertir en reto; cómo trascenderla, cómo afrontarla, cómo vivir cara a la muerte, sin evitarla, aceptándola por completo, sabiendo plenamente que está ahí.

¿Cómo vivir sabiendo que la muerte vendrá? De hecho, la vida cobrará una gran intensidad cuando se conozca la muerte. Tú sabes que la muerte puede llegar mañana —o quizá en el siguiente momento—, así que sólo tienes un momento en tus manos. No lo desperdicies. Y no vivas a medias, porque ¿quién sabe?, puede que el siguiente momento no llegue jamás. Éste es el único momento que tienes, el próximo no es seguro. Puede que venga y puede que no, tú no puedes depender de eso. No puedes posponer, no puedes sacrificar el presente por un futuro inseguro. Si aceptas y afrontas la muerte, empezarás a vivir el presente. La muerte no es un problema, la muerte te ayudará a estar más vivo, intensamente vivo. Empezarás a vivir plenamente porque no se puede tener esperanza en el futuro. El futuro no existe. Si se conoce la muerte, si se acepta, el futuro desaparece.

Y con la desaparición del futuro lo único que te queda en las manos es el ahora. Entonces puedes entrar en este ahora; lo que sea que hagas. Puedes estar comiendo o bailando o haciendo el amor con una mujer o cantando o cavando un hoyo en el suelo; lo que sea que hagas. Éste es el único tiempo que tienes, ¿por qué no hacerlo con totalidad? ¿Por qué no celebrarlo? Celebración y ser total significan lo mismo. Sólo celebras cuando eres total en algo y cuando eres total en algo lo celebras.

¿No lo has notado en ti mismo? Cuando eres total en algo hay celebración. Por ejemplo, si cuando me escuchas lo haces de una forma total, hay una gran celebración. Tú no estás haciendo nada, tú simplemente estás ahí sentado. Pero escuchándome, profundamente, totalmente, intensamente, surge un gran gozo. Y tú no estás haciendo nada, no eres tú quien está creando ese gozo, el gozo ya está ahí; tú simplemente tienes que estar aquí, aquí ahora. Aquí es el único lugar y ahora es el único tiempo; porque la muerte está ahí.

Pensar en la muerte como si se tratara de un problema es tomar una dirección equivocada. Porque entonces empiezas a evitarla. Cuando la evitas te duermes. Aceptar la muerte... Sí, la muerte está ahí, forma parte de la vida. Entró en ti el mismo día en que naciste, entró con el nacimiento. El nacimiento y la muerte son dos caras de la misma moneda. El día que naciste te hiciste vulnerable a la muerte. Ahora no hay forma de evitarla.

Sí, ya sé que la ciencia médica puede ayudar al hombre a vivir doscientos o trescientos años, pero eso no supone ninguna diferencia. Que vivas treinta o trescientos años no supones ninguna diferencia. La diferencia sólo puede estar en cómo vives, no en cuánto vives. Si vives dormido, puedes vivir treinta, trescientos, o tres mil años, no importa. No habrá celebración. Si vives una vida plena, meditativa, entonces incluso tres minutos puede ser suficiente, incluso un sólo segundo puede ser suficiente. Un simple segundo de éxtasis total es suficiente para saborear la eternidad. Es suficiente, más que suficiente. No desearás nada más. Es tan satisfactorio, es tan jubiloso.

No eludas; si lo haces, seguirás dormido. No eludas la muerte, no eludas los problemas. No eludas la ansiedad; acéptalos, afróntalos, forman parte del juego.

Precisamente el otro día leí un pasaje de Bernard Shannon. Su parábola es casi sufí:

Un hombre despierta de repente en el camarote de un barco y se da cuenta de que no recuerda haber subido a bordo del barco, no sabe adónde va. Esperando encontrar a alguien que le aclare la situación, sale del camarote y sube a cubierta, allí hay muchas personas que, al parecer, están completamente absortas jugando a diferentes juegos de mesa.

El hombre se acerca al grupo más cercano y tímidamente pregunta adónde se dirige el barco. El grupo lo mira sin comprender y le dicen que no lo saben. Entonces el hombre, confuso, pregunta cuándo y desde dónde ha zarpado el barco, pero vuelve a recibir la mismas miradas de incomprensión y respuestas negativas. En ese momento uno de los jugadores es empujado hasta la barandilla por alguna fuerza invisible y desaparece por la borda. El grupo sigue jugando sin inmutarse, así que el hombre empieza a gesticular agitadamente gritando que uno de sus miembros acababa de caerse por la borda. Los jugadores se encogieron de hombros y le dicen que eso ocurre todo el tiempo; la gente simplemente es barrida y nunca la volvemos a ver.

Intrigado, el hombre sigue caminando por cubierta, sólo para ver a otros jugadores cayendo al suelo de repente, afligidos por alguna enfermedad o accidente. Él está tremendamente alarmado; ¡qué extraña situación! Un pasajero en un barco que no sabe cómo llegó a él ni desde dónde zarpó ni adónde se dirige. Todos los demás pasajeros absortos en el juego y admitiendo libremente que no tienen ni idea del tiempo que llevan a bordo; la fuerza invisible podría barrerlos en cualquier momento, o pueden ser abatidos por dolorosas aflicciones o enfermedades.

Todo el escenario es altamente ilógico; sin embargo, la extraña situación ha sido aceptada de una forma natural por los otros pasajeros. Éstos simplemente no piensan en ello, sino que prefieren divertir sus mentes sumergiéndose en los lances de los juegos de mesa. Esos juegos son gobernados por ciertas reglas determinadas; ¡lógica!».

Eso es lo que ocurre en la Tierra. La Tierra es el barco en el que un día de repente te encuentras a ti mismo, sin saber de dónde vienes ni adónde vas, viendo cómo las personas se van haciendo viejas, afligidas, viéndolas morir. Preguntas, y a nadie le interesan tus preguntas. De hecho, cuando le preguntas a alguien «¿qué es la muerte?» empieza a sentirse incómodo. Quiere eludirlo, quiere dejar el tema. Pensará que eres un poco morboso o algo así. ¿Por qué hablar de un tema tan horrible? ¿Por qué hablar de la muerte?

La propia palabra «muerte» te produce un escalofrío por la espalda. La gente no usa la palabra «muerte», dicen que ha «pasado a mejor vida». Sólo para eludir la palabra «muerte» dicen que ha «pasado a mejor vida» o «ha sido llamado por Dios» o «se ha ido al cielo». Gente astuta. Simplemente para eludir la palabra «muerte», para eludir el hecho de que ha muerto; porque la muerte puede hacerte daño, te duele que tengas que morir; ellos dicen: «Se ha ido al cielo. Ahora está perfectamente, déjalo ir. Debe estar disfrutando de la compañía de Dios». Ésa es la situación actual.

Y la gente está profundamente implicada en sus juegos. Algunos juegan el juego de la política; quieren llegar a ser presidentes o primeros ministros o algo así. Están completamente absortos en ello.

En India, Moraji Desai fue nombrado primer ministro. Tenía ochenta y dos años. Aun así, tenía interés en ser primer ministro, la muerte no le interesaba en absoluto. Es hora de pensar en la muerte, pero no, a él no le interesaba la muerte. Él iba diciendo que en diez años resolvería todos los problemas del país. En diez años... ¿Cuánto tiempo pensaba él que iba a vivir? No, no ha pensado en ello en absoluto. Nadie lo hace. Él no es una excepción.

Y la gente completamente absorta en sus juegos. Otros están absortos en sus juegos de dinero; en cómo tener más dinero, cómo ganar más dinero. Y otros están absortos en acumular conocimientos. Todos ellos son juegos y han sido inventados por el hombre para eludir los problemas reales de la vida. Estos juegos te dan la posibilidad de resolver cosas. En la vida real no puedes resolver nada, nada puede ser resuelto, porque la vida real es un misterio, no un problema. La muerte es un misterio, no un problema. No puede ser resuelta. No es un crucigrama. Es un misterio. Permanece misteriosa. Tienes que aceptarla tal como es. No hay forma de resolverla. Pero aceptándola, la trasciendes. A través de la aceptación llega a ti una gran transformación.

El problema sigue ahí pero ya no es un problema. Tú ya no estás en contra de él. La propia palabra «problema» indica que tú estás en contra de ello, que tienes miedo de ello, que es el enemigo. Cuando lo aceptas, se convierte en un amigo, te haces amigo de él. La inseguridad está ahí pero ya no es un problema. De hecho, te causa emoción.

De hecho, si tu esposa te deja mañana, no te preocupes por ello. Deja que te emocione, deja que sea una aventura. No hay nada malo en ello.

Si tu hijo te sale hippie, no te preocupes. Por lo menos él ha hecho algo que tú nunca hiciste. Tú te has perdido algo que él no se va a perder. Déjalo que viva a su manera. Él tiene más vida. A él le interesa más la vida real que tus falsos juegos. Tú querías que se hiciera rico y se ha convertido en un mendigo. Querías que llegara a presidente, a gobernador, o cualquier otra cosa sin sentido por el estilo y se ha hecho sannyasin: no te preocupes. Eso no es ningún problema. Has procreado una persona viva; sé feliz, siéntete agradecido. Es algo bueno.

Puede que por su giro hacia estos caminos desconocidos también se abriera alguna ventana en su mente, que un rayo de luz entrara en tu persona muerta, que empezarás a latir de nuevo. ¿Quién sabe? Tú no estás realmente muerto, sólo te has vuelto apagado. Tú has puesto una armadura a tu alrededor que cada día se ha ido haciendo más y más pesada y ahora es muy difícil moverse con ella. Viendo a tu hijo girar hacia lo desconocido, puede que tú abandonaras tu armadura, que empezaras a moverte por primera vez en los laberintos de la misteriosa vida. Por primera vez te darías cuenta de que los juegos que estás practicando son absurdos, de que tan sólo son juegos.

¿No has observado lo absortos que están los que juegan al ajedrez? Y todo es falso. El rey y la dama y los alfiles y los caballos... todo es falso, simbólico. Pero la gente se queda tan absorta en los símbolos que se olvida de que la vida es real, no simbólica.

He oído...

Un motorista que iba conduciendo por una carretera comarcal vio un cartel grande que decía: Cuidado con el perro. Siguió adelante y, al rato, volvió a ver otra señal con las letras incluso más grandes: Cuidado con el perro. Finalmente, llegó a la granja y allí vio un pequeño perro en la entrada de la casa.

«¿Está usted seguro», preguntó el motorista, «de que ese pequeño perro mantendrá a los extraños alejados?».

«No», contestó el granjero, «pero las señales sí».

¿Quién se preocupa de mirar al perro? La gente se ha familiarizado tanto con los signos, los símbolos, las palabras, el leguaje; ¿a quién le importa si realmente hay un perro o no?

Funciona, lo sé porque lo he puesto en práctica. Una vez yo vivía en un pueblo y no tenía perro. Pero solía poner una señal. No había perro, tan sólo una señal, una señal grande, en la puerta: Cuidado con los perros. Y la gente no entraba. Eso era suficiente para mantenerla alejada. En realidad no necesitas tener un perro. ¿A quién le importa la realidad?

Los juegos son simbólicos. Y en ese barco la gente estaba jugando y no tenía interés en lo que en realidad estaba pasando: de dónde venían, adónde iban y qué le ocurría a la gente que simplemente desaparecía un día y no se la volvía a ver. Y ellos aceptaban algo tan misterioso sin meditar acerca de ello. Decían: «Sí, ocurre todo el tiempo». La gente desaparece y ellos todavía siguen absortos en sus juegos. No quieren ver ese hecho. Ese hecho es molesto, ese hecho es inconveniente. Puede molestar su sueño.

Así que las personas se duermen porque están intentando eludir. Y están intentando eludir porque, equivocadamente, han tomado los misterios por problemas. La inseguridad es misterio. La muerte es misterio. El amor es misterio. Todo es misterioso. Y cuando digo «misterioso» me refiero a que no es lógico. Es muy ilógico. Uno nunca sabe.

Cuando te enamoras de una mujer o de un hombre, ¿sabes por qué te enamoras? ¿Puedes contestar eso? Simplemente ocurre. Simplemente ocurre por las buenas. Te cruzas con una mujer desconocida y, de repente, algo ha ocurrido. Tú no puedes contestar, ella tampoco puede contestar. De repente se encuentran yendo juntos en la misma dirección. De repente se dan cuenta de que están en la misma longitud de onda, que se compenetran. Y puede desaparecer tan de repente como empezó. Es un misterio. Vives veinte años con una mujer, en profundo amor y con todas las alegrías del amor, y luego un día ese clima ya no está, esa vibración ya no está. Tú estás ahí, la mujer está ahí, y no es que no se amen —se han amado durante veinte años—, pero de repente, igual que salió de la nada, desaparece en la nada. No está ahí. Ahora puedes fingir; eso es lo que hacen los maridos y las esposas. Puedes fingir. Puedes fingir que todavía hay amor, pero entonces la vida se vuelve pesada. Ya no hay alegría.

El amor no se puede fingir ni dirigir.

No hay forma de dirigir el amor; es más grande que tú. Procede de la misma fuente que el nacimiento y la muerte. El amor procede del mismo lugar que ellos. Estas tres cosas —el nacimiento, el amor y la muerte— vienen de lo desconocido. De repente entran en ti como una brisa y de repente desaparecen.

Los problemas no se pueden resolver pero se pueden trascender. Y la forma de trascenderlos es aceptando que están ahí. y no pienses que son problemas, son misterios. Una vez que empiezas a sentir que son misterios de repente te empiezas a sentir en armonía con la vida; y hay celebración, hay confianza.

Esto solamente es posible si a la mente no se le permite jugar sus juegos. El corazón es el centro en el que ocurre el amor, el nacimiento, la muerte. Cuando llega la muerte, lo que se detiene es el corazón. Cuando llega el amor, lo que danza es el corazón. Cuando llega el nacimiento, lo que empieza a latir es el corazón. Todo lo que es real ocurre en el corazón, y todo lo que es irreal ocurre en la mente. La mente es la facultad de lo irreal, de la ficción, de los juegos.

Así que la única transformación necesaria para el sufismo es cómo trasladar tu energía de la mente al corazón.

Hassan le preguntó a Ajami: «¿Cómo has alcanzado
tu actual altura espiritual?».

Ajami contestó: «Blanqueando el corazón en meditación, no ennegreciendo
el papel con la escritura».

Es una afirmación corta, pero es de una enorme belleza, significado, verdad.

La pregunta de Hassan es muy corriente. Ajami era un gran maestro. Al final, Hassan también se convirtió en un gran maestro, pero tuvo que pasar mucho tiempo. Visitó a muchos maestros. Fue un gran buscador, pero, como suele ocurrir, estaba más interesado en los conocimientos que en la sabiduría. Por eso tardó tanto. Finalmente lo consiguió. Al final todo el mundo lo conseguirá —en esta vida o en otra—, al final todos lo conseguirán.

Hassan solía ir a visitar a Rabiya, a Ajami y a otros maestros —a quien estuviera disponible—, pero sus preguntas eran las de un hombre de conocimientos. Se puede deducir sólo por la formulación.

Hassan le preguntó a Ajami: «¿Cómo has alcanzado tu actual altura espiritual?».

Todas las palabras que ha utilizado carecen de espiritualidad. Primero: «¿Cómo has alcanzado?». La espiritualidad no es algo que se alcanza, ya está ahí. No es una meta en alguna parte, es algo que ya está ocurriendo en ti. Está en tu corazón. Pero tú no te das cuenta porque no estás en el corazón. El tesoro está en el corazón y tú estás en la cabeza. Ésa es la única distancia entre tú y Dios: la distancia entre la cabeza y el corazón. No es mucha —puede que treinta centímetros, medio metro—, no es mucha.

Alguien le preguntó a Rabiya al-Adabiya: «¿Cuál es la diferencia entre la verdad y la mentira?».

Y Rabiya contestó: «Diez centímetros».

El hombre se quedó perplejo. Volvió a peguntar: «No lo comprendo. ¿Qué quieres decir?».

Ella contestó: «La distancia entre el oído y l ojo es la diferencia entre la mentira y la verdad. La mentira es todo lo que oyes desde los oídos; lo que oyes es la mentira y lo que ves es la verdad».

La verdad es tu propia experiencia, tu propia visión. Aunque yo haya visto la verdad y te la cuente, en el momento en que te la cuente para ti dejará de ser una verdad y se convertirá en una mentira. Para mí era verdad, para mí llegó a través de los ojos. Fue mi visión. Para ti no será tu visión, será algo prestado. Será una creencia, será un conocimiento; no sabiduría. Llegará a través del oído. Y desde el momento que empieces a creerlo, estarás creyendo en una mentira. Recuérdalo. Incluso una verdad se convierte en una mentira si entra en ti a través de la puerta equivocada. La verdad tiene que entrar por la puerta delantera, a través de los ojos. La verdad es una visión. Uno tiene que verla.

Y lo mismo se puede decir de Dios y tú; la distancia no es mayor de treinta centímetros o medio metro. Tú existes en la cabeza, siempre estás allí, colgado, como una nube. Y el corazón está ahí, lleno, lleno de celebración, esperando que tú regreses a casa. El tesoro está ahí, pero tú te has ido a buscarlo por todo el mundo.

Hay una famosa historia hasidea.

Un hombre soñó que cerca de cierto puente en la capital había un gran tesoro y que si fuera allí podría encontrarlo. Por la mañana le hizo gracia. Era un hombre pobre, un pobre rabino. Se rio, dijo; «No tiene ningún sentido. Y está tan lejos: mil millas. Y un sueño es un sueño».

Pero el sueño se repitió. Entonces empezó a sospechar. Puede que no sea sólo un sueño. Puede que Dios le estuviera dando una pista. Pero todavía no podía reunir el suficiente valor como para viajar mil millas tan sólo por un sueño. Él era un hombre pobre y tendría que pedir limosna para conseguir el dinero para comprar los billetes. ¿Y quién sabe si ese puente existe o no? Nunca había estado en la capital. Pero el tercer día el sueño se volvió a repetir; con una gran persistencia el sueño le dijo: «Sólo tienes que ir y encontrarlo. Es todo tuyo. Justo a un lado del puente». Le mostró el lugar exacto. No sólo eso, podía ver todo el lugar, todos los alrededores. Fue tan claro que tuvo que ir.

Viajó mil millas. Muchas veces surgieron las sospechas, las dudas, pero se dijo: «Esto tiene que acabarse. Tengo que ir a comprobarlo». Así que fue, y cuando llegó le sorprendió que el puente estuviera allí: exactamente el mismo puente que había visto en sueños. Absolutamente igual. Los mismos pasajes, los mismos árboles, exactamente igual que el lugar que había visto en el sueño. Pero existía un problema. En el sueño no había policías, pero ahora había allí un policía todo el tiempo. Cambiaban los turnos, pero venía otro. Siempre había alguien, durante las veinticuatro horas.

Él preguntó por qué había un policía allí. Alguien le explicó que algunas personas se habían suicidado desde este puente. Pero eso para él era un problema. Iba de un lado a otro, dando vueltas y vueltas alrededor del lugar, así que el policía empezó a sospechar de él.

Viéndolo ir y venir tantas veces, un día le preguntó: «¿Qué ocurre? ¿No estará pensando en suicidarse? No me cause problemas. ¿Qué hace por aquí todo el tiempo? ¿Qué quiere?». Y el rabino le explicó: «Escuche. Yo no tengo nada que ver con el puente. Estoy aquí por un sueño que tuve. Un sueño que se repetía insistentemente». Y le contó que en el sueño, justo en el lugar que estaba el policía, a un metro de profundidad, había un gran tesoro.

El policía se rio a carcajadas y dijo: «¡No sea tonto! Pero resulta curioso. Yo también he soñado que en cierto pueblo —y era el pueblo en el que vivía el rabino— vive un rabino —y él era rabino— que se llama tal. Y llevo mucho tiempo soñando con ir allí porque debajo de su cama hay un gran tesoro. Pero yo no le doy importancia a los sueños. Los sueños, sueños son. Usted es tonto. Yo no soy tan tonto. No voy a viajar mil millas para buscar ese pequeño pueblo y luego buscar a ese pobre rabino y luego buscar bajo su cama. Los sueños son sueños. ¡Regrese a casa!».

El rabino regresó a casa a toda prisa. Cuando llegó se puso a cavar bajo su cama y ahí estaba el tesoro.

Es una hermosa parábola. El tesoro está dentro de ti, en tu propia casa. No necesitas ir a Varsovia o a Nueva Delhi o a Washington. Debajo de tu propia consciencia, justo dentro de ti, está el reino de Dios. No es algo que se busque, porque buscar es algo que se hace en el exterior. Sólo hace falta entrar dentro. No se trata de ir, sino de volver. No se trata de ir a ningún sitio, se trata de dejar todas las ideas para que de repente estés donde tienes que estar.

«¿Cómo has alcanzado —pregunta Hassan— tu actual altura espiritual?».

Pues bien, lo que se ve son las alturas, pero dependen de las profundidades; son como los árboles. El árbol se eleva hacia el cielo, treinta metros, habla con las nubes, le susurra a la Luna y las estrellas, juega con los rayos de Sol; pero ese no es el verdadero árbol, el verdadero árbol esta debajo, está en las raíces. La verdadera fuente está en las raíces. La altura depende de la profundidad. Las raíces pueden existir sin el árbol. Aunque tales el árbol, las raíces seguirán existiendo, y nacerá otro árbol. Pero si cortas las raíces, se acabó el árbol, se acabó para siempre. Así que lo esencial del árbol está en las raíces, y las raíces están en lo profundo. La parte visible, lo que está en la superficie, no es la parte esencial del árbol. Las hojas, las flores, los frutos no son partes esenciales. La parte esencial está oculta bajo el suelo. Está en las raíces. Ahí está la fuente de la vida. Y ahí está la fuente de la espiritualidad.

Un hombre con la comprensión correcta preguntaría por las profundidades, no por las alturas. Las alturas no son importantes, las profundidades sí. Uno tiene que entrar en lo profundo de sí mismo. Sí, cuando profundizas surgen las hojas, las flores y los frutos. Tus ramas se elevan altas en el cielo, tú alcanzas una gran altura.

Y esa altura la puede ver todo el mundo, es visible. Recuerda siempre, lo visible no es muy real; lo real siempre se mantiene invisible. La fuente real, las raíces, están en lo invisible. ¿Por qué son invisibles las raíces? Porque Dios es invisible. ¿Por qué son invisibles las raíces? Tienen que serlo, si no serían destruidas. Y, si la fuente es destruida, el árbol no tendrá ninguna posibilidad. El árbol puede permitirse vivir en el exterior, las raíces no pueden. Son tan preciosas que tienen que mantenerse escondidas para que nadie sepa de ellas.

Por eso la religión es secreta. El islam es el árbol, el sufismo es la raíz. El budismo es el árbol, el zen es la raíz. El judaísmo es el árbol, el Hassidismo es la raíz. La verdadera religión siempre está escondida, la verdadera religión es secreta; es oculta, esotérica, porque está en lo profundo.

Es algo que puede observarse en cualquier parte. Si pones una semilla sobre el suelo, no crecerá. No puede crecer. A la vista de todo el mundo, expuesta a todo el mundo, no puede crecer. El crecimiento necesita oscuridad, profundidad. Pon la semilla bajo el suelo y crecerá. El niño crece en el vientre de la madre; por eso en Oriente siempre hemos llamado a la mujer la «Tierra». El niño es la semilla, entra profundamente en la mujer, desparece en la mujer. Ni siquiera la mujer puede verla; ¿qué quiere decir de los demás? Nadie puede verla.

Ha desaparecido en lo más hondo de las profundidades. Y desde ahí empieza a crecer.

Dios funciona en privado, en secreto. Y lo mismo que ocurre con el niño en el vientre de la madre, ocurre con la semilla en la tierra, y con el crecimiento de tu naturaleza esencial, la espiritualidad. La oscuridad, no la luz, es necesaria para que algo crezca, porque la privacidad es necesaria.

El nacimiento ocurre en privado. El día del cumpleaños no es el verdadero nacimiento. El niño ha vivido ya nueve meses. El día de tu cumpleaños no es correcto. El verdadero momento del nacimiento es el momento en el que el niño es concebido. Fue completamente privado.

Y que a la gente le guste hacer el amor en privado no es sólo por casualidad. La privacidad es parte de ello. Hacer el amor en un lugar público parece feo y obsceno. Es un espectáculo feo. El amor es tan precioso, tan frágil, no puede ser expuesto. Cuando la gente está mirando mientras tú haces el amor, estás llevando a cabo un feo acto en contra de la vida y en contra de Dios. Es profano, es sacrílego. El amor necesita intimidad, privacidad. Por eso se hace el amor por la noche, no por el día; oscuridad, privacidad.

¿Y te has fijado? Cuando haces el amor con una mujer, ella incluso cierra los ojos. Ellas son más listas que los hombres. Sólo el hombre tiene interés por ver el cuerpo desnudo de la mujer; ninguna mujer tiene interés por ver el cuerpo desnudo del hombre. Ellas tienen más sentido y más respeto. Ellas están más intuitivamente en armonía con lo divino. Es feo. Estar observando es feo. Uno debería sentirlo con los ojos cerrados. Cuando amas a una mujer, ella cierra los ojos. Con los ojos cerrados siente con todo su ser. Cuando miras a una mujer con los ojos abiertos no la sientes con todo tu ser. Si lo haces, serás un espectador.

Y entre mirar una foto de una mujer desnuda en la revista Playboy y mirar a una mujer desnuda en persona no hay mucha diferencia. Ambas cosas son pornográficas. El hombre es pornográfico, la mujer no. Ella está más en armonía con la naturaleza. Si dos amantes están realmente enamorados, incluso el hombre cerrará los ojos. Desaparecerán en un abismo profundo, en lo desconocido. Ahí está el encuentro. El encuentro no es de los cuerpos, el encuentro es de las almas. Y cuando un niño es concebido, es concebido en profunda oscuridad.

Y lo mismo pasa con la muerte. Tu muerte será privada, nadie será testigo de ella. La gente verá tu cuerpo muerto, pero nadie te verá morir. Al igual que nadie te vio nacer, nadie te verá morir. En el momento de la muerte volverás a estar sólo. Ocurrirá en tu intimidad, en la más completa intimidad. No habrá nadie. No se puede invitar a nadie. La muerte no la puedes compartir. Habrá personas alrededor, pero lo único que verán será el cuerpo y que algo desaparece del cuerpo, pero no saben qué ni dónde.

La vida entra en la invisibilidad. La vida se hace invisible. Y lo mismo pasa con el amor; aparece desde lo desconocido y desaparece en lo desconocido.

«¿Cómo has alcanzado —pregunta Hassan— tu actual altura espiritual?».

Un buscador verdadero, auténtico, que comprenda, preguntará por las profundidades no por las alturas. Y no hablará de la espiritualidad como algo que hay que alcanzar, no lo es. No se trata de algo que se alcance, no es un logro, no es una ambición, es la desaparición de la mente, cuyo fin es alcanzar. Esa mente ya no funciona. Dejas de ser un ambicioso.

Ya ni siquiera eres un buscador. La búsqueda, el lograr, el alcanzar; todo ha desaparecido. No hay ambición. No hay deseo. Es un estado de ausencia de deseo. Pero entonces, si no deseas y no hay anhelo en tu corazón, ¿dónde puedes ir? El deseo se convierte en una vía de escape. Cuando no hay deseo caes en tu mismo centro, en el mismo núcleo de tu ser. No se trata de un logro, se trata de una comprensión.

Cuando después de su iluminación le preguntaron a Buda: «¿Qué has conseguido?». Él se rio y contestó: «No he conseguido nada en absoluto. De hecho, he perdido mucho. He perdido mi ignorancia y he perdido mi ego y he perdido mi mente, y no he conseguido nada». La gente no comprendía. Decían: «Nosotros siempre hemos pensado que la espiritualidad es un gran logro y tú dices que no has conseguido nada». Y Buda dijo: «No. Lo que sea que haya conseguido siempre ha estado ahí, así que no puedo decir que lo haya conseguido. Ya estaba ahí. sólo que yo no lo veía, eso es todo. Ahora lo he visto. No es un descubrimiento, es un redescubrimiento. Se me había dado. Ha estado conmigo durante milenios, desde el mismo principio. No lo he perdido ni por un instante. Simplemente había perdido una memoria. Así que se trata de un reconocimiento, pratyabhigya, un reconocimiento».

Imagínate que guardas dinero en un bolsillo y te olvidas de él, y de repente te arruinas, te conviertes en un mendigo. Al cabo de los pocos años, un día, buscando cualquier cosas, metes la mano en el bolsillo y el dinero está ahí. nunca había estado en ningún otro lugar, siempre había estado ahí, sólo que tú te habías olvidado.

Por eso los sufíes dicen que Dios no se ha perdido sino que se encuentra. No hace falta encontrar a Dios, sólo tiene que ser recordado, zirk. Los hindúes lo llaman surati, los budistas lo llaman smriti, sólo ser recordado. Es tuyo sólo con pedirlo. Incluso si no lo pides, es tuyo.

Ajami contestó: «Blanqueando el corazón en meditación, no ennegreciendo el papel con la escritura».

Ajami dice: «No por pensar, sino por meditar; no por el pensamiento, sino por el amor; no por la cabeza, sino por el corazón, ha ocurrido».

Primero hay que entender algo acerca del pensamiento; sólo así podrás entender la meditación. Hay que entender algo acerca de la cabeza, sólo entonces podrás descender al corazón.

El pensamiento es abstracto. El pensamiento no es más que petulancia. Deja que te cuente una historia, eso lo aclarará.

Mulla Nasrudin viajaba en un compartimento con otras tres pasajeras. Las mujeres estaban intentando impresionarse entre sí, como suelen hacer las mujeres. Toda su vida están intentando convencer a las otras mujeres de que ellas son mucho más hermosas o mucho más ricas o mucho más famosas.

Una dijo: «Mi marido me compró una pulsera que costaba cincuenta mil rupias, pero tuve que devolverla a la joyería porque soy alérgica al platino».

Otra dijo: «Mi marido me compró un visón que costaba setenta y cinco mil rupias, pero tuve que devolverlo a la peletería porque soy alérgica al visón».

Entonces empezó la tercera mujer: «Mi marido...». Pero no pudo completar su frase porque de repente Mulla cayó al suelo desmayado. Cuando recuperó la consciencia, las tres señoras le preguntaron qué había causado su repentino desmayo. Tenía tan buen aspecto, parecía tan sano.

Él respondió: «Es que soy alérgico a la petulancia».

El pensamiento sólo es petulancia. Es irreal. Está hecho de la misma sustancia que los sueños. Si quieres conectar, relacionarte con la realidad, el pensamiento no es el puente, no puede ser el puente. Es la barrera. La realidad sólo puede ser contactada cuando hay no-pensamiento. Sólo en el no-pensamiento eres uno con la realidad. No hay nada que lo impida. Los pensamientos funcionan como una pantalla, crea una niebla a tu alrededor. Ayuda a dormir. Ése es el dormir metafísico del que he estado hablando. Cuanto más piensas, más te apartas de la realidad. Pensar significa alejarse de la realidad. Lo real no necesita pensamiento, lo real sólo necesita consciencia. De eso se trata la meditación. Meditación significa estar alerta, estar viendo aquello que es sin pensar en ello.

Inténtalo. Al principio te parecerá difícil, pero poco a poco empezarás a cogerle el punto. Y entonces es tremendamente hermoso. Es la mejor experiencia que la vida puede ofrecerte, el éxtasis más profundo que pueda haber en la vida. Mira a la rosa y simplemente sigue mirándola. No pienses. No verbalices. No metas el lenguaje en ello. No digas que es una flor hermosa. Si lo haces, has fallado.

He oído...

Lao Tse estaba dando un paseo matutino. Solía acompañarlo un vecino que lo conocía bien; sabía que era un hombre muy silencioso, que no le gustaba hablar.

En cierta ocasión el vecino mencionó que la mañana era hermosa; era verdad. Lao Tse parecía muy sorprendido. Lo miró como si hubiera dicho una locura. El hombre se sintió incómodo. Le preguntó: «¿Qué pasa? ¿Por qué me miras así? ¿He hecho algo malo?».

Y Lao Tse contestó: «Yo también estoy viendo la mañana, ¿qué necesidad hay de que me digas que es hermosa? ¿Acaso crees que estoy muerto o dormido? La mañana es hermosa, ¿Qué sentido tiene decirlo? Yo también estoy aquí, tanto como tú?».

Desde entonces el vecino dejó de hablar. Solía seguirlo, caminar con él, y después de años de paseo matinal con Lao Tse también él se dio cuenta de lo que es la meditación.

Un día, un amigo vino a visitar al vecino y también quiso salir a pasear. Ese día el visitante dijo: «Qué hermoso amanecer». Entonces el vecino entendió. También él se quedó perplejo como un día lo hiciera Lao Tse, y dijo: «¿Por qué tendrías que mencionarlo? Yo también estoy aquí». Entonces, Lao Tse le preguntó: «¿Lo entiendes ahora?».

Hay una forma de estar en contacto con la realidad sin palabras. De hecho, ésa es la única forma. Las palabras no sirven, son una traba.

Por eso, cuando estés sentado al lado de un rosal, mira. Cuando en la noche estés bajo las estrellas, mira, no pienses. No empieces a pensar cuál es el nombre de esa estrella. Las estrellas no tiene nombre. La rosa no sabe que se llama «rosa» y el sol no se da cuenta, no es consciente en absoluto de que es hermoso. Olvida todas esas cosas; sólo tienes que estar ahí. ese estar ahí es presencia, eso es meditación. Y cuando Ajami dice: «Blanqueando el corazón en meditación, no ennegreciendo el papel con la escritura». Quiere decir lo siguiente: «Yo no he leído las escrituras, yo no he escrito libros, no he creado filosofía, no me interesan las doctrinas ni las teologías, no me interesan las palabras, no me interesa la lógica; he dedicado todo esfuerzo a hacer que mi energía se transformara en energía de sentimiento en vez de energía de pensamiento. He caído de la cabeza al corazón».

Y hay un nuevo fenómeno cuando entras en el corazón: la cabeza es fría y el corazón caliente, porque el corazón está vivo. La cabeza es tan fría como una tumba y el corazón es tan vivo y tan caliente como Dios. A través de la cabeza puedes producir lógica y más lógica, a través del corazón sólo puedes traer más y más amor.

«Blanqueando el corazón en meditación...».

La meditación es caer al corazón, y cuando caes al corazón surge el amor. El amor siempre sigue a la meditación. Y también es verdad viceversa: si te conviertes en un amante, la meditación sigue al amor. Van juntos. Son un mismo tipo de energía, no dos. O bien meditas y te conviertes en un gran amante, a tu alrededor flotará un gran amor, rebosarás amor, o bien empiezas a convertirte en un amante y encontrarás esa cualidad de consciencia llamada meditación donde los pensamientos desaparecen, donde los pensamientos ya no nublan tu ser, donde ése clima de sueño que te rodea ya no está; la mañana ha llegado, estás despierto, te has convertido en un Buda.

Ajami dice: «Así es como he entrado en lo divino, en la dimensión de lo divino. Dios está en todas partes; sólo tienes que estar en el corazón y estarás en armonía con Dios».

Dios se está emitiendo a sí mismo por todas partes, pero tu mecanismo no está funcionando bien. Es como si tu radio no funcionara bien, o no hubieras sintonizado la emisora correctamente; por eso tu vida es aburrida, rancia. No recibes la alegría, la celebración.

Y tú me preguntas: «¿Celebrar qué?». ¿Qué no celebrar? ¿Qué falta? Todo está ahí, lo que pasa es que tú estás durmiendo. Sal de tu sueño. Y cuando digo sal de tu sueño, quiero decir que salgas de tu muerta cabeza. Ven al corazón. Deja que el corazón lata, deja que el corazón cante, deja que el corazón dance. Y no te preocupes por el Dios de los teólogos, entonces tendrás al verdadero Dios. No te preocupes por el Dios de los musulmanes o de los hindúes o de los cristianos, entonces tendrás al Dios que lo ha creado todo. El Dios verdadero no es el Dios de los hindúes o de los musulmanes o de los cristianos, el Dios verdadero es simplemente Dios. Todo le pertenece. Y él no le pertenece a nadie como posesión.

Los sufíes tienen un hermoso refrán. Dicen: «El mundo es Dios, aunque Dios no sea el mundo. El mundo es una cosa pequeña. Dios es un círculo grande y el mundo es un círculo pequeño dentro de él. Se puede decir que el círculo pequeño es el círculo grande, pero no se puede decir que el círculo grande es el círculo pequeño. «El mundo es Dios, pero Dios no es el mundo». El potencial de Dios es un infinito. Este mundo es tan sólo una pequeña parte del Dios que se ha hecho realidad.

Pero puedes encontrar a Dios aquí. Él está en todas partes: en cada árbol, en cada río, en cada montaña, en cada persona. Cuando un niño sonríe, es él quien sonríe; cuando una mujer llora y las lágrimas fluyen, es él quien está llorando. Está en el mendigo y en el emperador, está en mí y en ti; porque sólo él es, sólo Dios existe.

Pero de alguna manera sin darnos cuenta. Y queremos buscar, queremos ir a los Himalayas, a Kaaba o a Kailash; no hace falta ir a ningún sitio. Él está tan presente aquí como lo pueda estar en cualquier parte, está tan presente en ti como lo pueda estar en Mahoma, en Mahavira, en

Krishna o en Cristo. Está disponible en todas partes por igual, no hay desigualdad, tú sólo tienes que sintonizar la onda en la que puedas recibirlo. Y esa recepción ocurre en el corazón, nunca en la cabeza.

La función principal de un maestro es decapitar a su discípulo, y eso es lo que yo estoy haciendo aquí. Tú no tienes nada que perder excepto tu cabeza.

Capítulo 9

No juzguen

Hassan de Basra cuenta:

Me había convencido a mí mismo de que era un hombre humilde y muy modesto en mi pensamiento y mi conducta hacia los demás. Pero un día vi un hombre que estaba sentado en la orilla del río. A su lado había una mujer y delante de ellos dos una botella de vino.

Pensé: «Si tan siquiera pudiera reformar a ese hombre y hacer que fuera como yo en vez de la degenerada criatura que es».

En ese momento, vi un bote en el río que empezaba a hundirse. Sin pensarlo, ese hombre se tiró al agua donde siete hombres intentaban mantenerse a flote, y sacó a seis a salvo a la orilla.

Entonces, el hombre se acercó a mí y me dijo: «Hassan, si tú eres mejor hombre que yo, por Dios, salva al último hombre que queda».

Descubrí que no podía salvar ni a un hombre, y se ahogó.

Luego, aquel hombre me dijo: «Esta mujer es mi madre. Esta botella de vino sólo contiene agua. Así es como tú juzgas, y así es como tú eres».

Me arrojé a sus pies y lloré. «Igual que has salvado a esos seis hombres, ¡sálvame de ahogarme en el orgullo disfrazado de mérito!».

El extraño dijo: «Ruego a Dios que pueda satisfacer tu propósito»».

Jesús dice: «No juzgues». Su frase es absoluta, sin calificativos. Es categórica. Él no dice: «No juzgues mal», simplemente dice: «¡No juzgues». No juzgues en absoluto. No hace ninguna distinción entre juzgar bien y juzgar mal. Su frase declara que todos los juicios son incorrectos. El juicio en sí es incorrecto.

Esta frase es tremendamente poderosa; igual que la actitud del sufismo hacia la vida. Un verdadero hombre de Dios no tiene juicios. No puede juzgar. Juzgar es imposible para él. En primer lugar, para juzgar tienes que ser un egoísta. El ego es indispensable. El juicio sólo es posible desde una posición egocéntrica. Si no tienes ego, ¿quién va a juzgar? ¿Y cómo? ¿Y comparándolo con qué?

El verdadero hombre de Dios existe como una nada. Es vacío; lo que Buda llama shunyata. Es un no-ser. Dentro, en él, no hay nadie más que Dios. Es uno con el todo. No puede hacer una distinción entre «yo» y «tú». No puede estar en contra del «tú» en ningún sentido. Porque si no queda ningún «yo», no puede haber ningún «tú». Es uno con el todo. Con el ladrón, es un ladrón; con el santo, es un santo. No puede definirse en contra, ni tan siquiera a favor, porque para definirse en contra o a favor, se necesita un ego. Es un requisito indispensable. No puede juzgar porque no es.

Cuando Jesús dice: «No juzgues», está diciendo: «Por favor, desaparece». El juzgador no permitirá que tu ego desaparezca, seguirá alimentándolo, seguirá fortaleciéndolo. Así que los que juzgan se vuelven muy, muy egoístas. Ellos no son los religiosos, no son la gente del camino.

En segundo lugar: para juzgar, necesitas un criterio, reglas, paradigmas. Las reglas vienen del pasado, las reglas vienen de la historia; y la vida siempre está trascendiendo la historia. La historia es lo que una vez fue, pero ya no es. Así que todas las regla son inadecuadas. Pertenecen al pasado muerto, no tienen nada que ver con el presente vivo.

Martín Lutero dijo que la fe está basada en la historia. Ésa es una frase completamente absurda y muy anticristiana. La fe no se basa en la historia, la fe se basa en tu propia experiencia de vida aquí-ahora. No tiene nada que ver con el pasado. El pasado ya no existe. El pasado no es más que huellas en la playa del tiempo. La vida se fue de allí como la serpiente se va de su vieja piel. Juzgar a la serpiente viva por la piel muerta sería una tontería; juzgar al hombre por la historia no tiene sentido.

Pero la historia no es el único criterio que hay. No se puede juzgar por el pasado, porque ya no existe; no se puede juzgar por el futuro, porque todavía no existe, y cuando hayas encontrado un criterio para juzgar a un hombre en el presente, el presente se habrá convertido en pasado. Está cambiando cada momento.

La vida es un proceso, un flujo. La vida es imprevisible. Ninguna regla la contiene. Ninguna regla puede contenerla. Tiene una absoluta libertad. se va moviendo en nuevas direcciones, por nuevos caminos. Va encontrando nuevos pastos de dicha, de felicidad y de éxtasis.

Las reglas vienen del pasado, por eso cada sociedad tiene reglas distintas; porque cada sociedad tiene una historia distinta. Los hindúes han vivido de una forma, en un tipo de clima, en un país; los musulmanes han vivido de otra forma en otro tipo de clima; los tibetanos, también han vivido de una forma completamente diferente. Sus historias son diferentes, por eso sus moralidades son diferentes, por eso sus reglas son diferentes. Todas esas reglas son arbitrarias. Son utilitarias. En ellas no hay nada de realidad. Sí, son útiles durante un periodo concreto en el tiempo, pero cuando la vida ha pasado, ese periodo se convierte en resacas, se vuelven feas, molestas, pesadas. Te hacen aburrido.

Lo que dice Martín Lutero no es correcto. En realidad él no era un hombre de Dios, era más bien un político, un contestatario — protestar, luchar—, un revolucionario. Él no tenía una consciencia religiosa.

La fe no está basada en ninguna historia, la fe está basada en la experiencia. Y cuando yo digo experiencia me refiero a «experimentando»; una vez que la experiencia de uno se ha completado, es pasado. Mientras estás en ello, latiendo, vivo, pulsando, danzando, entonces y sólo entonces puedes contactar con Dios. Y con ese contacto surge la fe. La fe no es un condicionamiento, es tu propia experiencia de lo divino en la vida.

Así que recuerda, la fe no tiene su base en la historia de la raza. Ni siquiera tiene una base en tu propia autobiografía, no es autobiografía. El verdadero hombre de fe no tiene autobiografía.

Por eso en Occidente tenemos la tradición de que el *sannyasin* no debe escribir su autobiografía; porque no debería pensar en términos de autobiografía. Si le preguntas a un *sannyasin* de dónde viene, a qué sociedad pertenece, o cómo se llamaba antes, la única respuesta que recibirás será una risa. No te dará ninguna pista acerca de su pasado. Yogananda es el primer *sannyasin* hindú que ha escrito su autobiografía —*La autobiografía de un yogui*—; aparte de esa excepción, los *sannyasins* siempre han insistido en que no tienen pasado. Ellos borran su pasado. Sólo tienen el presente; el ahora es todo lo que tienen; de ahí la libertad, la absoluta libertad, del *sannyasin*. Al no tener pasado no está encerrado en alguna parte. No tiene autobiografía.

Imagínate, si pudieras librarte por completo de tu autobiografía, lo libre que te volverías en ese mismo instante.

Y es también el significado de mi *sannyas*. Cuando te doy *sannyas*, de hecho, lo que te estoy diciendo es que abandones tu historia, que abandones tu autobiografía. Ahora deja de estar conectado al pasado, hazte discontinuo con él. Ahora vive el momento, y vive el momento con claridad, con inteligencia, con consciencia, con amor, y no según a las reglas. Las reglas vienen del pasado; el amor surge aquí ahora. La inteligencia está aquí ahora; las reglas vienen del pasado.

Y recuerda siempre, una persona que vive rigiéndose por las reglas tiene que ser poco inteligente. De hecho, vivir según las reglas es simplemente una forma de evitar la inteligencia. Así, puedes permitirte ser estúpido. No hay ningún problema. Las reglas se hacen cargo. Tú no te sientes responsable. Tú simplemente estás siguiendo cierta regla muerta, la estás siguiendo a la perfección. Así que no necesitas ser inteligente. ¿Qué sentido tiene ser inteligente?

Cuando vas a la iglesia cada domingo no vas por tu propia inspiración, tú simplemente vas siguiendo una regla. Rezas una oración que te ha llegado por tradición a través de los tiempos; tú simplemente la repites. Eres un magnetófono. Esa oración no tiene ninguna conexión contigo y tu corazón, no es tu pulso, no es tu vibración. No eres tú, es la tradición hablando a través de ti. Es la voz de otra gente sonando a través de ti, resonando a través de ti. Tú sólo eres eco; ¿cómo va a ser inteligente el eco?

Los que no quieren ser inteligentes se convierten en seguidores; seguidores de la tradición, seguidores de las escrituras, seguidores de las reglas y las regulaciones, de los rituales.

La persona inteligente no tiene reglas ni rituales, y eso no significa que esté loca o que sea irresponsable o que pueda hacerle daño a los demás, no, para nada. De hecho, significa todo lo contrario. Cuando se vive inteligentemente no se puede hacer daño a nadie. Las personas que siguen las reglas son siempre violentas. La violencia viene de la estupidez; la no-violencia es un florecer de la inteligencia. La inteligencia y el amor siempre van juntos. Cuanto más inteligente seas, más amoroso serás; cuanto más amoroso seas, más inteligente serás. Son dos caras de la misma moneda.

Inteligente no significa intelectual, recuerda. La persona intelectual no es inteligente, el intelectual también está viviendo en el pasado. Puede recitar los Vedas, pero no puede crear un simple *richa*, una simple poesía de la calidad de los Vedas. Puede recitar el Gita, el Corán o la Biblia, pero no puede cantar ni una simple canción de la calidad del Gita.

No puede expresarse a sí mismo de ninguna forma creativa, como lo hizo Mahoma. Sus palabras son prestadas, sus palabras no tienen vida en él; sus palabras no tienen un corazón latiente, no respiran. No tienen la vitalidad que tenían las palabras de Jesús. Será intelectual, será culto, será un erudito.

Además, siendo intelectual puedes engañarte a ti mismo y a los demás creyendo que eres inteligente. La inteligencia no tiene nada que ver con el intelecto. El intelecto es parte de la memoria, la inteligencia es parte de tu corazón. Son fenómenos completamente diferentes.

Hay granjeros, leñadores, pescadores que son muy inteligentes; a lo mejor no son intelectuales, ciertamente no lo serán. Puede que no sepan nada de escrituras ni de teorías y filosofías.

Los apóstoles de Jesús no eran personas intelectuales, pero eran inmensamente inteligentes. Para estar con Jesús uno necesita inteligencia, no intelecto. Eran personas sencillas, pero tenían claridad, podían ver la brillantez de Jesús, lo que había ocurrido. Los profesores no pudieron verlo; el pescador, el leñador, el hortelano, sí.

Los rabinos no pudieron verlo. Pensaron que ese hombre estaba loco, pensaron que ese hombre era peligroso. Compararon las notas con el pasado y pensaron que ese hombre no cumplía la vieja ley. De hecho, pensaron que ese hombre estaba en contra de todas las leyes, de todas las regulaciones, de todas las reglas; y ciertamente, ese hombre era un peligro para la sociedad.

Sí, ese hombre era un peligro para la sociedad; porque la sociedad que ha habido hasta ahora no merece ser llamada sociedad. Es un montón de hormigas. Es una masa anónima. Una masa en la que la gente está perdida, ahogada. En la que la gente ha perdido su alma.

Cuando un hombre se convierte en parte de la masa se olvida de sí mismo por completo. Un hombre tiene que ser un hombre; un hombre tiene que ser un individuo; un hombre tiene que tener su propia vida, su propio estilo de vida; un hombre tiene que tener su propia forma de hacer las cosas, su propia unicidad; sólo entonces cumple consigo mismo, sólo entonces se acerca a Dios. Dios ama a los creadores no a la gente que está perdida en la masa anónima, que se ha vuelto parte de la sociedad, de la historia, de la raza, de la religión, de la iglesia. Dios quiere que veas, que seas tú mismo.

Un maestro hasideo, Joshua, se estaba muriendo y alguien le dijo: «Recuerda a Moisés para ayudarte. Te vas a morir, recuerda a Moisés».

Joshua abrió los ojos, se rio y dijo: «¡Deja de decir tonterías! Tarde o temprano me voy a encontrar con Dios. Es cuestión de minutos, de horas como mucho. Estoy en mi lecho de muerte. Deja de decir tonterías. Estaré frente a Dios y él no me preguntará: '¿Joshua, por qué no eres un Moisés?'. Me preguntará: '¿Joshua, por qué no eres un Joshua?'».

Sí, Dios te preguntará por qué no eres tú. ¿Por qué eres otra persona? Si eres otra persona, tú quedas sin cumplirte. Siendo otra persona estás traicionando a Dios.

Por eso el verdadero hombre de Dios vive su propia vida, vive inteligentemente, vive amorosamente, con gran compasión; pero no tiene reglas fijas. Es líquido. No está congelado. ¿Cómo vas a juzgar? ¿En contra de qué? ¿Y cómo?

Piensa en ello de esta forma... Si has nacido jaina o budista —no estoy hablando de alguien que realmente haya alcanzado el estado del Buda, que haya saboreado el estado del Buda o del jaina—; si has nacido jaina o budista y ves a Jesús sentado con sus amigos, bebiendo vino, ¿qué podrías pensar? ¿No juzgarías? Inmediatamente juzgarías que ese hombre no puede ser el hijo de Dios. Mahavira nunca bebió vino, Buda nunca bebió —ni siquiera en sus sueños—, y este hombre está bebiendo vino.

Si eres cristiano, nacido cristiano, y ves a Mahavira desnudo, pensarás que está loco o algo por el estilo. «A Jesús nunca se le vio desnudo. Ese hombre es un neurótico. Ésas no son formas para un hombre de Dios. En la historia del cristianismo nunca ha habido un místico desnudo. Así pues, ¿qué está haciendo este Mahavira? Tiene que estar equivocado».

Así es como juzgamos. Tenemos cierto patrón, cierta idea que nos ha sido transferida a través de nuestra historia, de nuestra raza, iglesia, religión, y luego con esa idea prejuzgamos, con esa idea pensamos que tenemos un conocimiento *a priori* de cómo deberían ser las cosas. Así que podemos juzgar.

Un hombre de Dios no tiene reglas ni ideas fijas. No pertenece a ninguna historia, a ninguna raza, a ninguna religión, a ninguna iglesia.

Sólo le pertenece a su núcleo interno. Y ahí no tiene ninguna idea fija ni nada que se le parezca para poder juzgar. Un verdadero hombre de Dios podría ver a Jesús y reconocerlo, incluso aunque esté bebiendo vino con sus amigos. Y podría reconocer a Buda, y a Mahavira en su desnudez, y también a Krishna tocando la flauta y sus novias bailando a su alrededor. Si fueras demasiado cristiano, pensarías que el hombre de Dios tiene que estar siempre en la cruz. Eso es sólo una de las posibilidades; ocurrió una vez que

Jesús estuvo en una cruz. Pero eso no es la regla. Hay otras posibilidades: Krishna tocando la flauta, vestido con hermosas vestiduras, bellamente maquillado, bailando. Ahora bien, tú no puedes concebir a Jesús bailando.

Si estás demasiado fijo en Cristo, no podrás ver lo que está pasando en Krishna. O si estás demasiado fijo en Krishna, no podrás ver lo que está pasando en Cristo. Dios se manifiesta en millones de maneras —en Krishna, en Cristo, en Mahavira, en Buda, en Mahoma, en Zaratustra, en Lao Tse—, en millones de maneras. Y todas son suyas. Pero para reconocerlo necesitarás una gran inteligencia. Y el primer paso hacia una gran inteligencia es abandonar todas las ideas *a priori*, los prejuicios, abandonar todo lo que los demás te han dado, abandonar todo el polvo de tu mente para que pueda convertirse en un espejo puro y puedas reflejar.

Primero, el hombre de Dios tiene que desaparecer como ego; no existe un «yo» que pueda estar a favor o en contra. Segundo, no tiene reglas fijas, así que no puede sopesar lo que está bien y lo que está mal. Tercero, una gran aceptación ha surgido en su alma, la aceptación total ha surgido en su ser. Todo está bien porque todo procede de Dios. Sí, puede bendecir el todo porque él ha sido muy bendecido por el todo. Él no tiene juicio. Eso es a lo que Jesús se refiere cuando dice: «No juzgues».

Así que recuerda, no hay juicios buenos y juicios malos; juzgar en sí está mal. Deja de juzgar. Y si puedes dejar de juzgar, te sorprenderás de la cantidad de vargas, la cantidad de losas que se levantan de tu corazón. Te sentirás ligero. Te sentirás como si casi pudieras volar. Estás encadenado por tus prejuicios, estás encadenado por tu pasado; por eso sientes que la vida es tan pesada. La vida no es pesada, lo que la hace pesada es que vayas cargando con el pasado. Por eso los niños son ligeros y los viejos se vuelven muy pesados; porque los niños todavía no tienen autobiografía. Según vayan creciendo empezarán a almacenar, a acumular chatarra —experiencias, conocimientos, esto y aquello—, y tarde o temprano se ahogarán en su propio pasado.

Juzgar es moral, y la moralidad no tiene nada que ver con la religión. Ese malentendido tiene que ser aclarado. La gente siempre confunde moralidad con religión. La moralidad no tiene nada que ver con la religión; un hombre moral no es necesariamente un hombre religioso. Un ateo puede ser moral, perfectamente moral. Se pueden encontrar hombres morales en la Rusia soviética; el hombre moral no tiene por qué ser religioso.

El hombre religioso es una dimensión nueva.

La moralidad es una necesidad de la sociedad. La sociedad necesita reglas y regulaciones, la sociedad necesita distinción entre lo correcto y lo incorrecto, entre lo que está bien y lo que está mal. Ciertamente las necesita, porque la gente está muy dormida. Para dirigir a esa gente se necesitan ciertas demarcaciones. Hay que darles algunas reglas fijas, porque si no se producirá el caos.

El hombre religioso puede abandonar su moralidad porque ahora tiene sus propios ojos; no necesita ninguna otra guía. Con sus ojos es suficiente. Es como si estuvieras ciego y necesitaras un bastón para caminar, para tentar el camino, para encontrar el camino... Después, un día tus ojos se abren. ¿Seguirías llevando el bastón? Lo dejarías. Ahora no tendría sentido, ahora no necesitas ir a tientas. Ahora el bastón ya no sería de ninguna ayuda, sería una carga.

Así es la moralidad: es un bastón para ciegos. Los que han decidido seguir siendo estúpidos, necesitan la moralidad, pero los que han decidido apostarlo todo y volverse alertas y conscientes, ya no necesitan la moralidad. La persona consciente es espontáneamente moral. No necesita llevar a cuestas una moralidad, simplemente es moral. No es que intente hacer el bien, no, en absoluto, pero todo lo que hace está bien.

Fíjate en la diferencia. Tiene una gran importancia. El hombre religioso es aquel que no se preocupa por hacer el bien, pero todo lo que ocurre a través de él está bien porque él se ha rendido a Dios y a través de Dios, rindiéndose a él, todo está bien. No puede hacer mal. No es posible. Cuando estás alerta es imposible hacer el mal. Es tan imposible como atravesar una pared andando o intentar atravesar una pared andando con los ojos abiertos. ¡Encontrarás la puerta! Es tan simple como eso.

Pero los ciegos algunas veces intentan pasar a través de la pared. No pueden. No hay ninguna posibilidad. Pero los ciegos están ciegos. No pueden ver dónde está la pared y dónde la puerta. El hombre religioso es aquel cuyos ojos están abiertos y ve dónde está la puerta. Entonces no hace falta cargar con la idea de que uno debe pasar siempre por la puerta; uno simplemente pasa por la puerta. Cuando sabes, el mismo saber se convierte en tu virtud.

Sócrates dice: «El conocimiento es virtud», una frase con mucho significado. Saber es estar en lo cierto, saber es hacer lo correcto. A través del saber, lo correcto viene por sí sólo como si fuera su sombra. La virtud es un subproducto de saber lo correcto. No necesita ser practicada. Si la practicas, es falsa. La moralidad practicada es una moralidad falsa, sólo produce hipócritas. La moralidad es algo que no se practica en absoluto; simplemente ocurre porque sabes, tus ojos están abiertos, puedes sentir, eres sensible, así que lo correcto ya no puede ocurrir. La persona religiosa no es ni moral ni inmoral, simplemente es religiosa. La religión es un nivel más elevado que la moralidad. La moralidad es un esfuerzo para fingir ser religioso.

Sin moralidad, los juicios desaparecen. Cuando la moralidad desaparece, los juicios desaparecen. Con moralidad siempre habrá juicio: por eso los moralistas, los puritanos, están constantemente juzgando. Noche y día —las veinticuatro horas— están juzgando. Siempre están comparando, vigilantes. Son mirones. Vigilan la vida de todo el mundo; ¿qué estás haciendo?, ¿quién está haciendo mal? Toda su vida es una constante inspección. Son gente fea. Es muy difícil vivir con un moralista, es un ser increíblemente aburrido. Es aburrido y apagado y crea a su alrededor una atmósfera aburrida y apagada. Desafortunados aquellos que tengan que vivir con gente moralista, porque, tarde o temprano, los moralistas también los envenenarán.

Los moralistas producen culpabilidad y la culpabilidad es el cáncer del alma. Cuando te sientes culpable te enfermas y luego te será muy difícil volverte a recuperar. Pero todas las mal llamadas religiones —que no son religiones sino puntos de vista morales— han causado ese daño.

La frase de Jesús «No juzgues», cuando se observa meditativamente, es una de las frases más revolucionarias que se hayan dicho jamás.

Al juzgar se da por sentado que el hombre existe para las reglas. Eso es poner las cosas patas arriba, eso es poner las cosas en un completo desorden. El hombre no existe para las morales, las morales existen para el hombre. El hombre no es el medio, el hombre es el fin. Pero los moralistas siempre piensan que la regla es más importante que el hombre. El hombre puede ser sacrificado por la regla, pero la regla no puede ser sacrificada por el hombre. La regla se vuelve más importante.

Éste es un estado de las cosas que da pena. La regla no puede ser más importante que el hombre. La regla está para ayudar al hombre, lo contrario sería como si sacrificaras al ciego por el bastón. Sí, el bastón es útil, pero no es el fin, no es la meta.

Observa cómo juzgas a la gente. Cuando juzgas a la gente, ¿no estás convirtiendo el principio moral en el fin? ¿No estás condenando al hombre y elogiando los principios? Eso habría que colocarlo en el orden correcto. Los principios están para ser usados. Son arbitrarios. Son sólo conveniencias. No tienen ningún valor intrínseco. Cuando los principios cambian, cuando las circunstancias cambian, cuando el hombre alcanza nuevas formas de ser en la vida, tienen que ser abandonados. Deberían ser abandonados, inmediatamente. No tendrían que convertirse en una carga para la humanidad.

Las reglas se siguen manteniendo; pero los tiempos van cambiando. El código de vida hindú fue escrito hace cinco mil años. Todavía es ideal. ¿Cuánta agua habrá pasado por el Ganges en esos cinco mil años? Todo ha cambiado. Ahora ya nada es igual que en los tiempos de Manu; Manu escribió el código que todavía se sigue. Seguirlo ahora es una absoluta insensatez. No tiene nada que ver con esta época, con este hombre, con este tiempo. Pero Manu no tiene la culpa, porque todo lo que escribió era válido: válido para aquel tiempo. Si regresara, no se podría creer lo estúpida que la gente puede llegar a ser. Diría: «¿Por qué siguen esas reglas ahora? ¿Quién les ha dicho que las sigan? La vida ha cambiado. La vida ya no es igual. Ya nada es igual». Pero esas reglas continúan.

Moisés dio cierto patrón de vida para vivir, pero tiene tres mil años de antigüedad. El mundo se ha alejado mucho de aquel punto. Ahora es irrelevante. Pero la gente aún lo sigue. Somos adoradores de la muerte, somos adoradores de todo aquello que se vuelve irrelevante. No miramos a la vida. Hay que mirar a la vida a cada momento y encontrar un camino para ir a través de ella. Uno tiene que responder a la vida, no a los códigos muertos.

Jesús es de hace dos mil años, Buda de hace dos mil quinientos años, y el código jaina de vida es uno de los más antiguos, tiene entre cinco y siete mil años... El hombre moderno lleva una carga. Seguir cualquiera de esos códigos es inadecuado; hace que te sea imposible vivir. Y si no lo sigues, empiezas a sentirte culpable. Así que es destructivo en ambos sentidos. Si sigues a Manu, a Moisés o a Mahavira, serás una pieza de museo; no estarás aquí ahora, no serás en absoluto relevante. Ve y observa a los munis jainas, los monjes jainas. Son irrelevantes. Deberían ser descartados. Pertenecen a la papelera. En este tiempo ya no son relevantes. Sólo son cadáveres.

Eso es lo que te ocurrirá si sigues la regla. No serás contemporáneo. Serás contemporáneo de Manu, de Mahavira o de Moisés, pero no serás contemporáneo mío, no serás contemporáneo de la sociedad y del mundo en el que estás viviendo, no pertenecerás a este siglo veintiuno. Para pertenecer a este siglo hay que abandonar todos los siglos pasados. Y si no puedes hacerlo... Es imposible hacerlo. Es tan difícil que nadie puede hacerlo perfectamente. ¿Cómo vas a pertenecer a un código de cinco mil años de antigüedad y vivir en el siglo veintiuno? Es una proeza tal que, aunque lo intentes con todas tus fuerzas, siempre acabarás siendo imperfecto, siempre te sentirás como si estuvieras quedándote corto. Y luego viene la culpabilidad... no estás siendo todo lo bueno que deberías ser, no eres una persona verdaderamente religiosa. Será una herida que hará que tu vida se convierta en una desgracia.

Muy poca gente intenta seguir estas reglas. La gente simplemente ha descubierto una forma de ensalzarlas y no cumplirlas. Sólo para protegerse a sí mismos. Pero ni siquiera eso les hace daño, porque en el fondo piensan que las reglas son correctas, que son ellos los que se equivocan; si no las sigues, estás equivocado, no te hará más abierto, no te dará la emoción y la alegría que se necesitan para crecer.

Uno tiene que aceptar su realidad tan plenamente que no haya espacio para culpabilidad, ni siquiera para una sombra de culpabilidad. Sólo entonces uno puede florecer. Sólo una persona sin culpabilidad puede florecer. Y cuando yo digo «sin culpabilidad» no estoy diciendo que sigas las reglas y no cometas pecados para no sentirte culpable.

Nadie puede hacer eso. Cuando yo digo «sin culpabilidad» estoy diciendo que abandones todas las reglas que crean la culpabilidad. No sigas las reglas. Los árboles existen perfectamente sin reglas; no sienten culpabilidad. Las estrellas existen sin reglas; no sienten culpabilidad. Sé natural, no sientas culpabilidad; con una sola diferencia.

La diferencia es que tienes que ser consciente. Los árboles no pueden ser conscientes; no sienten culpabilidad pero no son conscientes. Las estrellas no sienten culpabilidad, pero no son conscientes de ello. Así que ellas se mueven en Dios, se mueven mucho más suavemente, mucho más plenamente en Dios que nosotros, pero no pueden saberlo. Permanecen inconscientes.

Ésta es la dignidad y el potencial del hombre: estar en Dios y estar plenamente consciente, estar en Dios… y conscientemente. Eso trae consigo la mayor de las dichas, la celebración.

«No juzgues». Y esta frase de Jesús no se refiere únicamente a los demás; ésta es la última cosa que me gustaría recordarte. Algunos pensarán: «Esta bien, no juzgaré a los demás. Si veo a alguien que esté haciendo algo, diré: 'A mí no me concierne. Es asunto suyo. ¿Quién soy yo para juzgar?'». Es cierto, no juzgar a los demás es imposible, pero si empiezas a juzgarte a ti mismo estarás jugando el mismo juego desde otro ángulo. Antes juzgabas a los demás, ahora te juzgas a ti mismo: «Lo que he hecho está mal. No debería haberlo hecho. Mañana seré mejor. Tengo que evolucionar y hacerme espiritual…», y esto y lo otro. Tú tienes ideales y piensas que tienes que cumplirlos. Así que puede que no juzgues a los demás, pero te estarás juzgando a ti mismo. Entonces serás destructivo contigo mismo.

«No juzgues» simplemente significa «no juzgues» ni a los demás ni a ti mismo. El juzgar tiene que desaparecer. Deja de juzgar y verás la gran dicha que te llega, el gran éxtasis que empieza a estallar en ti.

Antes de entrar en esta hermosa historia explicaré algunas cosas que ayudarán a entenderla...

Entre el sujeto y el objeto, entre lo interior y lo exterior, hay tres posibilidades. La primera posibilidad es la del político, el moralista, el sacerdote. Al político lo único que le interesa es cómo manipular a la gente. Lo único que le interesa del otro es cómo manipularlo, cómo dominarlo, cómo tener poder sobre él. No le importa nada más. Su tema es el poder; cómo controlar a la gente. Cada vez que dice algo lo dice con ese propósito. A él no le importa la verdad. Por eso los políticos tienen que seguir diciendo mentiras, tienen que seguir prometiendo cosas que no pueden cumplir, cosas que ellos saben que no es posible cumplir; pero siguen prometiéndolas porque eso es lo que tú necesitas, eso es lo que tú deseas. Y si quieren manipularte tienen que provocar tus deseos, tienen que reforzarte, tienen que mostrarte hermosos sueños. El político habla para manipular al otro, a la otra persona. Su interés es únicamente explotador.

Y lo mismo pasa con el sacerdote. No hay mucha diferencia. También él intenta manipular al otro. Su idea de poder no es de este mundo, su idea de poder es del otro mundo, pero es de poder. Él también quiere dominar... en el nombre de Dios.

El político y el sacerdote no son muy diferentes, por eso siempre han estado juntos. El sacerdote y el político han mantenido una conspiración para dominar a la gente. Así ha sido en el pasado y así es en la actualidad. El político y el sacerdote siempre han conspirado juntos en contra de la gente. El sacerdote solía decir a la gente que el rey provenía de Dios, y el rey, a cambio, se inclinaba y le tocaba los pies al sacerdote. Ésa es la conspiración. Hay un entendimiento mutuo. Hace mucho tiempo que decidieron que tenían la misma meta. Y además tienen una línea de demarcación: el sacerdote debe dedicarse a gobernar las almas de la gente y los políticos deben dedicarse a gobernar los cuerpos de la gente. Los políticos no deben interferir en lo referente a las almas y los sacerdotes no deben interferir en lo referente a los cuerpos. Éste es el acuerdo y la conspiración.

Ésta es una forma de relacionarse con la gente. Hay otra forma de relacionarse, la forma del poeta, del pintor, del artista, del cantante, del bailarín. A éstos no les interesa manipular, dominar; para nada. De hecho, no les importan mucho los demás. Su expresión es subjetiva; es un producto de su ser. El político y el sacerdote son objetivos. Su meta es el otro. El artista, el poeta, el pintor, el bailarín no son objetivos. Son subjetivos.

Ellos hablan, cuentan, pero su hablar y su contar es una eyaculación inspirada, es su explosión. Sólo quieren al otro como espectador para que también el otro pueda disfrutar. El poeta quiere compartir. El bailarín danza. Si quiere que estés ahí, es sólo para poder compartir la danza contigo. Él posee cierta dicha y quiere contarla. Le gustaría que se expandiera a todo el mundo. Posee cierta fragancia y quiere dársela al viento para que la pueda llevar hasta el rincón más lejano del mundo.

Pero no tiene ningún interés en dominar; por eso los poetas y los pintores han sido tan pobres. No han tenido poder. Son las personas menos violentas, menos poderosas.

He oído que un hombre fue a su médico y le dijo: «Llevo muchos días sufriendo de estreñimiento». El médico le recetó un medicamento. El hombre que era muy pobre dijo: «No puedo comprarlo». Así que el médico le dio el dinero de su propio bolsillo para comprar las medicinas.

Dos o tres días más tarde el hombre volvió de nuevo y dijo: «No ha ocurrido nada. Todavía tengo estreñimiento». El médico le dijo: «No lo entiendo, esta medicina es infalible». Y como el hombre parecía tan pobre, tan exhausto, le preguntó: «¿Cuál es tu profesión?». Este le contestó: «Soy poeta». Y el médico se rio y dijo: «¿Por qué no lo has dicho antes? Toma este dinero; primero ve y come algo».

Así son las cosas. El poeta es pobre, el pintor es pobre. Cuando alguien dice que quiere ser poeta, su familia se lleva un disgusto. No son ni sacerdotes ni políticos. No tienen ningún interés en dominar a los demás, en tener poder sobre ellos. Si te invitan, es una invitación. Si aceptas, se sienten muy felices y agradecidos contigo. Ellos tienen un don. Quieren compartirlo. Pero son subjetivos.

El político está interesado en los demás, el poeta está interesado en él mismo. Ambos se quedan a medias, están desequilibrados. Ambos son una parte, no el todo.

La tercera posibilidad es el místico, el santo. Él es el todo. No es ni subjetivo ni objetivo. En él, el sujeto y el objeto se encuentran. El «yo» y el «tú» se encuentran y se vuelven uno. Él no tiene ningún interés en compartir una poesía contigo, no. Él tiene una verdad; no se trata sólo de una poesía, un sueño, un hermoso cuadro. Tiene al propio Dios para compartir. Pero su compartir es tal que sólo puede realizarse cuando tú te haces uno con él y él se hace uno contigo.

El poeta puede compartir su poesía, no es necesario hacerse uno con él. Sólo se necesita un requisito: que lo comprendas, que estés en su onda, eso es todo; que puedas escuchar, eso es todo; que durante un momento no juzgues. ¿Quién se preocupa de juzgar la poesía o la música? Si uno las disfruta, se queda. Si no, se va.

El poeta sólo requiere una participación momentánea con él, el místico quiere que te acerques tanto a él que tus fronteras empiecen a desaparecer, a diluirse. Así es la relación entre un maestro y un discípulo. Poco a poco se van haciendo uno. Sólo cuando se hacen uno pueden compartir la verdad. Sólo entonces el discípulo puede participar de lo que ha ocurrido en el interior del maestro. Pero no se trata de un sentimiento. Sólo puede traspasarse cuando se hacen uno, cuando existe un contacto interno.

No es algo que se pueda traspasar relacionándose. Sólo se puede traspasar cuando existe unidad; no es suficiente con relacionarse. El poeta necesita relacionarse, el político ni siquiera necesita relacionarse. El maestro, el místico, necesita unidad.

El político ni siquiera pretende relacionarse. Los políticos no tienen amistades; sólo fingen. No permiten que la gente se acerque demasiado. El político se mantiene distante, lejano. Nunca se acerca ni permite que nadie se acerque. Tiene que estar constantemente a la defensiva. Cuando la gente se acerca no puede ser dominada tan fácilmente. A los políticos no les gusta enamorarse.

Adolf Hitler nunca permitió que ninguna mujer durmiera en su habitación. Tenía demasiado miedo. No había ni un sólo hombre en toda Alemania que mantuviera alguna relación de amistad con Adolf Hitler. Adolf Hitler no se lo podía permitir. Tenía que mantener las distancias. Él estaba muy lejos. Para él, la gente era simplemente gente, masas.

El político no necesita relacionarse, el poeta necesita relacionarse. Pero el poeta y el admirador permanecen separados. El místico necesita unidad; el maestro y el discípulo se hacen uno.

El político siempre está juzgando, constantemente. Es un moralista. Cualquiera que sea tu moral, él la seguirá, él la cumplirá. Y algunas veces se ejecutan bonitos juegos.

Es algo que en India ocurre cada día. India es un país muy, muy antiguo, con una larga historia de moralidad e ideas morales. En India los políticos todavía intentan cumplir esas ideas morales. Cuando algún político las cumple se convierte en un gran santo, un mahatma. No resolverá ningún problema del país, pero es algo que se vende muy bien... por ejemplo, el presidente de India acaba de decidir que, como el país es tan pobre, se trasladará a una casa más pequeña. ¡Hermoso gesto! ¿Pero acaso el país se va a hacer más rico porque él se traslade a una casa más pequeña? Y todo el país está contento. Así de estúpida es la gente. Todo el país está contento. Dicen: «Así es como tiene que ser un líder». Pero el verdadero problema no ha sido abordado en absoluto. El verdadero problema es: cómo la gente puede disponer de más alimentos. El hecho de que el presidente se traslade a una casa más pequeña no va a ayudar a nadie. Pero la gente es así; tan estúpida que lo elogiará como si hubiera hecho una gran cosa. Ahora este hombre es casi como un *mahatma*.

Reducirán sus salarios y serán elogiados como a los *mahatmas*. Y no se ha resuelto ni un sólo problema. ¿Qué importa? El presidente gana diez mil rupias al mes, ahora él ha decidido reducirse el sueldo a tres mil rupias al mes. Perfecto. Pero ¿qué significan siete mil rupias para el país? —un país con seiscientos millones de personas—, pero el país se siente bien, el país se siente perfectamente cómodo pensando que es así como tienen que hacerse las cosas.

No son más que artimañas para manipular. Feas, básicamente feas. Pero en la superficie parecen bonitas.

El político finge ser moralista porque la gente sigue cierta moralidad. Así que por lo menos tiene que parecerlo. Hay otras maneras de conseguir el dinero —por la puerta trasera—, así que no hay problema. Se pueden dejar siete mil rupias por aquí y conseguir setenta mil de otras fuentes. Y nadie sospechará, porque un mahatma que vive en una casa pequeña, que ha reducido su salario y va en un automóvil más pequeño... Así que nadie sospechará que por la puerta trasera está sucediendo algo muy diferente. Si realmente quieres que tu puerta trasera funcione, por la puerta delantera tienes que mostrar una máscara de gran moralidad.

India es un país pobre y los políticos llevan muchos años usando las mismas argucias, los mismos trucos. Un primer ministro, Lal Bahadur Shastri, viendo que el país era muy pobre, solía ayunar un día a la semana. ¿Pero de qué va a servir eso? No son más que gestos impotentes. Sólo sirven para engañar a la gente. Sólo sirven para que la gente piense en otras cosas que no son esenciales. Sólo sirven para distraer sus mentes del verdadero problema.

Por otra parte, tampoco a la gente le interesa resolver sus verdaderos problemas, porque para resolver sus verdaderos problemas tendrán que cambiar su forma de pensar. Y no quieren cambiar su forma de pensar, quieren seguir siendo como son. Quieren resolver sus problemas y seguir siendo como son. Pero el problema surge por cómo son, de modo que si no cambian, si su forma de pensar no empieza a tomar nuevos caminos, no se puede resolver. Pero eso es difícil, duele.

El político siempre lleva una máscara, nunca se relaciona. Nunca se relaciona con la gente, nunca se relaciona con los verdaderos problemas. Lo único que hace es crear falsos problemas y falsos retos y luego hace creer a la gente que está luchando duro y que está haciendo un gran bien; pero ese bien nunca llega.

El poeta no se preocupa por el otro en absoluto. Su única relación es como la de una flor: él es una flor, él florece. Sí, está bien, comparte lo que tiene; es mejor ser poeta que político. Ser poeta es mucho mejor, es más elevado, espiritualmente más elevado.

Pero la cosa real ocurre a través del místico porque está dispuesto a disolverse en el otro, está dispuesto a absorber al otro en él mismo. Está dispuesto a jugárselo todo. El místico cambia realmente la forma de pensar de las personas porque les proporciona una nueva cualidad de consciencia, una nueva dimensión. Pero no es un moralista. Por eso la gente nunca está a favor del místico, sino en contra.

La gente siempre está a favor del político porque el político es un moralista. El político tiene aspecto de líder y el místico siempre parece peligroso. Cristo, Buda, Mahoma, todos ellos son peligrosos; porque el místico está realmente dispuesto a cambiar por completo la cualidad de su consciencia, porque con esa revolución todos tus problemas desaparecen.

Tus problemas los creas tú, y hasta que tú no cambies radicalmente eso no se puede cambiar. Se necesita un cambio radical. Pero el místico no es un moralista. Algunas veces puede parecer una persona inmoral porque no seguirá la vieja moralidad. Él tendrá su propia moralidad, la moralidad que procede de una respuesta a la realidad momento-a-momento. Mirará a la realidad y desde ahí surgirá su vida. Puede parecer inmoral. Jesús parecía inmoral, los sufíes siempre han parecido inmorales.

Esto es algo que hay que entender. El político parece completamente moral, el místico parece completamente inmoral y el poeta es amoral; no tiene nada que ver con la moralidad o la inmoralidad. No es no ortodoxo ni revolucionario, es una flor. Puede gustarte o no. Él no está ahí para resolver ninguno de tus problemas. Ni promete ni resuelve. El político promete pero nunca resuelve, el místico nunca promete y resuelve, y el poeta está justo entre los dos.

Ésos son los tres enfoques.

Ahora esta pequeña historia.

Hassan de Basra cuenta:

«Me había convencido a mí mismo de que era un hombre de humildad y más que modesto en mi pensamiento y conducta hacia los demás».

«Me había convencido a mí mismo —dice Hassan— de que era un hombre de humildad».

Hassan era un hombre de moralidad no un hombre de humildad. Un hombre de humildad no puede saber que es humilde. La humildad no es nunca consciente de sí misma; si lo fuera, no sería en absoluto humildad. Una vez que ha entrado en sí misma ¿cómo va a ser humildad? Si piensas «yo soy el hombre más humilde del mundo», entonces todavía estarás intentando ser el primero del mundo. De nuevo se convierte en un asunto de poder.

«Me había convencido a mí mismo de que era un hombre de humildad».

Puedes convencerte a ti mismo. Si estás siguiendo reglas muertas, oxidadas, puedes convencerte a ti mismo de que «ahora estoy siguiendo todas las reglas. Y estoy sufriendo tanto, me estoy torturando tanto, estoy siendo tan asceta, estoy sacrificando tanta vida, que soy un hombre de humildad».

Los sufíes tienen un gran respeto por la modestia, pero la verdadera modestia no es consciente de sí misma. No sabe. No tiene idea. ¿Cómo puedes conocer tu modestia? Para conocerla, tendrás que compararte con otros, y para compararte con otros necesitarás un ego. Sólo el ego puede compararse.

Yo puedo decir que soy un hombre culto su comparo mi cultura con alguien. Pero si me quedo sólo en el mundo no puedo proclamar que soy un hombre culto. Si digo que soy un hombre de moralidad, un hombre moral, pero estoy sólo, ¿qué pasa entonces? Si todo el mundo desaparece y me quedo sólo, ¿cómo voy a proclamar que soy un hombre moral? No habrá nadie con quien compararse.

La verdadera modestia no es comparativa. Puedes ser modesto aunque no haya nadie más. Un hombre modesto es simplemente modesto.

Que haya alguien, o no, no supone ninguna diferencia. Si hiciera falta alguien para que fueras modesto, entonces tu modestia dependería de él. Sería una dependencia. Y si ese alguien intentara ser más modesto que tú, ¿qué ocurriría entonces? Podría hacerlo. Si tú puedes ser modesto, él puede ser más modesto que tú. Si él llega a ser más modesto que tú, entonces de nuevo... Es relativo.

He oído...

Nuestro joven amigo era un enfermo crónico de la velocidad, solía recibir dos multas al día de un motorista de la policía de tráfico, una yendo al trabajo y la otra regresando a casa.

Finalmente se compró un automóvil extranjero, «trucado», capaz de alcanzar los doscientos cincuenta kilómetros por hora. Conduciendo en él de regreso a casa, a unos ciento diez kilómetros por hora, otra vez el motorista le ordenó que se parara a un lado en la carretera. Pero él, haciendo caso omiso, pisó el acelerador y escapó a unos ciento sesenta kilómetros por hora. Poco después, esperando que el motorista lo alcanzara, redujo la velocidad. Cuando éste se puso a su lado para decirle que se parara, él volvió a pisar el acelerador a tope y salió a doscientos kilómetros por hora. Al rato, preocupado porque no veía al policía siguiéndolo, dio la vuelta para buscarlo. Para su sorpresa, lo encontró en la cuneta saliendo de debajo de su máquina.

«¿Qué ha ocurrido, oficial?», le preguntó al sangrante y magullado motorista.

«Bueno», contestó el policía, «cuando usted se escapó la última vez, pensé que mi motocicleta se había parado, así que me bajé».

Es relativo. Si tu modestia es relativa, no es verdadera modestia, todavía es egoísta. Todas las comparaciones son del ego.

Hassan dice: «Me había convencido a mí mismo...». Convencerse a uno mismo es muy fácil. Uno se puede convencer a sí mismo de cualquier cosa.

Y así es como vive la gente. Algunos se convencen a sí mismos de que son amantes, otros se convencen a sí mismos de que son modestos y otros se convencen a sí mismos de que son meditadores, y así sucesivamente. Por eso siempre estás en conflicto con la realidad. Te has convencido a ti mismo de que eres un amante, pero cada día surge algún problema. No puedes convencer a tu mujer de que eres un amante, por eso surge el conflicto.

Es muy fácil convencerse a uno mismo; y, naturalmente, convencerse de cosas buenas es aún más fácil. ¿Quién no quiere ser modesto, puro, inocente? ¿Quién no quiere ser un santo, un sabio?

Este Hassan dice:

Me había convencido a mí mismo de que era un hombre humilde y muy modesto en mi pensamiento y mi conducta hacia los demás. Pero un día vi un hombre que estaba sentado en la orilla del río. A su lado había una mujer y delante de ellos dos una botella de vino.

Pensé: «Si tan siquiera pudiera reformar a ese hombre y hacer que fuera como yo en vez de la degenerada criatura que es».

Eso es lo que está ocurriendo en la mente de todo el mundo. Tú tienes cierta idea de ti mismo y con esa idea miras a los demás; y estás continuamente criticando, juzgando, constantemente arrojando pensamientos a tu alrededor, interpretando. Y te sientes muy bien cuando ves a algún degenerado; te sientes muy bien. Por fuera muestras mucha preocupación, pero en el fondo te sientes muy bien, porque ese hombre degenerado te hace sentir mejor de lo que eres.

Pues bien, Hassan está convencido de que él es el hombre de modestia, de moralidad, de pureza. Él es piadoso. Recuerda, un verdadero hombre de Dios no tiene crítica. Si alguna vez te encuentra haciendo algo malo, él no tiene crítica. Y si te dice que eso está mal, su frase se refiere al acto, no a ti. Si dice que algo está mal, él solamente se refiere al acto no a ti. Tú permaneces al margen de tu acto.

Si ve que algo está mal, se preocupa porque te ama a ti, no porque ame al principio moral. No es que beber sea malo, pero si dice: «No bebas», lo que a él le preocupa es tu salud, no el principio de que beber sea malo. Puede que no sea malo en todos los casos. Algunas veces se puede utilizar como medicina, entonces es totalmente correcto. Otras veces puede que sea necesario, puede que sea un requisito. Si alguna vez dice que algo está mal, no hace que parezca un pecado. Es malo sólo en el sentido de que es un error, una equivocación. Tú dices que dos y dos son cinco, y yo te digo: «No, eso está mal». Pero no estoy diciendo que seas un pecador, sólo estoy diciendo que hay que corregir tus matemáticas. Tú estás perfectamente bien, simplemente estás cometiendo un error. Date cuenta de la diferencia. De hecho, para un hombre religioso no hay pecados, sólo errores.

Y además no te lo impondrá. Simplemente te lo dirá; será un consejo, no un mandamiento. Si no lo sigues, no te convertirás en un criminal ni serás arrojado al infierno. No serás castigado por ello. Tu libertad se mantendrá intacta.

Me gustaría que mis *sannyasins* recordaran: todo lo que yo os digo, recordad siempre que no es para destruir su libertad, ni siquiera para tocarla. Si tú crees que algo es correcto, puedes hacerlo; si sientes que no es correcto, no necesitas hacerlo. Y nunca te sientas culpable por no hacerlo. Yo soy la última persona en el mundo que te haría sentirte culpable en cualquier sentido. Mi respeto es absoluto. Y cuando digo que algo no está bien, simplemente estoy diciendo que es un error. Pero, aun así, tú sigues siendo libre de seguir mi consejo o no.

De vez en cuando, algún *sannyasin* viene y me dice: «No he seguido tu consejo y me siento muy culpable». Eso está mal, eso está muy mal. Te estás haciendo algo a ti mismo innecesariamente.

No tienes por qué sentirte culpable; es peor sentirte culpable que lo que hayas hecho. La culpabilidad es lo peor que puedes hacerte a ti mismo. No es necesario. Si tú decides hacerlo de otra manera, eres completamente libre de hacerlo de esa manera.

Y no te preocupes, no estarás alejándote de mí por no seguir mi consejo. Todo lo contrario, como te alejarás de mí es sintiéndote culpable. Mi amor es incondicional; que me sigas o no, no importa. No tiene importancia para mi amo. De hecho, cuanto más libre de mí seas, más cerca estarás de mí.

Recuérdalo siempre: mi único interés es hacerte libre, tan libre como un ser humano pueda llegar a ser. Mi único interés es liberarte. Así que cuanto más libre seas, más cerca estarás de mí.

Si mi consejo te parece bueno —no porque te lo haya dado yo sino porque a ti te parezca bueno, entonces síguelo. Entonces no me estarás siguiendo a mí. Eso es lo que Buda les dijo a sus discípulos: «No me sigan. No sigan algo porque lo haya dicho Buda, o porque lo digan las escrituras, o porque todos los sabios estén de acuerdo en ello, no. Hasta que tu inteligencia no diga 'Sí, eso es correcto', no lo sigan».

Y a mí me gustaría decirte lo mismo.

Pensé: «Si tan sólo pudiera reformar a ese hombre y hacer que fuera como yo en vez de la degenerada criatura que es».

Pues bien, ése no es en absoluto un punto de vista espiritual. El hombre espiritual nunca quiere que te vuelvas como él, jamás. ¿Cómo va a querer que te vuelvas como él? Entonces tú serías falso, entonces tú serías una réplica, una copia. La persona espiritual quiere que tú seas tú mismo: un original, no una copia. Su única intención es ayudarte a ser tú mismo, su única intención es ayudarte a que cumplas con tu destino. Si eres una rosa, tienes que convertirte en una rosa; si eres una flor de loto, tienes que convertirte en una flor de loto; y si eres una margarita, tienes que convertirte en una margarita. Lo que le importa al maestro espiritual es que florezcas, no que seas una rosa, o una flor de loto o una margarita; eso no le importa. Lo importante es que te desarrolles, que florezcas. Fíjate en la diferencia.

El moralista siempre quiere que tú seas una réplica. Si él es una rosa, quiere que todos se conviertan en una rosa. ¿Qué haría entonces con las margaritas? Pintaría las margaritas como rosas, cortaría las margaritas como las rosas, destruiría una belleza natural. Una margarita es tan hermosa como cualquier rosa. O, si eres una flor de loto y él quiere una rosa exactamente como él, te arrancaría. Te destruiría. O, si él es una flor de loto y tú una rosa, intentaría extenderte, abrirte. Te obligaría. Y cualquiera que fuera el resultado estaría mal. Te convertirías en algo falso.

El verdadero maestro ayuda a las personas a florecer; a florecer a su manera, a florecer en lo que tengan que ser, en lo que sea que lleven dentro. Sus corazones deberían abrirse, sus pétalos deberían abrirse; no deberían morir como semillas o como brotes, deberían florecer.

Pensé: «Si tan siquiera pudiera reformar a ese hombre y hacer que fuera como yo en vez de la degenerada criatura que es».

De hecho, los que intentan hacerte como ellos mismos son muy egoístas. Quieren copias de ellos. Cuantas más copias tienen, más felices se sienten. Así ellos se convierten en el criterio, el ideal.

Y, por supuesto, nadie puede satisfacer ese ideal, así que ellos siempre están encima, recuerda. Nadie puede satisfacer eso. Aunque quisiera ser como tú, no podría hacerlo. Es imposible. Ser como otro es algo que está fuera de la naturaleza de las cosas. Pero si intento ser como tú, yo siempre estaré por debajo y tú siempre estarás por encima, así que ayudar a la gente a ser como tú es la mejor estrategia.

Eso es lo que los padres les hacen a los niños. Intentan hacer que los niños sean como ellos. Entonces los padres pueden sentir que son más elevados, seres superiores, y estos niños degenerados, esta generación, se ha pervertido.

Algo ha ido mal. Todos los padres sienten que algo ha ido mal con sus hijos, y los culpables son ellos, los criminales son ellos, porque han obligado al niño a ser como el padre. Y eso es imposible. Va en contra de la naturaleza intrínseca de las cosas. Así que el niño no puede hacerlo con todo su corazón. Aunque lo intente nunca lo conseguirá, nunca será como su padre. Así que el padre siempre se puede sentir bien; es alguien tan superior que nadie puede ser como él.

Y eso es lo que sus llamados gurúes siguen haciendo. Ten cuidado con esos gurúes. El verdadero maestro es aquel que está interesado en ti como eres y como deberías o podrías ser. El maestro te ayuda. Su trabajo es el de apoyar. No te reforma, recuerda. Él ni te reforma ni te informa, simplemente te apoya. La información es conocimiento, la reforma es un intento de manipular tu carácter. Él nunca informa, nunca reforma, simplemente apoya. Y su apoyo es incondicional. Él dice: «Se tú mismo. Aquí tienes todo mi apoyo, todo mi apoyo incondicional».

Es como el jardinero que riega el rosal, la margarita, el loto; él va regando todas las plantas. Cuando el loto florece, él es feliz; cuando el rosal florece, él es feliz; cuando la margarita florece, él es feliz. Pero no intenta imponerle ningún patrón a ninguna de ellas.

En ese momento vi un bote en el río que empezaba a hundirse. Sin pensarlo, ese hombre se tiró al agua donde siete hombres intentaban mantenerse a flote, y sacó a seis a salvo a la orilla.

Hassan está sentado en la orilla y siete personas están muriendo, pero su compasión no ha surgido. Y él cree que es una persona de humildad, de religiosidad, de moralidad. Y quería reformar a ese hombre. Ese hombre tenía compasión.

La compasión es el criterio. Cuando actúas con compasión muestras quién eres. Hassan ni siquiera se lo ha pensado. Esas personas están muriendo. Esa idea no se le ha ocurrido. Y ese hombre ha salvado a seis personas.

Entonces, el hombre se acercó a mí y me dijo: «Hassan, si tú eres mejor hombre que yo, por Dios, salva al último hombre que queda».

El otro hombre no es un hombre corriente. Es una idea sufí especial. Los sufíes dicen que hay un mensajero de Dios, Khidr, el cual va trabajando en las personas. Se trata de un maestro de maestros. Sigue viniendo a la Tierra —como viene Jesús, como viene Krishna, un avatar—, pero de una forma diferente. Él aparece cuando se lo necesita, cuando ve que algo es potencial y tiene que ser ayudado. Aparece en cualquier época.

Ésta es una idea muy hermosa. Su significado tiene que ser entendido. Es un símbolo. Simplemente significa que cuando un hombre está realmente preparado para crecer, cuando anhela crecer, Dios viene a ayudarle; eso es todo. Ese hombre es Khidr.

Se acerca a Hassan y le dice: «Hassan, si tú eres mejor hombre que yo» —le ha leído el pensamiento—, «por Dios, salva al último hombre que queda». ¿Qué haces ahí parado? Hay personas muriéndose y tú no sientes ninguna compasión por ellas. Todavía queda uno. Ve y sálvalo. Por Dios, inténtalo».

Hay otra idea sufí: que cuando un hombre ha tenido algún atisbo de Dios, haga lo que haga, siempre lo consigue. Tiene que ser así. Dios tiene que triunfar. Si tú eres un hombre de Dios, tienes que triunfar. No es tu triunfo, es el triunfo de Dios a través de ti. Si tú eres instrumental, ocurrirá.

Dice Hassan: «Descubrí que no podía salvar ni a un hombre».

Se ahogó. Esto era sólo para mostrarle a Hassan: «Tú todavía no eres un instrumento de Dios. ¿Qué clase de modestia es ésa? Un hombre modesto es un bambú hueco. Dios fluye a través de él. ¿Qué clase de humildad es ésa? Estás demasiado lleno de tu propio ego. No has podido salvar a un hombre moribundo, no has podido ser usado como instrumento de Dios».

«Luego, aquel hombre me dijo: «Esta mujer es mi madre. Esta botella de vino sólo contiene agua».

«Así es como juzgas y así es como eres tú». Él dice: «No juzgues por las apariencias. Las apariencias no son la realidad. No te dejes engañar por las apariencias».

Lo que significa es que cuando ves a alguien, lo que tú ves es sólo la capa externa, el comportamiento. Tú nunca ves al hombre interior. Por favor, no juzgues. El hombre interior puede ser completamente diferente. Nunca juzgues a un hombre por su comportamiento, y no hay más cosas por las que juzgar. Tú sólo ves el comportamiento.

Hassan ha visto a este hombre sentado con una mujer. En los países musulmanes las mujeres llevan la cara tapada, así que es muy difícil ver si la mujer es mayor, joven, hermosa, fea. Es difícil incluso saber si es una mujer o no. Y Khidr retira el velo de la cara de la mujer y dice: «Mira, es mi madre. Pero al verme sentado en la orilla del río junto con una mujer, te ha venido a la mente la idea de que yo soy un mujeriego. Y mira, esta botella sólo contiene agua. La botella te dio la idea de que debía contener vino: '¿Qué está este hombre haciendo aquí? ¿Quién es la mujer con la que está? ¿Qué clase de pervertido será?'. Un borracho, un mujeriego... Todo tipo de ideas se agolparon en tu mente. Con sólo ver algo desde el exterior; ¿es ésta tu forma de juzgar?».

Y así es como tú eres. Nunca juzgues, porque lo único que tú puedes ver es la apariencia. Tú sólo ves la superficie, el hombre interior se mantiene oculto. Hasta que no seas capaz de ver al hombre interior, no juzgues. Y recuerda, los que son capaces de ver al hombre interior nunca juzgan; porque el hombre interior siempre es puro. El hombre interior es la pureza en sí, es la inocencia. El hombre interior nunca ha sido impuro. Así que si no puedes ver lo interior, no juzgues; y si puedes ver lo interior, entonces no hay manera de juzgar. No juzgues.

Me arrojé a sus pies y lloré. «Igual que has salvado a esos seis hombres,
¡sálvame de ahogarme en el orgullo disfrazado de mérito!».

El extraño dijo: «Ruego a Dios que pueda satisfacer tu propósito»».

Así es realmente un verdadero maestro. Ni siquiera finge que te ayudará. Él dice: «Está bien, ruego a Dios para que pueda satisfacer tu propósito». Un verdadero maestro funciona sólo como un instrumento. Un maestro verdadero se borra a sí mismo por completo. Es sólo Dios el que funciona a través de él.

Hassan se postró a los pies de aquel extraño hombre. Hassan es un buscador, por eso Khidr se apareció para ayudarle. Hassan es un buscador sincero, pero está en un camino equivocado; es un buscador sincero, pero se ha nublado con ideas erróneas; de ahí la aparición de Khidr. Cuando eres sincero, incluso si estás equivocado, encontrarás un maestro. Pero si no eres sincero, aunque estés en lo cierto, no encontrarás un maestro, porque un maestro sólo puede contactar con un hombre sincero.

Este hombre es un buscador, Hassan es un gran buscador. Él fue de un maestro a otro, anduvo errando de un lugar a otro por todos los países sufíes intentando descubrir... Y estaba preparado. Cuando alguien decía algo, estaba dispuesto a entender. Inmediatamente se dio cuenta de que «Este hombre ha salvado a seis personas y yo ni siquiera he podido salvar a una. Dios se ha pronunciado acerca de mí, me ha mostrado que todavía no soy instrumental». Entonces no se resistió. Se postró a los pies de Khidr y le dijo: «Sálvame. Tú has salvado a seis y yo estoy ahogándome en mi orgullo. Sálvame a mí también, porque si no me ahogaré». Khidr contestó: «Ruego a Dios que pueda satisfacer tu propósito».

Y eso es lo que yo también te digo. Ruego para que Dios pueda satisfacer tu propósito.

Para más información

Para más información acerca de Osho, la meditación y el OSHO International Meditation Resort, visita:

www.OSHO.com

Facebook.com/Oshointernational

YouTube/OSHOInternational

Si quieres acceder a las OSHO Talks originales en inglés visita: *https://www.audible.com/author/Osho/*

Acerca del autor

Osho desafía cualquier intento de clasificación. Sus miles de charlas abarcan desde la búsqueda individual de sentido, hasta los problemas sociales y políticos más urgentes de la sociedad actual. Los libros de Osho no fueron escritos, sino transcritos a partir de grabaciones de audio y video de sus charlas espontáneas ante audiencias internacionales. Como él mismo dice: «Recuerda: lo que estoy diciendo no es sólo para ti... también hablo para las generaciones futuras».

El *Sunday Times* de Londres lo ha descrito como uno de los «1000 creadores del siglo XX», y el escritor estadounidense Tom Robbins lo llamó «el hombre más peligroso desde Jesucristo». El *Sunday Mid-Day* (India) lo incluyó entre las diez personas —junto con Gandhi, Nehru y Buda— que han cambiado el destino de India.

Sobre su propia obra, Osho afirmó que está ayudando a crear las condiciones para el nacimiento de un nuevo tipo de ser humano. A este nuevo ser lo describe a menudo como «Zorba, el Buda»: capaz de disfrutar tanto de los placeres terrenales de un Zorba, el griego, como de la serenidad silenciosa de un Gautama, el Buda. El hilo conductor de todas sus charlas y meditaciones es una visión que integra tanto la sabiduría intemporal de todas las épocas pasadas, como el máximo potencial de la ciencia y la tecnología actuales (y futuras).

Osho es reconocido por su contribución revolucionaria a la ciencia de la transformación interior, con un enfoque de la meditación que toma en cuenta el ritmo acelerado de la vida contemporánea. Sus exclusivas OSHO Active Meditations® están diseñadas primero para liberar las tensiones acumuladas en el cuerpo y la mente, de modo que luego sea más sencillo experimentar la quietud y la relajación sin pensamientos en la vida diaria.

Está disponible en español una obra autobiográfica del autor:
Autobiografía de un místico espiritualmente incorrecto, de Editorial Kairós.

Acerca del Osho International Meditation Resort

Ubicación:
Situado a 100 millas al sureste de Mumbai, en la próspera y moderna ciudad de Pune, India, el OSHO International Meditation Resort es un destino vacacional diferente. El Resort de Meditación se extiende sobre 28 acres de espectaculares jardines en una hermosa zona residencial arbolada.

Meditaciones OSHO
Un programa diario completo de meditaciones para todo tipo de personas incluye tanto métodos tradicionales, como revolucionarios, en particular las OSHO Active Meditations®. Las meditaciones se llevan a cabo en lo que podría ser el salón de meditación más grande del mundo: el Auditorio OSHO.

OSHO Multiversity
Sesiones individuales, cursos y talleres abarcan desde artes creativas hasta salud holística, transformación personal, relaciones y transiciones de vida, la integración de la meditación como estilo de vida en lo personal y lo laboral, ciencias esotéricas, y el enfoque «Zen» para el deporte y la recreación.

El secreto del éxito de la OSHO Multiversity radica en que todos sus programas se combinan con la meditación, apoyando la comprensión de que, como seres humanos, somos mucho más que la suma de nuestras partes.

Gastronomía
Diversos espacios ofrecen deliciosa comida vegetariana occidental, asiática e india —la mayoría cultivada de manera orgánica especialmente para el resort. Panes y pasteles se hornean en la propia panadería del lugar.

Vida nocturna

Cada noche hay múltiples actividades para elegir —¡el baile ocupa el primer lugar! Otras opciones incluyen meditaciones de luna llena bajo las estrellas, espectáculos variados, presentaciones musicales y meditaciones aplicadas a la vida diaria.

También puedes simplemente disfrutar de encuentros en el Plaza Café, o pasear en la serenidad nocturna de los jardines de este entorno de cuento de hadas.

Instalaciones

En la Galería puedes adquirir todos los productos básicos y artículos de tocador. La OSHO Multimedia Gallery ofrece una amplia gama de productos multimedia de OSHO. Además, el campus cuenta con banco, agencia de viajes y un Cyber Café. Para quienes disfrutan de las compras, Pune ofrece de todo: desde productos tradicionales y artesanales de India hasta las principales marcas internacionales.

Alojamiento

Puedes optar por hospedarte en las elegantes habitaciones de la OSHO Guesthouse, o bien, para estancias más largas en el campus, elegir uno de los programas OSHO Living-In. Además, hay una amplia variedad de hoteles y apartamentos con servicios en las cercanías.

www.osho.com/meditationresort

www.osho.com/guesthouse

www.osho.com/livingin

Para más información:

www.OSHO.com

Un sitio web multilingüe y completo que incluye una revista, libros de OSHO, charlas de OSHO en formatos de audio y video, el archivo textual de la Biblioteca OSHO en inglés e hindi, así como amplia información sobre las Meditaciones OSHO.

También encontrarás el calendario de programas de la OSHO Multiversity y detalles sobre el OSHO International Meditation Resort.

Sitios web:
www.OSHO.com/AllAboutOSHO
www.OSHOtimes.com
www.Facebook.com/OSHO.international
www.YouTube.com/OSHOinternational
www.Twitter.com/OSHO
www.Instagram.com/OSHOinternational

Para contactar con OSHO International Foundation:
www.osho.com/oshointernational
oshointernational@oshointernational.com